Business Television

Hans-Jörg Bullinger / Michael Broßmann (Hrsg.)

Business Television

Beginn einer neuen Informationskultur
in den Unternehmen

1997
Schäffer-Poeschel Verlag Stuttgart

Die Deutsche Bibliothek – CIP-Einheitsaufnahme

Business Television : Beginn einer neuen Informationskultur in den Unternehmen /
Hans-Jörg Bullinger/Michael Broßmann (Hrsg.).
- Stuttgart : Schäffer-Poeschel, 1997
 ISBN 3-7910-1114-6
NE: Bullinger, Hans-Jörg [Hrsg.]

Gedruckt auf säure- und chlorfreiem, alterungsbeständigem Papier.

ISBN 3-7910-1114-6

Dieses Werk einschließlich aller seiner Teile ist urheberrechtlich geschützt. Jede Verwertung
außerhalb der engen Grenzen des Urheberrechtsgesetzes ist ohne Zustimmung des Verlages unzulässig und strafbar. Das gilt insbesondere für Vervielfältigungen, Übersetzungen, Mikroverfilmungen
und die Einspeicherung und Verarbeitung in elektronischen Systemen.

© 1997 Schäffer-Poeschel Verlag für Wirtschaft · Steuern · Recht GmbH
Einbandgestaltung: Willy Löffelhardt
Druck und Bindung: Franz Spiegel Buch GmbH, Ulm
Printed in Germany

Schäffer-Poeschel Verlag Stuttgart
Ein Tochterunternehmen der Verlagsgruppe Handelsblatt

Inhaltsverzeichnis

	Seite
Autorenverzeichnis	VII

Teil 1: Einführung

Entwicklungstrends und Herausforderungen im Informationszeitalter — 3
Hans-Jörg Bullinger, Martina Schäfer

Wertschöpfungspotentiale durch Anwendung von interaktivem Business Television — 17
Michael Broßmann

Gestaltungsaspekte für Business TV Anwendungen — 35
Martina Schäfer

Teil 2: Anwendungen

Der virtuelle Kongreß — 61
Gerhard Ernst

Vom klassischen Instruktor zum Moderator von BTV-Sendungen — 73
Interview mit Willi Kaufmann

Unternehmensfernsehen im Einzelhandel — 85
- Business News und Warenkunde im Kaufhof über K-TV -
Jens Ochel, Andrea Willems, Doris Wittstadt

Schwäbisch Hall TV - Informationen aus erster Hand — 95
Anton Bühler

Außendienstschulung — 105
Dieter Babiel

Mulitmediale Dienste für den elektronischen Tagungsmarktplatz - — 113
Internet-Plattform für die interaktive Businesskommunikation
Werner Brettreich-Teichmann, Gudrun Wiedmann

Datenschutz: Neue Anforderungen an Business Television — 127
Alexander Roßnagel

Teil 3: Marktanbieter

ANT - Bosch Telecom GmbH   143
Multimedia-Verteilung und BTV in einem integrierten PC-gestützten Satellitennetz
Peter Schüler

BTI Business TV International GmbH   155
Management by Television -Technische Herausforderungen von BTV -
Bettina Seibold, Peter Siebert

Deutsche Telekom AG   169
Vorsprung durch Fernsehen - Telekom setzt neue Maßstäbe in der interaktiven Kommunkation
Hans-Jörg Wehner

PictureTel GmbH   179
Videoconferencing: Interaktion per Bildschirm
Werner L. Kuhnert

ProSieben Digital Media   191
Der eigene Kanal für´s Unternehmen
Dieter Binder, Frank Borsetzky

SATCOM GEMINI GmbH   201
Business TV ist mehr als Fernsehen für Mitarbeiter
Ulrich Fieger

SPACELINE COMMUNICATION SERVICES GmbH   213
Neue Unternehmenskommunikation unter Einsatz von BTV
Wolfhard Scherping

Teil 4: Anbieterprofile
ANT - Bosch Telecom GmbH   225
BTI Business TV International GmbH   227
Deutsche Telekom AG   229
PictureTel GmbH   230
ProSieben DigitalMedia   231
SATCOM GEMINI GmbH   232
SPACELINE COMMUNICATION SERVICES GmbH   233

Stichwortverzeichnis   235

Autorenverzeichnis

Dieter Babiel
Leiter der Personalentwicklung bei Adolf Würth GmbH & Co. KG, Künzelsau

Dieter Binder
Mitglied der Geschäftsführung bei ProSieben DigitalMedia, Unterföhring

Frank Borsetzky
Projektmanager bei ProSieben DigitalMedia, Unterföhring

Werner Brettreich-Teichmann
Projektmanager und Consultant der Business Unit Telematik am Fraunhofer Institut für Arbeitswirtschaft und Organisation IAO, Stuttgart

Dr. Michael Broßmann
Leiter DLZ AKUBIS und Marketing Akademie der Mercedes-Benz AG, Stuttgart

Anton Bühler
Vorstandsmitglied Marketing, Vertrieb bei der Bausparkasse Schwäbisch Hall AG

Univ. Prof. Dr.-Ing. habil. Prof. e.h. Dr. h.c. Hans-Jörg Bullinger
Leiter des Fraunhofer Instituts für Arbeitswirtschaft und Organisation IAO, Stuttgart
Leiter des Instituts für Arbeitswissenschaft und Technologiemanagement IAT der Uni Stuttgart

Dr. Gerhard Ernst
Wissenschaftlicher Mitarbeiter beim DLR Projektträger für das BMBF Arbeit & Technik, Bonn

Dr. Ulrich Fieger
Geschäftsführender Gesellschafter der SATCOM GEMINI, Stuttgart

Willi Kaufmann
Leiter des AKUBIS-Studios und Produktionen der Mercedes-Benz AG, Stuttgart

Werner L. Kuhnert
Geschäftsführer der deutschen PictureTel GmbH, München

Jens Ochel
Mitarbeiter bei Kaufhof Multi Media Concept, Tochtergesellschaft des Kaufhof Warenhauses, Frechen

Univ.-Prof. Dr. Alexander Roßnagel
Universität Gesamthochschule Kassel und Leiter der Projektgruppe verfassungsverträgliche Technikgestaltung, Darmstadt

Dr. Martina Schäfer
Leiterin der Business Unit Multimedia Business Services am Fraunhofer Institut für Arbeitswirtschaft und Organisation IAO, Stuttgart

Wolfhard Scherping
Leiter der Business Unit Video Services der Spaceline Communication Services GmbH, Tochter der Thyssen Telecom AG, Düsseldorf

Dr. Peter Schüler
Produktabteilung Satellitennetze der ANT - Bosch Telecom GmbH, Backnang

Bettina Seibold
Öffentlichkeitsarbeit und Presse bei BTI Business TV International GmbH, Hamburg

Peter Siebert
Marketing und Vertrieb bei BTI Business TV International GmbH, Hamburg

Hans-Jörg Wehner
Produktmanager Multimedia-Distribution-Services der Deutschen Telekom AG, Bonn

Gudrun Wiedmann
Projektmanagerin und Consultant der Business Unit Telematik am Fraunhofer Institut für Arbeitswirtschaft und Organisation IAO, Stuttgart

Andrea Willems
Mitarbeiterin bei Kaufhof Multi Media Concept, Tochtergesellschaft des Kaufhof Warenhauses, Frechen

Doris Wittstadt
Mitarbeiterin bei Kaufhof Multi Media Concept, Tochtergesellschaft des Kaufhof Warenhauses, Frechen

Teil 1: Einführung

Seite

Entwicklungstrends und Herausforderungen im Informationszeitalter   3
Hans-Jörg Bullinger, Martina Schäfer

Wertschöpfungspotentiale durch Anwendung von interaktivem Business Television   17
Michael Broßmann

Gestaltungsaspekte für Business TV Anwendungen   35
Martina Schäfer

Entwicklungstrends und Herausforderungen im Informationszeitalter
Hans-Jörg Bullinger
Martina Schäfer

Kontaktadresse:
Hans-Jörg Bullinger
Univ. Prof. Dr.-Ing. habil. Prof. e.h. Dr. h.c.
Fraunhofer Institut für Arbeitswirtschaft und Organisation IAO
Institut für Arbeitswissenschaft und Technologiemanagement IAT der Uni Stuttgart
Nobelstraße 12, 70569 Stuttgart

Inhalt

1 Wettbewerbsarena

1.1 Globalisierung des Marktes

1.2 Zunahme der Innovationsgeschwindigkeit

2 Unternehmensprozesse und Wertewandel

2.1 Arbeit in virtuellen Unternehmensnetzwerken

2.2 Veränderung von Management-Paradigmen

3 Multimedialisierung von Information und Kommunikation

3.1 Marktbeobachtungen

3.2 Kommerzialisierung von Multimedia-Business

4 Fazit und Bookmarks

5 Literatur

1 Wettbewerbsarena

Unternehmen befinden sich heute in einem gesellschaftlichen, wirtschaftlichen und technologischen Wandel, der in hohem Maße neue Anforderungen an ihre Wettbewerbsfähigkeit stellt. Die Trends, die diesen Wandel verursachen, sind im wesentlichen in der

- Globalisierung des Marktes,
- Zunahme der Innovationsgeschwindigkeit,
- Arbeit in virtuellen Unternehmensnetzwerken,
- Veränderung von Management-Paradigmen und
- Multimedialisierung der Information und Kommunikation

auszumachen. Auch wenn die damit verbundenen Auswirkungen auf die inner- und überbetrieblichen Unternehmensprozesse und -produkte bislang noch kaum abschätzbar sind, so ist dennoch der Übergang von der Industrie- zur Informationsgesellschaft bereits in vollem Gange. Auf diesem Markt werden sich die traditionellen Marktkräfte und Player erst noch beweisen müssen. Die Potentiale und technologischen Voraussetzungen sind gegeben, neue Marktfelder sind noch zu belegen. Es stellt sich die Frage, wer sich in der zukünftigen Wettbewerbsarena behaupten kann. Dahingehend wird die folgende These 1 vertreten:

„Die Globalisierung der Märkte und die Beschleunigung der Innovationsprozesse werden zukünftig die Wettbewerbsarena bestimmen."

1.1 Globalisierung des Marktes

Die zunehmende Globalisierung des Wettbewerbs erfordert ein Agieren auf internationalen Märkten und die Erstellung von räumlich verteilten Dienstleistungen mit unterschiedlichen Kundengruppen, gleichzeitiger Preiskonkurrenz preisaggressiver Schwellenländer und der Technologie-Konkurrenz aus Nordamerika und Asien. Der Marktwandel stellt damit kein zyklisches Problem dar, das es kurzfristig durch Kostenreduktion, Rationalisierung oder Nachbessern zu überwinden gilt, sondern wird die Handlungsweise der Unternehmen in der Zukunft bestimmen. Dazu wird es erforderlich sein, in globalen Zusammenhängen und Vernetzungen zu denken und zu handeln.

Die Massenmärkte sind nahezu verschwunden, keine Branche wird im Jahre 2000 noch für einen anonymen Massenkunden produzieren. Es wird zur grundlegenden Aufgabe des Wirtschaftens, die Ware dem Kunden und nicht den Kunden an die Ware anzupassen. So vergehen in der Automobilindustrie heute nur noch zwei Monate bis zwei genau identische Ausstattungen eines Mittelklassewagen hergestellt werden. Die Kundenorientierung und die langfristige geschäftliche Kundenbindung, der "lebenslange Kunde", werden damit zu einem der bedeutendsten Unternehmensziele. Es geht darum, die verbindende Kraft zwischen einem Unternehmen und ihren Kunden zu maximieren. Dazu ist erforderlich, den Kunden weitestmöglich zufriedenzustellen und ihn in eine "co-destiny-Beziehung" (Davidow, Malone) einzubinden. Damit beschreiben weltweite Geschäftsbeziehungen auf der einen Seite und kundenindividuelle Bindungen auf der anderen Seite die Notwendigkeit, gleichzeitig globale und lokale Prozesse der Informationslogistik aufzubauen.

Die Anforderungen an die Unternehmen in Bezug auf die Gestaltung der Kommunikations- und Kooperationsbeziehungen sowie der Koordinationsmechanismen steigen und erfordern Kernkompetenzen und ein transnationales Management (Prahalad/Hamel). Das Arbeiten in einer globalen Geschäftswelt und gleichzeitigen kundenindividuellen Abhängigkeitsverhältnissen erfordert darüber hinaus eigenverantwortliche, teamfähige und kommunikative Organisationsmitglieder, die fähig sind, sowohl globale Zusammenhänge zu erkennen, als auch enge soziale Bindungen zu den Kunden aufzubauen. In einer global vernetzten Welt wird die Informationsflut steigen, um so mehr ist die Fähigkeit von Unternehmen und Menschen gefordert kreativ zu denken, zu recherchieren, zu analysieren und zu bewerten sowie zu handeln.

1.2 Zunahme der Innovationsgeschwindigkeit

Die Erhöhung der Innovationsgeschwindigkeit zeigt sich in allen Branchen in der Verkürzung von Produktlebenszyklen und gleichzeitigem Anstieg der Amortisationszeit. Dadurch sinkt die Zeitspanne, um Produkte in die Gewinnzone zu lenken. Beispielsweise verkürzten sich im Bereich der Unterhaltungselektronik und des "Computerbaus" die Produktlebenszeiten in den letzten zehn Jahren um 46 Prozent auf unter fünf Jahre. Innovationen sind schneller gefragt und erfordern immer mehr Themen und Varianten in derselben Zeit. Die Innovationsgeschwindigkeit von Technologien erhöht die Komplexität von Produkten und Dienstleistungen. Damit verbunden sind komplexer werdende Abläufe und betriebliche Zusammenhänge sowie Arbeitssysteme, die dabei störanfälliger werden können. Dies erfordert Unternehmen, die vor allem frühzeitig Störungen wahrnehmen bzw. Frühwarnsignale erkennen können.

Vor dem Hintergrund der zunehmenden Innovationsgeschwindigkeit von Technologien und Produkten reicht es nicht mehr aus, daß Unternehmen auf Veränderungen im Sinne einer "quick response" reagieren, vielmehr müssen sie proaktiv agieren um weiterhin wettbewerbsfähig bleiben zu können. Die Fähigkeit, bereits auf schwache Signale zu reagieren und proaktiv Veränderungen und Marktanpassungen einzuleiten, ist erforderlich.

Für viele Unternehmen stellt sich die Frage, ob sie diesen Marktentwicklungen mit ihren Organisationen und Qualifikationen gewachsen sind. In vielen Fällen ist ein Umdenken hinsichtlich der Organisation von Abläufen, der Gestaltung der Arbeit und der Definition strategischer Leitlinien erforderlich. In diesem Sinne soll die folgende These 2 diskutiert werden:

„**Der Wandel verändert das Wertesystem der Unternehmen und erfordert ein Umdenken in den Strukturen und Prozessen.**"

2 Unternehmensprozesse und Wertewandel

2.1 Arbeit in virtuellen Unternehmensnetzwerken

Ein weiterer Trend beschreibt die zunehmende Vernetzung zwischen Unternehmen auf der ganzen Welt. Weltumspannende Netzwerke stellen die in einer Informationsgesellschaft erforderliche Infrastruktur zur Kommunikation und zur Informationsversorgung dar. So hat der Prozeß der Netzwerkintegration begonnen und es kann damit gerechnet werden, daß Anfang des 21. Jahrhunderts der Online-Multimedia-Markt über weltweite Netze stattfinden kann. Darüber hinaus verspricht man sich vom "Information Highway" erhebliche Arbeitsmarkteffekte und neue Geschäftsfelder in Europa sowie entscheidende Veränderungen für die Arbeitswelt und die Lebensweise der Informationsgesellschaft.

Für die Unternehmen eröffnet dies zum einen verteiltes Arbeiten und zum anderen die Möglichkeit, neue Produkte und Dienstleistungen für den elektronischen Markt zu entwickeln und dort anzubieten. Das Einbeziehen privater und geschäftlicher Welten macht es möglich, den Arbeitsplatz in die Wohnung, in das Hotelzimmer, in das Auto, Zug und Flugzeug oder in den Liegestuhl am Strand zu verlagern, sofern eine Vernetzung über die Informationsautobahn besteht. Die damit verbundenen Veränderungen in den Arbeitsstrukturen und -abläufen der Unternehmen erfordern hohe Qualifikationen im Bereich der Technikanwendung. Eine umfassende Anwendung der Möglichkeiten der Informationsautobahn bedeutet für die Unternehmen, Kenntnisse zu erlangen über die angebotenen Dienste, über Technik-Standards, Datenbank-Konzepte und Anwendungskonzepte.

Es entstehen vernetzte Unternehmensstrukturen, die sich dadurch auszeichnen, daß die darin agierenden Mitglieder mehreren Gruppierungen angehören, sich in den unterschiedlichsten Zeitzonen befinden und auch verschiedensten Berufsgruppen zugehören können. Regionen und Gemeinden können am wirtschaftlichen Wachstum einer Großstadt partizipieren, indem sie den Anschluß an die Geschäftswelt haben und die Möglichkeiten des öffentlichen Lebens im Hinblick auf Bibliotheken, Verwaltungsdienstleistungen, Handel und vieles andere mehr auf elektronischem Wege nutzen. Eine ländliche Region kann dadurch wettbewerbsfähig mit einer Großstadtregion werden.

Die weltweite Vernetzung macht es Unternehmen möglich, über elektronische Infrastrukturen Geschäftsbeziehungen mit anderen Unternehmen aufzubauen und ihre Informationslogistik darüber abzuwickeln. Dabei entstehen virtuelle Unternehmen, die ihre wirtschaftlichen Leistungserstellungs- und Verwertungsprozesse über diese informationslogistischen Infrastrukturen abwickeln. Netzwerke mit den unterschiedlichsten Facetten einer zwischenbetrieblichen Arbeitsteilung unter gemeinsamer Anwendung informationslogistischer Infrastrukturen (Szyperski/ Klein) sind denkbar:

- Wertschöpfungsnetze, in denen Unternehmen Effizienz- und Effektivitätsvorteile in der Wertschöpfungskette nutzen,

- Dynamische Netzwerke, in denen Funktionen und Arbeitsleistungen von unabhängigen, rechtlich selbständigen Unternehmen ausgeführt werden, die über einen Koordinator organisiert und abgestimmt werden, oder
- EDI-Netzwerke zum elektronischen Geschäftsdatenaustausch.

In virtuellen Geschäftsbeziehungen verlieren traditionelle Unternehmensgrenzen an Bedeutung. Die Globalisierung macht möglich, daß ein Unternehmen klein bleiben aber virtuell eine erhebliche Größe erreichen kann. Es gelten in Verbindung mit der Nutzung und Beherrschung der Informationslogistik damit aber auch andere Erfolgsfaktoren wie beispielsweise die Responsefähigkeit, flächendeckende Präsenz, die Integrationsqualität von Produkten und Dienstleistungen, der Erfahrungsvorsprung durch Initiierung von neuen logistischen Strukturen und Kooperationen oder das Wissen eines Unternehmens (Savage).

2.2 Veränderung von Management-Paradigmen

Auch wenn noch keine ausreichende Klarheit darüber besteht, wie sich der Wandel von der Industrie- zur Informationsgesellschaft vollzieht, welche Unternehmenseffekte und neuen Dienstleistungen in einer Informationsgesellschaft die tragende Rolle spielen werden, ist dennoch kein zurückhaltendes Abwarten sondern ein Agieren der Unternehmen gefragt um zukünftig eine weltweite Wettbewerbsfähigkeit zu behaupten.

Im Leitgedanken des Business Reengineering steckt die grundlegende Erneuerung der heutigen Unternehmens- und Organisationsstrukturen realisiert durch einen radikalen Wandel der zentralen Geschäftsprozesse (Hammer/Champy). Nach dem Gestaltungsprinzip der konsequenten Ausrichtung der Geschäftsprozesse am Kunden ist das Ziel von Business Reengineering, signifikante Verbesserungen der gesamten Unternehmensperformance zu erreichen, die sich an Kriterien wie beispielsweise der Kundenzufriedenheit, der Innovationsfähigkeit oder der Produktqualität messen läßt. Dieser radikale Wandel eines Unternehmens ist ein Innovationsprozeß, der einen Paradigmenwechsel mit sich bringt.

Der Blick auf den Paradigmenwechsel erscheint angebracht, um die Dimensionen im Hinblick auf notwendige Veränderungsmaßnahmen und Eingriffe in Altbewährtes zu begreifen. Auch wenn der geneigte Betrachter aus dem „Noch-Zeitalter" der Produktion und des Engineering vielleicht mit Blick auf die bevorstehenden Entwicklungen des Informationszeitalters ein „Zurück zu alten Werten" vermutet, wird er mit etwas Einsicht zur „Re-Industrialisierung mit modernen Verfahren" auch die Innovation des Wertewandels erkennen müssen. Die folgende Tabelle soll diesen Paradigmenwechsel etwas verdeutlichen.

	Paradigmenwechsel der Industrialisierung	**Paradigmenwechsel der Informatisierung**
Produktion	von geringen Losgrößen zur Massenproduktion	von der Masse zu individuellen Produkten
Planung	von der on-demand zur auf-Zeittakt-Planung	von der Taktzeit zur on-demand Planung
Marktorientierung	von der Anwender- zur Anbieterinitiative	von der Angebots- zur Kundenorientierung
Marketing	von der puren Information zum realen Modell	vom realen Modell zum virtuellen Produkt
Handel	vom Direktverkauf zur Selbstbedienung	von Selbstbedienung zum personalisierten Einkauf
Arbeitsstrukturen	von der Gemeinschaftsarbeit zur Arbeitsteilung	vom Taylorismus zur Teamarbeit und Kooperation
Preisbildung	vom Verhandlungspreis zum Marktpreis	vom Marktpreis zum kundenideellen Preis
Management	vom Unternehmertum zum Manager	vom Management zum Entrepreneur
Service	vom Komplettangebot zum Spezialangebot	vom Spezialangebot zum Individualangebot
Kultur	von der Lehre nach der Sehnsucht zum instrumentellen Leitbild	vom Instrumentalismus zum Human Engineering und Virtual Reality
Vertrieb	vom lokalen Verkauf zum Vertrieb ins Ausland	vom Vertrieb ins Ausland zum „glokalen" Markt

In diesem Sinne ist es wohl keine Frage mehr, daß neue Technologien, insbesondere Telekommunikation und Multimedia, gebraucht werden, vielmehr stellt sich eher die Herausforderung nach dem wo und wie diese Technologien eingesetzt werden, damit die Unternehmen zukünftig organisatorisch fit und technisch beherrschbar bleiben. Ein notwendiges Umfeld und Infrastrukturen, in dem Innovationen für neue Produkte und Dienstleistungen erst entstehen können, muß als Grundvoraussetzung geschaffen werden. Wir vertreten aus diesem Grunde die folgende These 3:

„Multimediale Technologien und Anwendungen werden die Businesskultur der Informationsgesellschaft prägen."

3 Multimedialisierung von Information und Kommunikation

3.1 Marktbeobachtungen

Die Multimedialisierung ist gekennzeichnet durch das Zusammenwachsen von relevanten Entwicklungslinien der elektronischen Datenverarbeitung, der elektronischen Massenmedien und Audio-/Video-Technologie und der elektronischen Printmedien und Verlagstechnik, von denen jede für sich ihre eigene kommerzielle Bedeutung hat. Die Schnittmenge bilden Technologiefelder im Bereich der Multimedia-Technologien, die zur Verarbeitung und Bereitstellung von multimedialen Informationen relevant sind.

Das Zusammenwachsen von elektronischer Datenverarbeitung und elektronischer Massenmedien und Audio/Video-Technologie ermöglicht die Kombination heute üblicher Informationsformen wie Text, Grafik, Bild, Ton, Sprache, Film und Video. Durch das Mischen von Bildern aus der Realwelt mit Computergrafiken entstehen Simulationen oder Animationen und ermöglichen die multimediale Visualisierung von Inhalten. Hervorzuheben sind im Bereich der Multimedia-Technologie Verfahren der „Virtuellen Realität", deren Produktreife für das Jahr 2000 zu erwarten sind. Dabei werden die Audio-Video-Informationen nicht mehr auf einem Speichermedium festgehalten, sondern durch die Eingaben des Anwenders auf der Basis eines mathematischen Modells errechnet. Mit Techologien der Virtuellen Realität lassen sich damit Unternehmenswelten erlebnisorientiert aufbereiten.

Das Zusammenwachsen von elektronischer Datenverarbeitung mit elektronischen Printmedien und Verlagstechnik bietet Möglichkeiten, hochwertige Printmedien zu verarbeiten, unterschiedlichste Informationseinheiten effizient zusammenzustellen und zu verknüpfen. Durchgesetzt haben sich daher Programme, die es ermöglichen, die multimedialen Informationseinheiten netzartig zu verknüpfen. Dadurch kann der Anwender aktiv in das Programm einbezogen werden und durch eigene Manipulation durch das Programm auf „Entdeckungsreise" gehen, in Wissensbasen „stöbern". Darüber hinaus erleichtert Hypermedia mit definierbaren Suchkriterien das Wiederauffinden von Informationen.

Das Zusammenwachsen von elektronischen Massenmedien und Audio/Video-Technologie mit elektronischen Printmedien und Verlagstechnik ermöglicht die Aufbereitung von multimedialen Informationen in elektronischen Archiven vor allem von Stand- und Bewegtbildern und somit die Bereitstellung von multimedial produziertem Material auf Datenträgern für den Aufbau und Abruf von Wissensbasen und einen wahlfreien interaktiven Zugriff auf die angebotenen Inhalte. Der hohe Speicherbedarf von digitalisierten multimedialen Informationen macht den Einsatz neuer Speicher- und Kompressionsverfahren erforderlich.

Die Medienintegration befindet sich heute noch weitgehend im Bereich des Offline-Medienmarktes. Das bedeutet, die Informationen und Inhalte liegen noch weitgehend an einzelnen Standorten verteilt vor. Erst mit den Entwicklungen im Bereich der Telekommunikation und der Einbindung der Rechner in weltweite Netze wird ein Zugriff auf weltweit verstreute Wissensbasen und eine weltweite Verteilung von Inhalten erfolgen können. Eine weitreichende

Integration des Telekommunikations-und Multimedia-Marktes wird aber erst zur Jahrtausend-Wende prognostiziert.

3.2 Kommerzialisierung von Multimedia-Business

Vor diesem Hintergrund werden zukünftig Business Television als neue Anwendungsform für Unternehmenskommunikation und Kooperation sowie Film und Video als Informationsträger für Business Inhalte nicht mehr wegzudenken sein. Spätestens unsere Enkelgeneration wird mit dem Medium Film vergleichbar umzugehen verstehen wie unsere Großeltern mit Griffel und Bleistift. Die Aufgabe des Wegbereiters liegt derzeit in unserer Hand. Auf dem Weg zur Kommerzialisierung dieser neuen Medien müssen noch eine Reihe von Unwegbarkeiten und Hürden in Kauf genommen werden. Ein Charaktervergleich zwischen Computer- und Medienindustrie, der auch das Fernsehen zugeordnet wird, verdeutlicht in wenigen Punkten die Notwendigkeit des Umdenkens in der folgenden Tabelle.

Computer versus	**Medien Industrie**
Die Computer Industrie verkauft Produktivität.	Das Mediengeschäft verkauft Information und Unterhaltung.
Einkünfte in der Computer Industrie resultieren aus den Verkäufen von Hard- oder Software.	Im Mediengeschäft haben die Einkünfte eher den Charakter eines unaufhörlichen Stromes.
Die Computer Industrie ist abhängig vom Business-to-Business Verkauf.	Im Mediengeschäft dominieren die Einkünfte direkt von den Konsumenten.
Computer Unternehmen folgen dem Business Modell eines Herstellers.	Die Medienunternehmen erwecken eher den Eindruck eines Verteilgeschäfts.

Diese unterschiedliche Sichtweise nicht nur in den Köpfen der Computerbranche, sondern vor allem in Unternehmen, die typischerweise Kunden und Anwender von neuen Technologien sind, verhindert heute noch die kommerzielle Dynamik und potentielle Kreativität, die insbesondere den neuen Medien und Multimedia-Technologien innewohnt.

4 Fazit und Bookmarks

Aufgrund der dargestellten Trends und Entwicklungsperspektiven werden alsbald Unternehmensentscheidungen notwendig werden. Insbesondere aus diesem Grunde soll dieses Buch dazu beitragen, einen objektiveren und differenzierteren Eindruck in ein neues, zukunftsträchtiges Feld für Unternehmen aller Branchen und Größen zu erhalten. Dennoch sind kritische und reflektierte Einwände erwünscht und zulässig. Die Lernfähigkeit und das Erfahrungswissen sind in diesem Bereich noch lange nicht erschöpft.

Die Struktur des Buches wurde danach ausgerichtet, daß auf der einen Seite Anwendungen in Unternehmen und andererseits Anbieter-Lösungen auf dem Markt des Business Fernsehens beschrieben werden. Um dem Leser das Browsing zu erleichtern, werden im folgenden eine Reihe von Bookmarks aus den Beiträgen dieses Buches zusammengestellt.

✎ Business TV (BTV) darf nicht isoliert betrachtet werden. Gerade bei der Organisation von wichtigen Informationsveranstaltungen wie internationaler Kongresse (Der virtuelle Kongreß) muß man sich die Frage stellen, wie die Zahl derer, die in den Genuß der Ware Information kommen können, erhöht werden kann. Neben der direkten Beteiligung räumlich nicht Anwesender durch den Einsatz einer BTV-Liveschaltung können weitere Medien hinzugezogen werden. So bietet sich die Aufarbeitung der Diskussionsergebnisse und der wichtigsten Statements der verschiedenen Referenten im Nachgang der Konferenz auf einer CD-ROM an.

✎ Der moderne Einzelhandel setzt auf innovative Medien (Unternehmensfernsehen im Einzelhandel) zur Verbesserung der Dienstleistungsqualität im Hinblick auf Mitarbeiter- und Kundenorientierung. Dazu soll auf horizontaler wie vertikaler Ebene interaktiv kommuniziert werden. Durch gezieltes Informationsmanagement werden Technologieeinsatz und Kommunikationsprozesse koordiniert. Über Business TV erfahren die Mitarbeiter das neueste von der Unternehmensleitung. Einkauf und Verkauf erfahren gleichzeitig neue Waren- und Werbekonzepte. Das Konzept für den Kunden soll zur Erlebnisorientierung und Verkaufsförderung beitragen. Der Erfolgsfaktor Fernsehen soll eine Gemeinschaft zwischen Kunden, Herstellern, Mitarbeitern und Geschäftsführung herstellen.

✎ Ein Finanzdienstleister setzt neue Maßstäbe für Effizienz und Wertschöpfung in seinem Kerngeschäft. Die Qualität der Information hängt stark von der Informationslogistik und Informationsgeschwindigkeit ab (Informationen aus erster Hand). Die Eindämmung der Informationsflut und Konzentration auf das Wesentliche steht beim Einsatz von Business TV im Vordergrund. Die Einbindung von Sendungen in ein Gesamt-Medien- und Informations-Mix wird aber großgeschrieben. Damit verändern sich herkömmliche Konzepte im Bereich der Printmedien wie z.B. Rundschreiben und Mitteilungen sowie konventionelle Veranstaltungen wie z.B. Kongresse und Tagungen.

✎ Personalentwicklung geht neue Wege der Qualifizierung und Karriereplanung. Mittels Business TV wird ein bedeutender Erfolgsfaktor -nämlich die Zeit- für den Wissenstransfer genutzt. Der Außendienst repräsentiert durch seine Nähe zum Kunden eine wesentliche Kernkompetenz bei Würth und steht daher unter besonderem Druck. Er muß immer mit den neuesten Produkt-, Markt- und Brancheninformationen versorgt werden (Außendienstschulung). Die Gestaltung und Vorbereitung der Sendungen stellt für die Trainer neue Herausforderungen dar.

✎ Das Medienrecht, das zur Zeit noch vorrangig den Datenschutz regelt, stammt in seinen Grundstrukturen aus der Mitte der achtziger Jahre und ist wegen seiner Orientierung an technischen und organisatorischen Erscheinungen seiner Zeit nicht ohne weiteres auf die Anwendung von BTV übertragbar. Völlig neue Fragen werden aufgeworfen: Wie kann z.B. ein Teilnehmer einer BTV-Sendung geschützt werden? Die für sich harmlosen Einzelinformationen bei der Nutzung von BTV könnten ohne Schwierigkeiten zur Aufbereitung von Persönlichkeitsdaten genutzt werden. Zu verhindern sind die Zweckentfremdung von anhand von Interaktionsdaten erstellten Persönlichkeitsprofilen z.B. durch Weitergabe für privatwirtschaftliche Überwachungszwecke oder unerwünschte Marketingaktivitäten. Im Gegensatz zum Internet bestehen jetzt noch gute Chancen, frühzeitige Maßnahmen des Selbst- und Systemschutzes zu diskutieren und in die Tat umzusetzen.

☙ Die Entwicklungen in den Bereichen Multimedia und digitalem Fernsehen veranlassen heutzutage immer mehr Unternehmen, sich über die Installation eines eigenen Kommunikationsnetzes Gedanken zu machen (Multimedia-Verteilung über Satellitennetze). Die Schlüsselworte lauten Multimedia-Kioske, Shop-Television oder Business TV. Die Grenzen zwischen Multimedia und BTV sind fließend. Neben vieler ähnlicher oder gleicher Anforderungen gibt es jedoch zwei elementare Unterschiede: BTV wird zumeist live gesendet und die Wiedergabe erfolgt mit Hilfe handelsüblicher Fernsehgeräte. Die Verteilung von Multimedia-Anwendungen hingegen erfolgt über File-Transfer von einer Zentrale an beliebig viele Außenstellen mit dem Ausgabemedium Personal-Computer.

☙ Business TV richtet sich an Organisationen und Institutionen, die dezentral im Markt agieren (Vorsprung durch Fernsehen). Die Interaktivität und Dezentralität im Einsatz des neuen Mediums wird ein völlig neues Verständnis der Umwelt zur Folge haben. Die Welt und nicht nur die Geschäftswelt wird ihre räumliche Größe verlieren. Die Welt wird aber nicht nur kleiner, sie wird auch komplexer und für Neueinsteiger immer undurchdringlicher. Unternehmen, die sich nun auf die neue Technik einlassen, werden sich durch die Konfrontation mit den Problemen und deren individueller Lösung einen unschätzbaren Wettbewerbsvorteil aneignen. Dabei gilt es, die Bearbeitung der vorhandenen Geschäftsfelder durch neues Wissen nicht nur zu optimieren, sondern bestehende Positionen auszubauen und neue Geschäftsbereiche in Angriff zu nehmen. Und der Markt ist groß: BTV richtet sich an Handels- und Dienstleistungsunternehmen, wie Banken, Versicherungen, Kongreß- und Messeveranstalter und Hotels, an Industrieunternehmen, genauso wie Institute und Forschungseinrichtungen.

☙ Bei der Videokonferenz steht weniger die Einsparung von Reisekosten, sondern vielmehr die Zeitersparnis, der umfassendere Informationsaustausch und die optimale und schnelle Kommunikation im Vordergrund. Ein Manager verliert durch eine Dienstreise innerhalb Deutschlands im Durchschnitt 5-7 Stunden. Zudem bietet die Videokonferenz, die Möglichkeit der dezentralen Gruppenarbeit an einem Arbeitsprojekt, wie z.B. kooperatives Design und Konstruktion.

☙ Die Einführung von Business TV kann die Schaffung völlig neuer Berufsbilder wie die des TV-Logistikers nach sich ziehen. Die Koordination von BTV in den verschiedenen Einsatzfeldern des Unternehmens benötigt ein übergreifendes Wissen, sowohl des Mediums selbst als auch der internen Unternehmensprozesse. Die Einsatzgebiete von BTV im Unternehmen müssen genau beschrieben und definiert werden (Der eigene Kanal für's Unternehmen). Eine klare Aufgabenverteilung zwischen BTV und z.B. den Printmedien oder der persönlichen Kommunikation muß erkannt und festgelegt werden. Fragen der Substitution bisheriger Bereiche der internen Unternehmenskommunikation, wie z.B. der Firmenzeitung müssen ebenso beantwortet werden, wie die Belegung von Schulungsräumen und die Festlegung von Sendeterminen.

✎ Einen einheitlichen Begriff für Business TV gibt es nicht. BTV in seiner technischen Anwendung existiert in ebensovielen Formen und Variationen wie Einsatzmöglichkeiten (Neue Unternehmenskommunikation). Abhängig ist die Schaffung eines individuellen Netzdesigns z.B. von der Übertragungsform (Dauer/live), der Vorlaufzeit der Sendung oder der Lage der Empfangsstellen. Die heute am meisten angewandten Formen der Programmübermittlung zum Satelliten werden durch eine beim Nutzer installierte Satellitenstation, ein mobiles Satellitenfahrzeug oder eine zentrale Station beim Diensteanbieter gewährleistet.

Da die wissenschaftliche Brille an dieser Stelle sicher nicht auf alle wesentlichen Erkenntnisse für die Praxis eingehen konnte, soll dies nicht davon abhalten, sich selbst einen Eindruck zu verschaffen. In diesem Sinne wünsche ich allen Lesern dieses Buches einen gelungenen Einstieg und eine Erweiterung des Wissens in diese Thematik. Für Anmerkungen und Rückfragen stehen die Herausgeber als auch die Autoren gerne zur Verfügung.

5 Literatur

Bullinger, H.-J., Reengineering und Team-Management: Turbulente Zeiten erfordern kreative Köpfe und lernende Organisationsstrukturen, Stuttgart, 1995

Bullinger, H.-J., Dienstleistungsmärkte im Wandel - Herausforderung und Perspektiven, Tagungsband 1995

Burstein, D./Kline, D., Road Warriors, Dreams and Nightmares along the Information Highway, New York 1995

Davidow, W. H./Malone, M. S., Das virtuelle Unternehmen: Der Kunde als Co-Produzent, Frankfurt, New York 1993

Friebe, K. P., PANMEDIA -neue Kultur durch digitale Kommunikation, in: Technologiedialog, 17, 12/1994

Hammer, M./Champy, J., Business Reengineering. Die Radikalkur für das Unternehmen, Frankfurt, New York 1994

Kerres, M., Zum Status der Multimedia-Technik, in: MultiMedia 2000, Stuttgart 1992

Malone, Th. W./Rockart, J. F., Vernetzung und Management, in: Spektrum der Wissenschaft, Dossier: Datenautobahn Februar 1995

Prahalad, C. K./Hamel, G., The Core Competence of the Corporation, in: Harvard Business Review, 5-6/1990

Saffo, P., Communications: From Conduit to Cyberspace, in: Institute for the Future, Ten-Year-Forecast, 1994

Savage, Ch. M., The Dawn of the Knowledge Era, Pre-Publishing Draft, in: OR/MS Today 12/1994

Senge, P. M., The Fifth Discipline: The Art and Practice of the Learning Organization, New York 1990

Szyperski, N./Klein, St., Informationslogistik und virtuelle Organisationen: Die Wechselwirkung von Informationslogistik und Netzwerkmodellen der Unternehmung, in: DBW, 53, 2/1993

Venkatraman, N., IT-Enabled Business Transformation: From Automation to Business Scope Redefinition, in: Sloan Management Review, 1994

Weiss, R., Interaktives Multimedia: mehr als nur ein Schlagwort?, in: io Management Zeitschrift, 63, 1/1994

Wertschöpfungspotentiale durch Anwendung von interaktivem Business Television
Michael Broßmann

Kontaktadresse:
Dr. Michael Broßmann
Mercedes-Benz AG, Palmenwaldstraße, T404, 70322 Stuttgart

Inhalt

1 Interaktives Business Television als Chance, die Kommunikation in der mehrstufigen Distributionskette nachhaltig zu unterstützen

1.1 Die Automobilindustrie als Initiator für zukunftsorientierte Informations- und Kommunikationsprozesse

1.2 Was heißt interaktives Business Television?

1.3 Chancen, Auslöser und praktische Umsetzung von interaktivem Business Television

2 Innovationsprozesse als notwendige Voraussetzung zur Realisierung von interaktivem Business-Television

2.1 Technische Innovationsprozesse

2.2 Organisatorische Innovationsprozesse

2.3 Human Engineering Innovationsprozesse

2.4 Zusammenfassung: Interaktive Business Television-Anwendungen als Ergebnis von Innovationsprozessen

3 Zukünftige Dienstleistungen zur Realisierung von Business Television und Multimedia-Anwendungen

4 Ausblick

1 Interaktives Business Television als Chance, die Kommunikation in der mehrstufigen Distributionskette nachhaltig zu unterstützen

1.1 Die Automobilindustrie als Initiator für zukunftsorientierte Informations- und Kommunikationsprozesse

Die Automobilwirtschaft stellt unverändert einen Dreh- und Angelpunkt im internationalen ökonomischen Wettbewerb dar. In allen Herstellerländern bildet der Automobilsektor den entscheidenden Faktor für Beschäftigung und ökonomische Prosperität. So haben insbesondere die konzeptionellen Überlegungen, die sich unter dem Stichwort „Lean Production" zusammenfassen lassen, erheblich dazu beigetragen, die Aufmerksamkeit auf Entwicklung, Herstellung, Vertrieb und Service des Autos gelenkt. Danach werden Hersteller, die sich der durch die schlanke Produktion erreichten hohen Produktivität und Produktions- bzw. Produktqualität nicht annähern können, auf dem Weltmarkt nicht konkurrenzfähig sein. Damit sind wir seit Anfang der 90er Jahre verstärkt mit einem der Hauptprobleme der Automobilindustrie konfrontiert: der kostengünstigen Produktion qualitativ hochwertiger Produkte für den Qualitätswettbewerb eines primär kundenorientierten Marktes.

Ein zweites, nicht minder bedeutsames Problem besteht in der erfolgreichen Vermarktung des Autos, d. h. in der Ausgestaltung des Verhältnisses zwischen dem Automobilhersteller, dem Absatz- bzw. Servicebereich und dem Kunden. Hier entscheidet sich letztlich, ob ein Kunde ein bestimmtes Auto kauft und ob er mit der Serviceleistung zufrieden ist. Solange der Traum der Hersteller vom wartungsfreien Auto nicht Wirklichkeit geworden ist, bleibt der After Sales Service von strategischer Bedeutung. Die Automobilproduzenten sind auf den Servicebereich und seine Fähigkeit, Fehler rasch zu diagnostizieren und zu beheben, mehr als je zuvor angewiesen. Das Zusammenspiel von flexibler Produktion und Elektronifizierung des Autos führt zu einer Komplexibilität und Vielfalt von Kraftfahrzeugtechnik, deren Beherrschung im Service- und Instandhaltungsbereich eine extrem hohe Qualität von Diagnose und Reparaturtechnik bzw. -management erfordert.

Um diesen Anforderungen gerecht zu werden, müssen insbesondere Unternehmen, die über mehrstufige Absatzkanäle verfügen und hochkomplexe Produkte vertreiben, intensive Informations- und Kommunikationsprozesse betreiben. Greift man sich den Vertriebsbereich der Automobilindustrie beispielhaft heraus, dann sind notwendigerweise Wettbewerbsvorteile durch gezielte Entwicklung von Vertriebskompetenzen anzustreben sowie die oftmals weltweite Kommunikation von Unternehmens-, Marken- und Produktwerten zu unterstützen und damit die internationale Wettbewerbsfähigkeit des Vertriebs über alle Distributionsstufen nachhaltig zu steigern. Daneben sind gleichermaßen die Gestaltung operativer Vertriebsprozesse wie Ersatzteilversorgung, Auftragsabwicklung und produktspezifische Know-how- und Informationsversorgung erheblich für den Geschäftserfolg. Damit wird die Beziehungspflege auf den Absatzmärkten zum entscheidenden Wettbewerbsfaktor, d. h., der After Sales Service in der Ausprägung von Training, Wartung, Diagnose und Beratung auf dezentralen Märkten wirkt langfristig wettbewerbsentscheidend.

Die zentrale Frage ist demnach, wie das Problem einer ausreichenden informellen Versorgung aller Aufgabenträger unterschiedlichster Organisationsebenen gelöst werden kann? Wie ist Informationsbedarf und -beschaffung zu koordinieren? Welches methodisch/technische Instrumentarium bietet sich dazu an und wie muß die Kommunikation zwischen allen beschaffen sein?

Obgleich bereits in den 70ern bis Ende der 80er Jahre insbesondere Automobilunternehmen begonnen haben, in vielfältiger Form die mehrstufige Distributionskette mit umfangreichen Kommunikationssystemen auszustatten, bleibt dieser Informationsaustausch weitgehend auf formatierte Daten beschränkt, die vorwiegend operative Auftragsabwicklungsprozesse unterstützen. Diese 1. Generation von Informationssystemen wurde mit dem Aufkommen von leistungsfähigen Personalcomputern und Workstations von einer 2. Generation abgelöst, die über geeignete Retrieval-Verfahren für produkttechnische Dokumente verfügen und eine Anbindung an elektronische Meß- und Prüfgeräte bieten. Obwohl diese Informationssysteme der 1. und 2. Generation ein vielfältiges Spektrum der Vertriebsaufgaben und -entscheidungsfelder abdecken, fehlt insbesondere ein Verfahren, wie weitgehend analoge unstrukturierte komplexe Informationen generiert, übertragen und verarbeitet werden können. Damit finden die unter den derzeit diskutierten Begriffen wie „Multimedia" und "Information-Highway" resultierenden Produkte und Dienstleistungen in den betrieblichen Prozessen bisher keine Berücksichtigung.

Aufgrund des Bedarfs zur Realisierung von Systemen einer 3. Generation mit den technischen Voraussetzungen für Multimedia-Anwendungen und den Nutzungsmöglichkeiten von geeigneten Übertragungsverfahren für Audio- und Videokommunikation wird hier folgende These vertreten:

„Interaktive Business Television Anwendungen bieten Unternehmen eine Chance, als flankierendes Instrument den Informations- und Kommunikationsprozeß insbesondere in der mehrstufigen Vertriebs- und Distributionskette zu unterstützen und damit nachhaltig zur Realisierung langfristiger Erfolgspotentiale beizutragen".

Verifiziert werden soll diese These auf der Basis einer näheren Bestimmung von Merkmalen, die Business Television auszeichnen, den Rahmenbedingungen, denen sich Unternehmen ausgesetzt sehen, den Trends, die Business Television auslösen sowie einer realen Business Television Lösung im Automobilsektor.

1.2 Was heißt interaktives Business Television?

Geht man dem Ursprung von **„Business Television"** nach, dann wurde der Begriff Mitte der 80er Jahre geprägt, um sich von den bis dahin allgemeinen Bezeichnungen wie „Teleconferencing" und „Videoconferencing" abzuheben. Im wesentlichen geht es darum, die „Produktion und Verteilung von Fernsehprogrammen für geschlossene Nutzergruppen" zu erreichen. Dabei kann das Spektrum an Inhalten, die über ein Netzwerk übertragen werden sollen, neben Video- und Audiosignalen auch Daten umfassen. In diesem Zusammenhang ist ebenso die Informationsdarstellung von erheblicher Bedeutung. So steht auch der Begriff

Multimedia als Oberbegriff für die Kombination einer Vielzahl von neuartigen Produkten und Diensten aus dem Computer-, Telekommunikations- und Mediensektor in enger Beziehung.

Neben der Informationsdarstellung sind gleichsam die Interaktionsmöglichkeiten von Business Television relevant. Da bei dem gegenwärtig praktizierten Business Television häufig allein eine Broadcast-, d. h. Verteilfunktion von Inhalten gegeben ist und ein Rückkanal vom Anwender nicht bzw. nur sehr eingeschränkt existiert, sollen die hier betrachteten Business-Television-Lösungen **interaktive** Anwendungsformen ermöglichen, d. h., auch der Rückkanal verfügt über geeignete Audio- und Bildkommunikationseigenschaften.

Demnach lassen sich telekooperative Systeme, die interaktive Business Televisionsanwendungen ermöglichen, folgendermaßen charakterisieren und zusammenfassen:

- der zeitgleiche und wechselseitige Austausch in Form audiovisueller Kommunikation durch die gleichzeitige Benutzung der Kommunikationskanäle Sprache und Bewegtbild von weitgehend analogen unstrukturierten komplexen Informationen zwischen räumlich voneinander getrennten Teilnehmern, verbunden mit der interaktiven Nutzung. Das bedeutet, der Nutzer ist nicht nur ausschließlich Empfänger, sondern kann selbst durch die Verwendung entsprechender Rückkanäle Inhalte verändern bzw. Aktionen auslösen und kommunizieren.

- die integrative Verwendung verschiedener Medientypen, d. h., dynamische Video- und Audiosequenzen werden mit statischen Daten und Medien kombiniert.

- die technikgestütze Aufbereitung, Verteilung und Verarbeitung der Informationen, basierend auf terrestrischen und/oder satellitengestützten breitbandigen Übertragungsverfahren und digitaler Technik. Der Einsatz von Kompressionsverfahren (z.B. H.320 und/oder MPEG 2 Verfahren) vereinfacht bzw. ermöglicht erst die Übertragung.

Mit dieser Beschreibung ist zunächst der hier angesprochene Systembegriff näher eingegrenzt. Für die Verifizierung der These muß natürlich die Frage beantwortet werden, warum gerade interaktives Business Television einen Beitrag zur langfristigen Sicherung des Ertragspotentials leisten kann.

1.3 Chancen, Auslöser und praktische Umsetzungen von interaktivem Business Television

Die Rahmenbedingungen sind je nach Geschäftstätigkeit, Internationalität und Wettbewerbsstruktur des Unternehmens unterschiedlich ausgeprägt. Zur Verifizierung der eingangs aufgestellten allgemeinen These werden Kontextfaktoren, die aus den Rahmenbedingungen abgeleitet werden, hinsichtlich ihrer Relevanz für Business Television aufgeführt. Im einzelnen betrifft dies

- **Globalisierung**; eine zunehmende Globalisierung von Märkten und Produkten erfordert neue Formen der Kommunikation. Interaktives Business Television ist ein modernes

Kommunikationsinstrument, das die Kommunikation multinationaler Teams, die zur Bearbeitung der globalen Märkte gebildet werden, unterstützen. Eng damit verbunden ist auch ein Entgegenkommen für ganzheitliches Prozeßdenken bei der Leistungserstellung.

- **Zeitwettbewerb**; die Bedeutung der Zeit als strategisches Element wirft die Frage nach Möglichkeiten der schnelleren Markteinführung sowie der Schaffung größerer Kundennähe auf. Business Television kann hier zur Beschleunigung dieser Prozesse beitragen.

- **Netzwerke**; durch die Einführung neuer Organisationsformen wie Netzwerke oder virtuelle Organisationen wird versucht, zentrale und dezentrale Aspekte der Vertriebsgestaltung optimal zu verbinden. Dabei wird der Zusammenhalt verstreuter Absatzeinheiten durch Informationsflüsse hergestellt. Moderne Informations- und Kommunikationstechnologien sind somit für die Lebensfähigkeit dezentraler Organisationsformen zwingend erforderlich. Interaktives Business Television kann innerhalb dieser Organisationskonzepte eine tragende Rolle spielen.

- **Business Reengineering**; erhebliche Veränderungen von Geschäftsprozessen, wie sie das Konzept des Business Reengineering fordert, werden teilweise erst durch moderne Kommunikationstechniken wie Business Television ermöglicht. Durch die Überwindung der räumlichen Trennung von Gesprächspartnern eröffnet sich ein großes Veränderungspotential nahezu aller Geschäftsprozesse.

- **Visuelles Zeitalter**; Sozialforscher konstatieren eine zunehmende Visualisierung der Gesellschaft und prophezeien die weiter steigende Bedeutung des Einsatzes von Bildern in der privaten und geschäftlichen Kommunikation. Nachdem selbst Textdokumentationen immer stärker mit grafischen Elementen und Bildern aufbereitet werden, ist damit auch ein verstärkter Einsatz von Telekooperationssystemen zu erwarten.

- **Unternehmenskultur**; für den erfolgreichen Einsatz von interaktivem Business Television ist die Unternehmenskultur deshalb von besonderer Bedeutung, weil sie das Verhalten der Mitarbeiter prägt und dieses Verhalten sich maßgeblich in der Akzeptanz und somit auch in dieser Anwendungsform niederschlägt. Die Unternehmenskultur spielt damit vor allem bei der Implementierung eine entscheidende Rolle, denn in dieser Phase der Umsetzung der Business Television Strategie zeigt sich, ob und inwieweit die Mitarbeiter bereit sind, ihr Kommunikationsverhalten zu verändern und das neuartige System zu nutzen.

Neben den Rahmenbedingungen, mit denen sich Unternehmen konfrontiert sehen und die sie zu Anpassungen oder zu Veränderungen in ihrer unternehmerischen Tätigkeit veranlassen, ist für die Planung und Einführung von Business Television jedoch zumeist ein konkreter Auslöser gegeben. Insofern werden beispielhaft Business Television Auslöser aufgeführt, die in der betrieblichen Praxis sowohl einzeln als auch kombiniert auftreten können:

- **Wettbewerbsdruck**; starker Wettbewerbsdruck führt bei vielen Unternehmen zur Notwendigkeit, eigene Produkte schneller als die Konkurrenz auf den Markt zu bringen. Deshalb werden alle Möglichkeiten, Zeit einzusparen, eingehend untersucht. Bei der

Analyse der Kommunikationsprozesse wird auch das Potential von Telekooperationsmöglichkeiten überprüft.

- **Business Case**; Unternehmen entwickeln ständig Kostensenkungsprogramme und führen Wirtschaftlichkeitsbetrachtungen durch. Daher werden Einsparungspotentiale versucht zu ermitteln, die u. a. Hotel-, Arbeitsausfall- und Reisekosten betreffen. Die Kürzung von Gemeinkostenbudgets setzt die Suche nach Geschäftsprozessen und neuen Kommunikationsformen in Gang, und Business Television wird als Alternative überlegt.

- **Organisation**; neue Organisationsformen von Konzernen (transnationale Teams, Netzwerk etc.) erfordern neue Kommunikationsformen. Interaktives Business ist ein geeignetes Mittel, um die Kommunikation zwischen dezentralen Unternehmenseinheiten zu fördern.

- **Best Practise Research**; einzelne Mitarbeiter oder Gruppen interessieren sich für technische Entwicklungen und diskutieren, angeregt durch Best Practise Research Prozesse, die Vorzüge von Business Television für bestimmte Anwendungen. Verstärkt werden diese Überlegungen von Unternehmen aus den USA, die Business Television bereits seit geraumer Zeit erfolgreich einsetzen, um mit amerikanischen Unternehmensstandorten Kontakt halten zu können.

- **Marketingaktivitäten**; Unternehmen werden direkt von Endgeräte-Herstellern und/oder Netzbetreibern auf die Möglichkeiten und Vorzüge von Business Television angesprochen und prüfen, entsprechende Systeme zu realisieren. Die Verfügbarkeit von terrestrischen und Satellitenübertragungsverfahren in den letzten Jahren führte zudem bei einigen Firmen zur Evaluierung von Anwendungen mit diesen Netzen, die über den reinen Daten- und Telefondienst hinausgehen. Eine dieser Anwendungen ist Business Television, dessen Einsatzmöglichkeiten zunehmend überlegt werden.

- **Projekte**; oftmals ist es ein einzelnes Vorhaben, das zur Initialisierung von Telekooperation führt und damit die Voraussetzung für ausgewählte Anwendungen schafft.

Ähnliche Auslöser waren auch bei der Mercedes-Benz AG gegeben, als man schon sehr frühzeitig die Chancen, die Business Television bieten kann, versucht hat zu nutzen. Ausgangspunkt für die Überlegungen war es, unter Einsatz des multimedialen Spektrums innovative Kommunikationsformen für die mehrstufige Distributionskette zu entwickeln. Die übergeordnete Zielsetzung bestand darin, eine Qualitätsverbesserung der Vertriebs- und Serviceorganisation durch einen reibungsarmen und schnellen Informationsverbund zu erreichen. So stand mit dem Projekt AKUBIS (Automobil Kundenorientiertes Broadcast Informations System) zunächst im Vordergrund, daß schnell und unkonventionell „Service-know-how" bereitgestellt, transferiert und genutzt werden kann und damit Defizite in der klassischen „face-to-face"-Wissensvermittlung zu beheben.

Die nachstehende Abbildung zeigt den Entwicklungsprozeß von Beginn des Projektes bis zur Übernahme in den dauerhaften Informations- und Kommunikationsprozeß mit der Außenorganisation.

SCHRITTE, DIE DIE INNOVATION BEREITS DURCHLAUFEN HAT

Im Zeitraum 1987-1995 durchlief die Innovation folgende Schritte:

Angebotsphase	Konzeptphase	Umsetzungsphase	Testphase	Pilotphase	Realisierungsphase	Expansionsphase
1987	1988	1989	1990	1991-1992	1993	1994-1995
- Anfragen der deutschen Bundespost bei verschiedenen Autoherstellern zur Nutzung des Glasfasernetzes - Entscheidung des Servicebereiches zur Erprobung des zukunftsweisenden Instruments	- Entwicklung des Konzepts - Spezifikation der technischen Komponenten - Definition der Anwendungen - Entwicklung eines Studios/Planung von 3 Stationen in der Außenorganisation	Ein erster Test beginnt: - 20 Sendungen an 3 Stützpunkten in Berlin - Verbesserung der eingesetzten Technik - Wirtschaftlichkeitsbetrachtung und Vorstandsvorlage - Genehmigung Pilotbetrieb für ein Jahr	Gemäß Vorstandsbeschluß erfolgt: - Aufbau von 5 weiteren Stationen - erweiterte Kosten/Nutzen-Analyse - Erarbeitung weiterer Einsparungspotentiale - Einbeziehung zusätzlicher Anwendungen	- Ausstattung eines kleinen Teststudios in der Zentrale - Verkabelung von Schulwerkstätten (Trainingscenter) - Einrichtung von 3 Stationen in der Außenorganisation (Berlin)	- Vorstandsentscheidung über flächendeckende Einführung - Inbetriebnahme von 17 Stationen - Realisation eines Großstudios - Einführungsschulung für neue C-Baureihe - Erste Schritte zur Organisation von AKUBIS als Dienstleistungscenter	- Entwicklung einer zukünftigen Netzkonzeption, die eine Alternative zur gegenwärtigen Glasfasertechnik via VBN (Vermittelndes Breitbandnetz) darstellt - Durchführung von Analyse / Konzepten für europäische und außereuropäische Länder mit Volumenmärkten - Realisation des AKUBIS-Sendebetriebs im Rahmen des Sprinter- und E-Klasse-Einführungstrainings - Implementierung von 7 zusätzlichen Stationen mit alternativer Übertragungstechnik im deutschen/ europ. Raum

Abbildung: Die Entwicklungsschritte des Telekooperationssystems AKUBIS in der Mercedes-Benz AG

Der mit dem bisherigen AKUBIS-Betrieb eingeschlagene Weg läßt bereits deutlich den wirtschaftlichen und strategischen Nutzen erkennen:

- Unterstützung beim Anlauf neuer Modellreihen in bedeutend anschaulicherer, aktuellerer, zielgerichteter und schnellerer Form als dies bisher möglich war. So wurden beispielsweise für das technische Produkttraining zur Einführung der C- und E-Klasse sowie des Sprinters weit über 10.000 Teilnehmer im interaktiven Verfahren trainiert. Seit dem produktiven Einsatz von AKUBIS wurden, gerade im Servicetraining PKW und NFZ, über 30.000 Schulmanntage für Werkstattführungskräfte realisiert. Mit konventionellen Schulungsformen wäre dies in diesem Umfang und in diesem Zeitrahmen nicht durchführbar gewesen. Zu diesem Anwendungsverfahren wurde bereits in den Jahren 1990 und 1992 detaillierte Kosten-/ Nutzenanalysen durchgeführt.

- Eine Vielzahl von Vorteilen und Einsparungen, die das Medium AKUBIS bietet, müssen den nicht exakt quantifizierbaren Einsparungen (z. B. Verminderung von Telefonaufwand, mehrmalige erfolglose Reparaturen, unzufriedene Kunden und damit keine Wiederkäufer etc.) zugerechnet werden und stellen ein erhebliches zusätzliches Nutzenpotential dar.

- Die geschaffene Telekooperation ist bisher weltweit einmalig. Dies bestätigen auch umfangreiche Benchmarkanalysen, die im Jahre 1995 im Rahmen diverser Projekte durchgeführt wurden. So entstehen auch aus Sicht der Außenorganisation bedeutsame operative und strategische Vorteile gegenüber dem Wettbewerb.

- Diese High-Tech-Kommunikationsform läßt sich darüber hinaus als kommunizierbarer Wettbewerbsvorteil in die Marketingmaßnahmen einbinden. So wurde AKUBIS beispielsweise in verschiedenen Anwendungsformen bei Messen genutzt (z. B. IAA, Automechanika etc.).

- Die technischen Einrichtungen bieten eine Chance, auch europa- bzw. weltweit über eine Satelliten-/ISDN-Lösung Kommunikation zu betreiben. Damit sind neben erheblichen zeitlichen Einsparungen und Reisekosten sowohl für die operative Ebene als auch für das Management zusätzliche wirtschaftliche und strategische Vorteile gegeben, wenn die Partner direkt im Dialog aktuell und schnell Informations- und Abstimmungsprozesse abwickeln können.

Insgesamt bestätigen die Erfahrungen des bisherigen AKUBIS-Betriebs, daß der erwartete Nutzen bei der Verwirklichung in vollem Umfang erreicht wird. Damit konnte auch eine positive Positionierung von interaktivem Business Television innerhalb des Vertriebsbereichs der Mercedes-Benz AG erreicht werden.

2 Innovationsprozesse als notwendige Voraussetzung zur Realisierung von interaktivem Business Television

Verfolgt man die Fachpresse, dann wird unter Multimedia-Geschäftsprozessen wie Telemedizin, Teleworking, Telepublishing, Telecommerce dem interessierten Anwender ein Vorstellungsbild gegeben, als seien die damit verbundenen Dienste- und Transportplattformen vollkommene Fertigprodukte, die unmittelbar eingesetzt werden können. Recherchiert man dann auf den entsprechenden Messen etwas näher, dann kann bei genauerem Hinsehen festgestellt werden, daß die gezeigten Lösungen oftmals erste Modelle bzw. Prototypen darstellen, die bisher in keinem betrieblichen Ablauf dauerhaft eingesetzt werden. Auch die damit verbundenen Netze dienen in erster Linie zur Erprobung und Demonstration von Anwendungsentwicklung sowie zum Nachweis der technischen Machbarkeit. Der entsprechende Kontakt mit Netzbetreibern bzw. Endgeräteanbietern zur Realisierung von interaktiven Business Television und zur Vorstellung einer geeigneten technischen Lösung läßt schnell erkennen, daß die vorgeschlagenen Konfigurationen einseitig vom bloßen Business Television ohne ausreichende Interaktion bestimmt sind oder die Systemvorschläge stark von Videoconferencinglösungen mit den damit verbundenen einschränkenden funktionalen und qualitativen Einschränkungen geprägt sind.

Insofern wird, trotz der bereits vorgestellten existierenden AKUBIS-Anwendung die Meinung vertreten, daß zur Durchführung von Telekooperation in der betrieblichen Praxis noch eine Menge technischer Entwicklung in Bezug auf Dienste und Transportplattformen betrieben werden muß. Auch der Umgang und die Implementation in Unternehmen verlangt umfangreiche organisatorische und personelle Vorkehrungen. Insofern wird hier als These 2 die Auffassung vertreten:

„Um interaktives Business Television" als fixen Bestandteil in Unternehmensabläufe zu integrieren, sind unterschiedliche Innovationsprozesse notwendig."

Die Untermauerung dieser These soll über eine Gegenüberstellung von den in der Vergangenheit zur Realisierung des vorgestellten interaktiven Business Television Systems AKUBIS erforderlichen Innovationsprozessen und den auch gegenwärtig unverändert für Unternehmen zu leistenden Innovationsprozessen erfolgen. Drei Innovationsprozesse stehen dabei im Vordergrund.

2.1 Technische Innovationsprozesse

Entscheidende Frage zur Realisierung jedweder Telekooperationsvorhaben ist zur Überwindung der räumlichen Distanzen die Auswahl und der Einsatz von unter Kosten-/Nutzungsgesichtspunkten geeigneten öffentlichen Infobahnen aus der zur Verfügung stehenden Transportplattform für Informationen. Aufgrund der multimedialen Anforderungen ist es naheliegend, daß es sich dabei um breitbandige Netze handelt.

Betrachtet man einmal das realisierte Telekooperationssystem AKUBIS, dann bestand zunächst eine technische Innovation darin, gemeinsam mit Teledienste- und Teleprodukteanbietern die Entwicklung der digitalen optischen Nachrichtentechnik soweit voranzutreiben, daß die benötigten Anwendungserfordernisse erfüllt werden können. Das Ergebnis führte zu einem bisher weltweit einzigartigen terrestrischen Hochleistungswählnetz auf der Basis von Glasfasertechnologie (VBN = Vermittelndes Breitband Netz mit 140 Mbit), das in der Lage ist, Daten, Bewegtbilder und Audio in Fernsehqualität zu übermitteln. Da die Deutsche Telekom die Entwicklung und den Betrieb des weltweit bis heute einzigen frei wählbaren Datenhighways eingestellt bzw. weitgehend minimiert hat und auch die frühzeitige Bereitstellung eines alternativen terrestrischen Netzes versäumt hat, ist gegenwärtig kein vergleichbares breitbandiges Wählnetz verfügbar. Ansätze in diese Richtung bietet heute das ATM-Netz (Asynchroner Transfermodus). Allerdings sind diese Netze heute nicht annähernd flächendeckend verfügbar und selbst dann oftmals nur zu vereinbarten Zeiträumen betriebsbereit. Ebenso ist das ATM-Netz noch nicht als Wählnetz verfügbar. Auch unter Kostengesichtspunkten ist dieses Netz gegenwärtig kaum für Business Television-Anwendungen geeignet. Weitere Netzalternativen, wie sie beispielsweise das DFN (Deutsches Forschungs Netz) bietet, sind keine echte Alternative, da es auch geographisch wenig verbreitet ist und hier der Forschungscharakter stark im Vordergrund steht.

Insofern kann festgehalten werden, daß für Industrieunternehmen aus der zur Verfügung stehenden Multimedia-Transportplattform sich nicht ohne weiteres eine Infobahn aufdrängt. Das ist in erster Linie darin begründet, daß das breitbandige Netzangebot, wie angeführt, gegenwärtig in aller Regel aus Kosten- und mangelnder Flächendeckung ausscheidet und die schmalbandigen Netze nicht ausreichenden qualitativen Anforderungen für multimediale Geschäftsprozesse genügen. Von daher muß von Nachfragerseite unverändert ein technischer Innovationsprozeß zur Weiterentwicklung von geeigneten Maßnahmen angestoßen und begleitet werden. Notwendigerweise müssen in diesen Prozeß Netzprodukteanbieter einbezogen werden. Es versteht sich von selbst, daß diese Entwicklung mit nicht unerheblichen Risiken hinsichtlich Zeitaufwand und zu erwartenden Kosten verbunden ist.

Voraussichtlich werden mit der Aufhebung des Fernmeldemonopols Ende 1998 einige zusätzliche Netzdienstleister (z.B. Deutsche Bahn, RWE), die zur Zeit schon über große Strecken Glasfaserkabel verfügen, in den Markt einsteigen und terrestrische breitbandige Netzdienste anbieten. Wenn sich dieses Angebot auf „closed user groups" bezieht, wird sich dies auch relativ schnell verwirklichen lassen.

Vorausgesetzt, ein geeignetes terrestrisches Netz ist gefunden, erfordert dies die Realisierung einer weiteren wichtigen Funktionalität. So gilt es, eine Verteileinrichtung, die eine multipointfähige Verbindung mehrerer Teilnehmer ermöglicht, zu entwickeln. Auch im Rahmen des Systems AKUBIS bestand eine technische Innovation darin, die Spezifikation für eine Verteileinrichtung zu erstellen, die in einer Art Broadcasting sternförmig Anwender zusammenschließt, so daß eine „interaktive Form des Fernsehens" erreicht wird. Damit waren die Voraussetzungen geschaffen, Teilnehmer im Wählverkehr zu erreichen und Anwendungen durchzuführen, die breitbandige Übertragungskanäle erfordern. Für ATM-Netze existieren gegenwärtig für Business Television noch keine derartigen Verteileinrichtungen. Insofern muß auch hier aus den betrieblichen Anforderungen in Zusammenarbeit mit Netzendgeräteherstellern und -betreibern geeignete Einrichtungen spezifiziert, realisiert und in die Dienste- und Transportplattform-Angebote übernommen werden.

Aufgrund der Schwierigkeiten, terrestrische breitbandige Netze zu erhalten und der wachsenden Internationalisierung auch in der Kommunikation Rechnung zu tragen sowie der sich entwickelnden Standardisierung nachzukommen, ist im Rahmen des Mercedes-Benz Systems AKUBIS bereits 1994 begonnen worden, parallel ein Satelliten/ISDN-gestütztes Telekooperationsverfahren zu entwickeln. Die so entstandene Lösung vereinigt in einzigartiger Weise ein satellitengestütztes Übertragungsverfahren, um damit die dezentralen Teilnehmer in Fernsehqualität zu erreichen, mit jeweils pro Endstelle mehreren gekoppelten schmalbandigen ISDN-Leitungen zur Durchführung von interaktiver Kommunikation. Da bei der Übertragung digitaler Audio-/Videosignale die MPEG 2-Technik eingesetzt wird, stellt dieses System ein Novum dar. Der Vorteil ist, daß die Kosten für die Satellitenübertragung damit deutlich unter der heute üblichen analogen Fernsehübertragungstechnik liegen. Zusätzlich mußten aufwendige technische Lösungen entwickelt werden, um die Kommunikation auch für schmalbandige Netze, wie es die ISDN-Technik darstellt, in die Anwendung einzubinden.

Obgleich die digitale Übertragungstechnik in zunehmendem Maß Verbreitung finden wird, sind doch noch Innovationen erforderlich. In erster Linie sind hier von den Unternehmen Spezifikationen erforderlich, um geeignete End-to-End Managementsysteme für die Steuerung des Satellitensystems zu realisieren. Dazu gehören primär Möglichkeiten, mit unterschiedlichen Übertragungsraten zu senden und dabei nur ausgewählten Teilnehmern die Daten zu übermitteln. Ähnlich innovative Entwicklungen werden auch zur Realisierung der Kombination von terrestrischen und satellitengestützten Verfahren bei der Gestaltung der Bild- und Tonkommunikation aufgrund der unterschiedlichen Laufzeiten gestellt. Zur Realisierung aller technischen Innovationen sind Unternehmen für die Spezifikation der Anforderungen und als Auftraggeber für die Entwicklung gefragt. Netzdienstleister und Endgerätehersteller müssen die Umsetzung dieser Anforderungen durchführen. Nur Kooperation und gemeinsame Anstrengungen beider Bereiche können den erforderlichen technischen Innovationsprozeß sicherstellen.

2.2 Organisatorische Innovationsprozesse

Neben der Realisierung der technischen Voraussetzung für interaktives Business Television müssen erhebliche organisatorische Anforderungen in Unternehmen bewältigt werden.

Betrachtet man die organisatorische Umsetzung der Anwendungsszenarien im Rahmen des Telekooperationssystems AKUBIS, dann erfolgte dies zunächst in Form eines Forschungsprojekts. Dazu stellte Mercedes-Benz die Anwendungsplattform, der Netzgerätehersteller Alcatel war für die technische Umsetzung verantwortlich und das Fraunhofer Institut (IAO) begleitete das Projekt. DeTeBerkom fungierte als Projektauftraggeber und finanzieller Sponsor.

Die Projektabwicklung wurde bereits seit 1988 in einer Art „Prototyping-Verfahren" praktiziert, ein für die damalige Zeit völlig „exotisches" Vorgehen. Die Intention bestand darin, mit möglichst wenig Aufwand frühzeitig nachweisbare Lösungen zu schaffen. Somit konnte aus einem kleinen Nukleus einer Forschungsanwendung durch sukzessive technische und organisatorische Weiterentwicklung bis zum heutigen Zeitpunkt ein innerbetriebliches Dienstleistungscenter entwickelt werden, das unterschiedliche Anwendungsformen unterstützt und wechselnden Nutzern zur Verfügung steht. Aus diesem innovativ organisatorischen Gestaltungsprozeß konnten darüber hinaus Empfehlungen in Bezug auf den Einsatz neuartiger organisatorischer/technischer Lösungen und der Entwicklung von Instrumentarien zur Planung, Gestaltung, Einführung sowie Bewertung solcher Innovationen für die Mercedes-Benz AG gegeben werden.

Aufgrund der allgemeinen Erkenntnisse über Organisationsprozesse zur Umsetzung von komplexen IV-Prozeduren wird diesem pionierhaften Vorgehen heute nicht mehr diese Bedeutung zukommen. Trotzdem müssen unverändert im Unternehmen umfangreiche betriebliche organisatorische Anpassungen notwendig sein, um interaktives Business Television dauerhaft in den Betriebsablauf zu integrieren. Dazu zählt in erster Linie die Realisierung neuer Arbeitsformen durch die Transformation von existierenden Abläufen zu zukünftigen Abläufen aber auch die Neuregelung zur Gestaltung von arbeitsteiligen Prozessen. So ist aufgrund der unterschiedlich gefragten Spezialisten die Mitwirkung von externen Unternehmen erforderlich. Insgesamt ist eine klare Gliederung verschiedener Funktionen und ihre Verankerung im Unternehmen, insbesondere für die operative Umsetzung von interaktiven Business Television, eine weitere wichtige Erfolgskomponente. Derartige innovative Arbeits- und Organisationsprozesse sind komplex, risikoreich und verlangen vielfältige Änderungen im Unternehmen, können aber auch eine bedeutende Wertschöpfung erzielen.

2.3 Human Engineering Innovationsprozesse

Die besten technischen und organisatorischen Anwendungslösungen können nicht erfolgreich sein, wenn die Einbeziehung der Beteiligten nicht in ausreichendem Umfang erfolgt. Diese Tatsache ist insbesondere bei der Einführung und Nutzung von interaktiven Business Television zu berücksichtigen.

Im Verlauf der Realisierung von AKUBIS wurde über kontinuierliche Entwicklungsprozesse zur Berücksichtigung der psychologischen und sozialen Voraussetzungen die Mitarbeiter an der Gestaltung, der Nutzung der Einrichtungen und der Arbeitsplätze mit herangezogen. Der Umgang mit Kamera, Mikrophon und modernsten Visualisierungsmedien verlangt, gerade bei dieser Art der Anwendungen, von den Mitarbeitern ein hohes Maß an Persönlichkeit, Flexibilität und Improvisionsbereitschaft. Deshalb mußte hier eine behutsame und kontinuierliche Heranführung an die neuen Arbeitsprozesse praktiziert werden. Diese Anforderungen gelten heute unverändert für alle Unternehmen, unabhängig von der Branche. Ähnlich wie in den 60er und 70er Jahren der Umgang mit der Informationsverarbeitung vielfach auf Akzeptanzprobleme stieß, ist heute ein vergleichsweise Abwehr- bzw. Zurückhaltung im Umgang mit telekooperativen Systemen zu erwarten. Nur über

kontinuierliche Unterstützung durch Experten und durch gezielte Auswahl von freiwilligen Mitarbeitern, die bereit sind, dieses Instrumentarium zu nutzen, kann Erfolg erzielt werden.
Bei der Realisierung von Unterstützungsmaßnahmen gilt es gleichermaßen, die Mitarbeiter in der vertrieblichen Außenorganisation einzubeziehen, um in allen Standorten die entsprechende Akzeptanz zu schaffen.

2.4 Zusammenfassung: Interaktive Business Television Anwendungen als Ergebnis von Innovationsprozessen

Wie die vorgestellten technischen, organisatorischen und Human Engineering Innovationsprozesse zeigen, müssen nicht unerhebliche Anstrengungen von Unternehmen im Zusammenwirken mit externen Kooperationspartnern (Endprodukthersteller, Netz-, Mediendienstleister etc.) geleistet werden. Als relevante Schwierigkeiten sind hervorzuheben:

- Unternehmensinterne Hemmnisse

  • Akquirierung von Bereichen in Unternehmen, an dem Projektvorhaben interaktives Business Television mitzuwirken und dabei neue, unbekannte und damit aber auch noch risikobehaftete Wege zu gehen. Hierbei muß erhebliche Überzeugungsarbeit geleistet werden, um die Chancen für die telekooperative Anwendungen zu erkennen und damit auch die daraus resultierenden Kosten zu tragen.

  • Gewinnung von Mitarbeitern im Unternehmen, sich selbst in das Projekt einzubringen und damit auch ein Abrücken von gewohnten Arbeits- und Organisationsprozessen zu praktizieren. Dazu gehört auch die Aufbereitung und Bereitstellung von interessanten Informationsbeiträgen durch die verschiedenen Fachbereiche.

- Unternehmensexterne Hemmnisse

  • Verunsicherung wegen Unklarheiten und mangelnden strategischen Aussagen von terrestrischen und/oder Satellitenbetreibern zur Ausgestaltung von Fernmeldediensten, den mittelfristig zu erwartenden Übertragungsgebühren sowie den Entwicklungskosten für Endgeräte, die eine Kosten-/Nutzenbetrachtung mit kalkulierbarem Risiko erheblich erschweren.

  • Mangelnde und unvollkommene Normierungen und Standardisierungen, die Länder- und systemübergreifende Lösungen erschweren bzw. gänzlich unmöglich machen und damit der Interoperabilität von weltweit agierenden Unternehmen entgegen stehen.

Erfolgreiche Ergebnisse der Innovationsprozesse und die Überwindung der aufgezeigten Hindernisse können in Unternehmen zu interaktiven Business Television führen, das sich aus folgenden telekooperativen Anwendungsbausteinen zusammensetzt:

- Tele Training (z. B. das Einführungstraining von neuen bzw. aktualisierten Produkten in Form einer Multi-Point-Realtime Communication als Substitution zum klassischen face-to-face Training)

- Tele Communication (z. B. weltweite Führungskräftekonferenzen zur Beschleunigung von Abstimmungsprozessen, aber auch die Klärung aktueller produkttechnischer Fragen via Bildschirmdialog)

- Tele Information (z. B. die Aussendung von Informationen durch ein unternehmenseigenes Fernsehprogramm als „one way information" ohne Interaktion mit der Außenorganisation)

- Tele Events (z. B. den telekooperativen Support zur Durchführung von speziellen Unternehmensereignissen wie Pressevorstellungen neuer Produkte mit Expertenstatemens live vom produzierenden Standort)

- Tele Media Services (z. B. das Update von Verkaufs- und Servicedokumenten in der Außenorganisation, aber auch die Unterstützung von Online-Diagnoseprozessen an komplexen technischen Produkten)

Damit steht dem Unternehmen ein breit gefächertes Anwendungsspektrum zur Verfügung, das den Vertriebsprozeß in vielfältiger Weise unterstützt und zur Wertschöpfung beitragen kann.

3 Zukünftige Dienstleistungen zur Realisierung von Business Television und Multimedia-Anwendungen

Die aufgezeigten Anwendungsformen und die damit verbundenen Organisationsprozesse lassen vermuten, daß die Durchführung und Nutzung von interaktiven Business Television eine Vielzahl von Aktivitäten im Unternehmen voraussetzt, die in dieser Form bisher noch nicht verfügbar sind. Aus diesem Grund wird hier als These 3 vertreten:

„Die Realisierung von Business Television erfordert neue innerbetriebliche Dienstleistungen und fördert zusätzlich die Entstehung eines externen Diensteangebotsmarktes".

Prüft man diese These näher, dann bedarf es in Unternehmen, die interaktives Business Television realisieren, zwei wichtigen Dienstleistungsfunktionen, die vorteilhaft in Leistungscenterform zu realisieren sind:

- **Center of Television support**; hierzu zählen alle Aktivitäten, die zur Produktionssteuerung und Durchführung von Anwendungen bzw. Informations- und Kommunikationsveranstaltungen notwendig sind. Im einzelnen gehört hierzu das Produktionsmanagement für Sendungen, Beratung bei der Umsetzung der Inhalte, die Planung und Durchführung von Videoclips und -filmen als Unterstützung von Moderatoren und zur Visualisierung von Inhalten. Ebenso muß die Realisierung von Special Events (z. B. Kommunikation mit Hilfe mobiler Sende- und Empfangseinheiten) durchgeführt werden.

Darüber hinaus gehört hierzu auch die Beratung und Konzepterstellung zum Einsatz von Equipment und Gestaltung von Studios in der Innen- und Außenorganisation.

- **Center of Television strategy**; diese Dienstleistung umfaßt alle strategischen Entscheidungen bezüglich der Einführung und Realisierung von interaktiven Business Television. Zu den Hauptaufgabengebieten zählen das Klären von Grundsatzfragen im Zusammenhang mit dem Informationsbedarf, das Initiieren und die Auswahl von Hard- und Softwarelösungen sowie das Entwickeln zusätzlicher Anwendungsformen bzw. Medieneinsätze zur Optimierung des innerbetrieblichen Dienstleistungsangebots. Ebenso wichtig ist das Akquirieren von neuen Anwendern in Unternehmen sowie der Aufbau von Kontakten zu internen und externen Diensteanbietern für evtl. Kooperationsbeziehungen. Weiterhin ist ebenso die Positionierung von Multimediakonzepten bzw. Multimediaprodukten und deren Integration in den Medienverbund und das Corporate Network erforderlich.

Die Entscheidung, beide Funktionen in einem „Center of Competence for Business Television" zu vereinigen, bleibt der jeweiligen internen Organisation des Unternehmens überlassen. Hier wird die Auffassung vertreten, beide Funktionen zur Effizienzsteigerung zu bündeln und hierarchisch in enger Nähe zu den Hauptanwendern im Unternehmen einzugliedern. Das Konzept und die Gestaltung dieser Dienste in Form von Centern bietet zwei weitere Vorteile:

- **Kundenorientierung**; alle Mitarbeiter des Unternehmens, die Business Television nutzen wollen, werden als Kunden betrachtet und erhalten ein Höchstmaß von Unterstützung. Der Experte des jeweiligen Fachbereichs kann sich ausschließlich auf die Übermittlung seiner Inhalte konzentrieren. Zur Erhöhung der Planungssicherheit werden mit interessierten Unternehmensbereichen Leistungsvereinbarungen getroffen. Damit kann eine genaue Kostenrechnung und interne Leistungsverrechnung einhergehen.

- **Marketingorientierung**; da mit Business Television umfangreiche technische Infrastrukturmaßnahmen verbunden sind, die nicht unerhebliche Investitionen voraussetzen, bietet die Centerorganisation die Chance, diese Dienste am freien Markt anzubieten und damit auch Unternehmen gegen Kostenerstattung Eintritt in Business Television Aktivitäten zu schaffen, ohne dafür eigene Investitionen zu tätigen und Infrastrukturmaßnahmen aufzubauen.

Damit sind wesentliche Erfordernisse und innerbetriebliche Dienstleistungen aufgezeigt. Darüber hinaus sind aber auch außerhalb des Unternehmens eine Reihe von Dienstleistungen zu etablieren:

- **Center of Multimedia Application Services**; hierzu zählen alle zukünftigen auf interaktives Business Television spezialisierten Diensteanbieter von Medien- und Studioleistungen. Primär geht es darum, transportables Studioequipment sowie Regie- und Kameraleute bereitzustellen, aber im Einzelfall auch Toningenieure und Beleuchtungsspezialisten anzubieten. Neben diesen aufnahmeunterstützenden Support wird zusätzlich ein Bedarf an Drehbuchleistungen, Erstellung von fernsehgeeigneten Vorlagen bzw. Graphiken sowie Animationsverfahren zur Illustration von Vorgängen entstehen. Entscheidend für den Erfolg dieser Dienstleister wird die Bereitstellung eines kostengünstigen Leistungsangebots sein, da produzierende Unternehmen keineswegs bereit sein werden, das üblicherweise für professionelle Informationsanbieter (z. B. Fernsehanstalten, Filmstudios etc.) gegebene Preisniveau zu akzeptieren.

- **Center of Television Network Services**; hierzu gehören alle Dienstleister, die für die benötigten Infobahnen die geeignete Multimedia Transportplattform bereitstellen. Dabei können dies terrestrische Netze (z. B. ISDN, B-ISDN, MAN, LAN etc.) oder satellitengestützte Netze (z. B. EUTELSAT, ASTRA etc.) sein. Ebenso wichtig wird in diesem Zusammenhang die Bereitstellung einer geeigneten Multimedia-Diensteplattform (z. B. Teilnehmer-Endsystem, Informationsserver, Groupware) sein, um die jeweiligen telekooperativen Anwendungen zu realisieren. Ziel dieser Dienstanbieter muß es sein, Unternehmen preiswerte Übertragungsverfahren anzubieten. Ein maßgeblicher Erfolg dieser Anbieter wird darin bestehen, für Unternehmen maßgeschneiderte Gesamtkonzepte anzubieten. Dies setzt neben Netzdienstleistungen ein Angebot von entsprechenden Endgeräten voraus, die entweder selbst erstellt werden oder aus Kooperationsabkommen mit Netzendgeräte-Produzenten resultieren.

Die Nutzung dieser externen Dienste zur Realisierung von interaktiven Business Television ist nicht mehr mit dem klassischen Lieferanten-Kunden-Verhältnis anderer Geschäftsfelder zu vergleichen, wo die Schnittstelle mit der Auslieferung und Installation beim Anwender klar definiert war. Die Beziehung zwischen den Anbietern dieser Dienstleistungen und Unternehmen erstreckt sich jetzt über wesentlich mehr Schritte. Das bedeutet, der Dienstleister wird für Wertschöpfungsbereiche verantwortlich bzw. hat die Möglichkeit, dort Leistungen zu erbringen, die in der Vergangenheit nicht vorhanden waren oder von den Unternehmen in Eigenleistung wahrgenommen wurden. Die aufgeführten Beispiele für den Betrieb von Netzen, dem Angebot von Mediendienstleistungen und die Realisierung von Anwendungen im Sinne eines Outsourcing, aber auch das Marketing in der Organisation des Unternehmens sowie die Weiterentwicklung der Human Resources, d. h. des Personals, das mit den Diensten und Systemen arbeitet, zeigen auch die Notwendigkeit langfristiger Partnerschaften zwischen Diensteanbieter und Unternehmen.

4 Ausblick

Abschließend kann festgehalten werden, daß zur Bewältigung der betrieblichen Anforderungen und den daraus resultierenden Informations- und Kommunikationsbedürfnissen Unternehmen zur Suche nach neuen Wegen gezwungen sind. Insofern ist die Notwendigkeit zur Entwicklung neuartiger Techniken zur Gestaltung der Kommunikationsbeziehungen vorgezeichnet.

Interaktives Business Television in Form multimedialer Telekooperationssysteme können hier eine neue Ära der Informationsvereinbarung einleiten, indem sie die Chance bieten, bestehende Aufgabenfelder wirksamer zu unterstützen und darüber hinaus völlig neue

Anwendungsbereiche zu erschließen. Der zukünftige Nutzungsgrad von Business Television wird im wesentlichen davon abhängen:

1. Inwiefern es gelingt, Business Television nicht als „unternehmensinternes Fernsehen", d. h. als eine „Informationseinbahnstraße" zu den Anwendern zu organisieren, sondern mehrere telekooperative Anwendungen zu bündeln, so daß alle Unternehmensbereiche eine gleichartige Infrastruktur mit kompatibler Informationstechnik nutzen können und damit größere Kosteneinsparungen und Rationalisierungseffekte gegeben sind, die dazu beitragen, den Break-even-point für eine Wirtschaftlichkeit zu senken.

2. Ob eine Akzeptanz für diese Systeme bei allen Beteiligten gegeben ist, die sich darin ausdrückt, daß die Anwender die Scheu vor diesen neuartigen Kommunikationsformen verlieren, die Bereitschaft zeigen, arbeitsteilige Prozesse neu zu organisieren, die Mitwirkung von Spezialisten zuzulassen sowie helfen, existierende Arbeitsprozesse in veränderte Abläufe zu transformieren.

3. Inwiefern multimediale Diensteplattform Anbieter in der Lage sind, leistungsfähige Hard- und Softwarekomponenten hervorzubringen, die es erlauben, Endgerätekomponenten und Anwendungssoftware zu günstigen Preisen anzubieten und zudem ein Zusammenwachsen von Informationstechnik und Telekommunikation beschleunigen, dabei sich auf Normierungen und Standards einigen, damit die Entscheidungsträger in Unternehmen Investitionen gesichert sehen und sich die Preisvorteile auf den Endverbraucher auswirken.

4. Ob es gelingt, geeignete öffentliche Infobahnen in der multimedialen Transportplattform zu finden, die es erlauben, qualitative Anforderungen zu erfüllen, die den „üblichen Fernsehqualitäten" entsprechen und zum anderen eine Flächendeckung aufweisen, die nicht allein auf Deutschland beschränkt ist, sondern mittelfristig europäische und weltweite Ausdehnung erfahren und entsprechende Vermittlungs- und Verteileinrichtungen vorhanden sind. Dabei versteht es sich von selbst, daß die damit verbundenen Investitionen in Netz- und Betriebskosten für die Unternehmen wirtschaftlich vertretbar sein müssen.

5. Ob es den Projektverantwortlichen in Unternehmen letztlich gelingt, das Management von den Chancen, die interaktives Business Television bietet, zu überzeugen und damit auch die finanziellen und temporären Risiken zu tragen, sowie Verständnis zu erzeugen, daß nur ein frühzeitiges Auseinandersetzen mit diesen neuartigen Techniken die Möglichkeit für betriebliche Erfolgspotentiale sichert.

Der Einsatz telekooperativer Anwendungen in Form von Business Television kann mittelfristig die aktuellen Rationalisierungsbestrebungen von Unternehmen - auch der Automobilindustrie - unterstützen. Sie bieten darüber hinaus aber auch die Chance, Informationen als strategische Waffe bei der Umsetzung der Unternehmensziele einzusetzen.

Gestaltungsaspekte für Business TV Anwendungen
Martina Schäfer

Kontaktadresse:
Dr. Martina Schäfer
Fraunhofer Institut für Arbeitswirtschaft und Organisation IAO
Nobelstraße 12, 70569 Stuttgart

Inhalt

1 Techniktrends und Anforderungen

1.1 Medieninnovationen

1.2 Konvergenzen der Technologien

1.3 Teledienste

1.4 Video für Business-Anwendungen

1.5 Hürden für den Einzug von Business TV

2 Basiskonzepte für Business TV Anwendungen

2.1 Angebotsorientierte Konzepte

2.2 Nachfrageorientierte Konzepte

2.3 Interaktionsorientierte Konzepte

3 Organisatorische Gestaltungsaspekte

3.1 Personal Web

3.2 Unternehmensgedächtnis

3.3 Virtuelle Kollaboration

4 Fazit

5 Literaturverzeichnis

Gestaltungsaspekte 37

1 Techniktrends und Anforderungen

Die Beherrschung komplexer Wirtschaftsprozesse erfordert eine effektive und effiziente Bereitstellung und Nutzung von Informationen. Neue Dienstleistungen im Bereich Wissensmanagement sind im Entstehen. Kundenindividuell werden Informationen aus weltweiten Datenbeständen selektiert, verdichtet, präsentiert und weitervermittelt. Neue Technologien und Dienste, deren Potentiale bereits jetzt in den betrieblichen Einsatzfeldern genutzt werden können, stehen zur Verfügung. Die Realisierung von kreativen Unternehmen und die Gestaltung von Lernenden Organisationen sind neue Leitbilder der Informationsgesellschaft und werden erst durch den Einsatz von neuen Technologien aus den Bereichen der Informationstechnik, Telekommunikation und Medientechnik möglich. Die Realisierung von Business Fernsehen ist zwar technologisch den Kinderschuhen entwachsen, die anwendungsorientierte Umsetzung in den Unternehmen erfordert aber noch eine ganze Reihe von Gestaltungsaspekten.

1.1 Medieninnovationen

Während in den Jahren zwischen 1450 und 1800 etwa alle hundert Jahre eine neue Medientechnologie hinzukam, sind die meisten Innovationen in den letzten hundert Jahren entstanden:

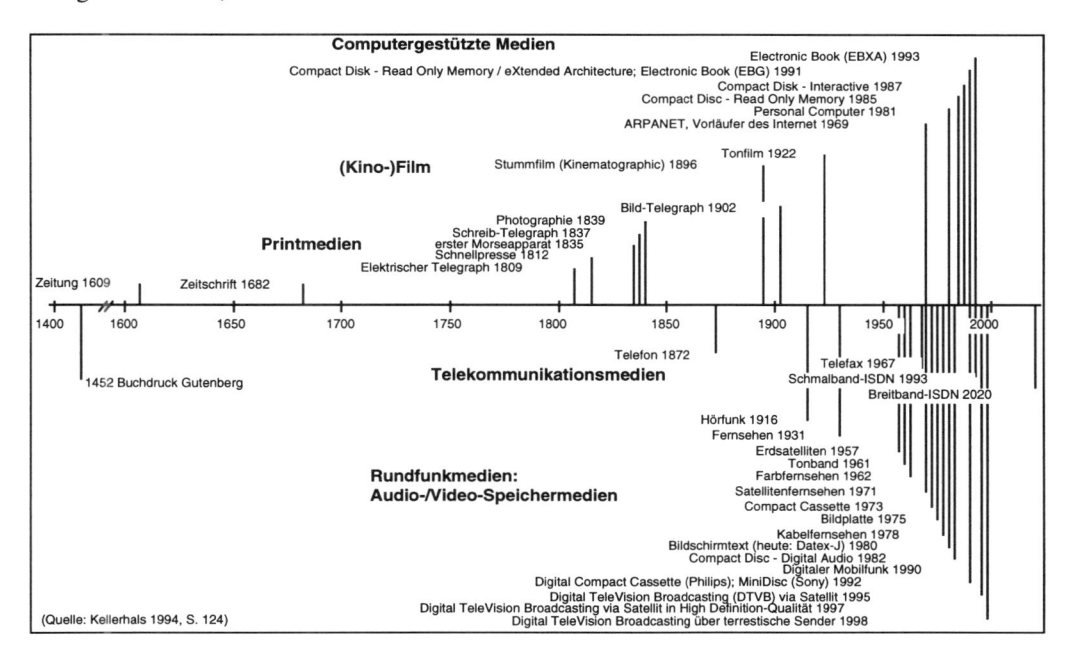

Computergestützte Medien
- Electronic Book (EBXA) 1993
- Compact Disk - Read Only Memory / eXtended Architecture; Electronic Book (EBG) 1991
- Compact Disk - Interactive 1987
- Compact Disc - Read Only Memory 1985
- Personal Computer 1981
- ARPANET, Vorläufer des Internet 1969

(Kino-)Film
- Stummfilm (Kinematographic) 1896
- Tonfilm 1922

Printmedien
- Photographie 1839
- Bild-Telegraph 1902
- Schreib-Telegraph 1837
- erster Morseapparat 1835
- Schnellpresse 1812
- Elektrischer Telegraph 1809
- Zeitung 1609
- Zeitschrift 1682
- 1452 Buchdruck Gutenberg

Telekommunikationsmedien
- Telefon 1872
- Telefax 1967
- Schmalband-ISDN 1993
- Breitband-ISDN 2020

Rundfunkmedien: Audio-/Video-Speichermedien
- Hörfunk 1916
- Fernsehen 1931
- Erdsatelliten 1957
- Tonband 1961
- Farbfernsehen 1962
- Satellitenfernsehen 1971
- Compact Cassette 1973
- Bildplatte 1975
- Kabelfernsehen 1978
- Bildschirmtext (heute: Datex-J) 1980
- Compact Disc - Digital Audio 1982
- Digitaler Mobilfunk 1990
- Digital Compact Cassette (Philips); MiniDisc (Sony) 1992
- Digital TeleVision Broadcasting (DTVB) via Satellit 1995
- Digital TeleVision Broadcasting via Satellit in High Definition-Qualität 1997
- Digital TeleVision Broadcasting über terrestische Sender 1998

(Quelle: Kellerhals 1994, S. 124)

angefangen mit dem Telefon Ende des letzten Jahrhunderts als wichtiges Telekommunikationsmedium, gefolgt von Film, Funk und Fernsehen Anfang dieses Jahrhunderts bis zur Entwicklung des Offline-Multimedia-Marktes, der vor wenigen Jahren entstanden ist. Derzeit gewinnt der Online-Multimedia-Markt zunehmend an Bedeutung. Die Verfügbarkeit von multimedialen Technologien ist gegeben. Die Produkte und Anwendungen für diesen Markt müssen erst noch entwickelt werden.

Diese schnelle Entwicklung hat dazu geführt, daß multimediale Technologien heute einen Reifegrad erreicht haben, der darin zum Ausdruck kommt, daß nicht nur das Zusammenwachsen von einzelnen Technologiebereichen darunter zu verstehen sind, sondern eine immer stärkere Zielüberschneidung der Märkte dieser Technologiebereiche erfolgt.

1.2 Konvergenzen der Technologien

Die Entwicklung multimedialer Technologien ist gekennzeichnet durch eine Integration der Medien sowohl auf der Verarbeitungs- als auch auf der Darstellungsebene. Diese Medienintegration wird möglich, da Informationen unterschiedlichster medialer Aufbereitungsformen und Formate komprimiert, digitalisiert und über ein integriertes System bearbeitet und dargestellt werden können (Kerres). Die integrativen Möglichkeiten von Business Television durch die Verschmelzung verschiedener Technologiefelder sollen im folgenden näher ausgeführt werden. Die Aufstellung soll dabei eine Momentaufnahme darstellen. Im einzelnen handelt es sich um die Technologiefelder der folgenden Abbildung.

- Audio-visuelle Technologien
- Web Technologien
- Collaborative Technologien

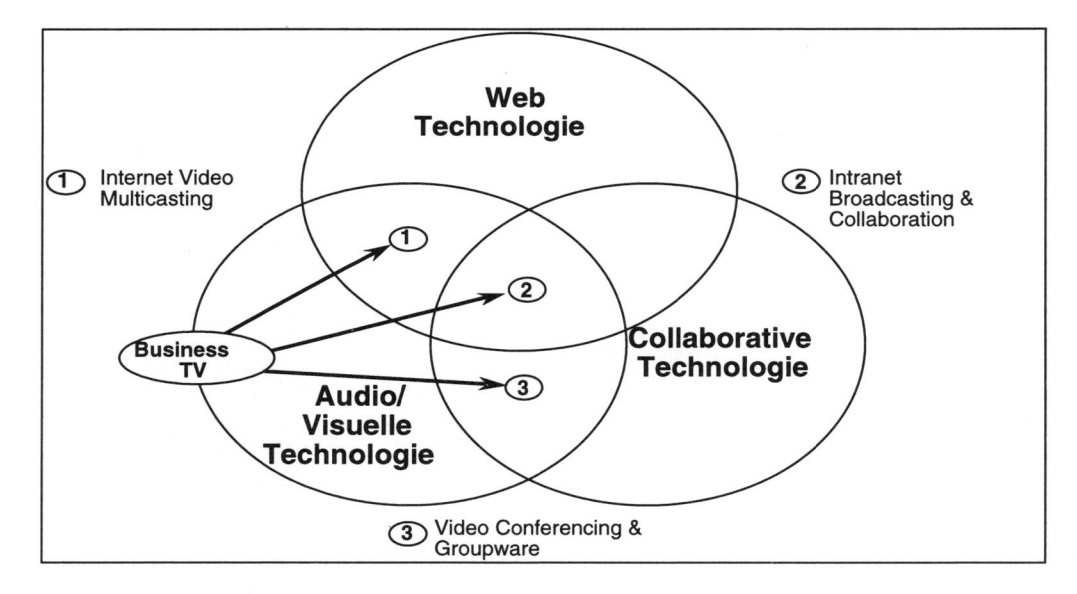

Vor dem Hintergrund der Historie von Business TV Anwendungen sind dort eingesetzte Technologien insbesondere dem Technologiefeld der Audio-visuellen Mediakommunikation zuzuordnen. Die technischen Voraussetzungen und einzusetzenden Technologien sind im dritten Teil dieses Buches in einer Reihe ausführlicher Beschreibungen zu entnehmen. Die Entwicklungen zeigen ein heterogenes Feld sowohl analoger als auch digitaler Technologiekonzepte. Neben den Business TV Anwendungen, die weitgehend auf eher „klassischen" Fernsehtechnologien basieren ergeben sich durch die voranschreitende Digitalisierung und Integration weitere Entwicklungsmöglichkeiten für Business TV im unternehmerischen Einsatz.

① Internet Video Multicasting

Die kombinierte Nutzung von A/V Technologien und Web Technologien eröffnet vielversprechende prinzipielle Technologieszenarien unabhängig von Produkten und Netzzugängen:

1. TV-basierte Anwendungen an einem PC als Endgerät realisieren die Nutzung von TV-Programmen mit Zusatzinformationen, die über das Internet bereitgestellt werden. Für die Zuführung dieser Inhalte wird die vertikale Austastlücke des Fernsehkanals verwendet (z.B. Intercast von Intel). Ein entsprechender Zugang wird auch über ein Fersehgerät möglich sein (z.B. WebTVNetworks).

2. Internet-basierte Anwendungen realisieren die Nutzung von Videoinhalten, die im Internet abrufbar sind. Diese Inhalte liegen auf einem Videoserver in digitalisierter und komprimierter Form vor und werden nach Bedarf (on Demand) entweder durch Download oder real-time abgerufen (z.B. VDOnet). Zur Verbesserung der Performance der Übertragung werden die Anfragen im Web gemacht, die Videoinhalte aber über Satellit übertragen. Dies erfordert die entsprechende Empfangsmöglichkeit am PC (z.B. DirecPC).

3. Live Internet Multicasting realisiert darüber hinaus das Broadcasting von Live-Programmen wie z.B. Konferenzen, Konzerte, Presseinterviews (z.B. MediaCast).

② Intranet Broadcasting und Collaboration

Die kombinierte Nutzung von A/V Technologien, Web Technologien und Collaborative Technologien eröffnet die Möglichkeiten, in einem Corporate Network über LAN-basierte Netze Video-zentrierte Anwendungen zu realisieren.

1. Videoinhalte werden in einem Unternehmen verteilt (Broadcasting Service) bzw. auf einem Videoserver zum bedarfsorientierten Abruf (on Demand Service) bereitgestellt. Die Broadcasting Lösung kann analog eintreffende Sendungen digitalisieren und sie anschließend im LAN „senden" (Virtual TV). Es können ebenso auf einem Videoserver vorliegende Videos gesendet werden. Die Übertragung der Videos erfolgt parallel zur konventionellen Datenkommunikation und soll diese nicht behindern (z.B. StarWorks, @Work).

2. Video Publishing erlaubt alle Medientypen der Information in einer gemeinsamen Desktop Umgebung mit Hilfe von Web Browsern darzustellen sowie mit konventio-

nellen Anwendungsprogrammen zu manipulieren. Damit können Video Services in die Unternehmensabläufe integriert werden und das Medium Video nicht nur als Informationsdienst sondern als Arbeitsmittel genutzt werden (z.B. StorNet).

③ Video Conferencing und Groupware

Das Zusammenwachsen von A/V Technologien und Collaborative Technologien eröffnet für Business TV Anwendungen ein weiteres Spektrum der Kommunikation und Interaktion. Produkte und Services, die diesem Feld zuzuordnen sind, basieren weitgehend auf DVC (Desktop-Video-Conferencing) und CSCW (Computer Supported Cooperative Work) Technologien. Die DVC Technologie kann als eine der Schlüsseltechnologien für die kooperative Unterstützung von Arbeitsprozessen angesehen werden. Der Austausch von Informationen wird ergänzt durch das Gespräch zwischen den Personen über Telekommunikation. Mit der zunehmenden Verfügbarkeit von (Euro-)ISDN, der zunehmenden Verbreitung multimediafähiger Arbeitsplätze und Fortschritten auf dem Gebiet der Datenkompression wird die Kombination der face-to-face-Kommunikation und der gemeinsamen Dokumentbearbeitung eine bezahlbare Funktionalität an jedem Arbeitsplatz.

Zur Zeit werden etwa zwei Dutzend verschiedener Systeme auf dem deutschen Markt angeboten. Hierzu gehören etablierte Firmen auf dem Gebiet der High-End-Videokonferenztechnologie (wie PictureTel, V-TEL), grosse (Bild-)Telefon- und Nebenstellenanlagenanbieter wie Northern Telecom, Firmen, die sich bisher vor allem auf dem Gebiet der ISDN-PC-Integration einen Namen gemacht haben (wie Proshare, Teles GmbH), aber auch kleinere Firmen wie die Berliner BERCOS (Vertrieb über SNI). Alle Systeme werden in Form von zusätzlichen Steckkarten für ISDN-Kommunikation und Video-En- und -dekodierung, Kameras und Headsets, Software zur Verwirklichung des Application Sharing angeboten und sind somit als PC-Zusatz zu verstehen. Alle Systeme bieten die Punkt-zu-Punkt-Kommunikation an, einige stellen Multipoint-Verbindungen zur Verfügung oder in Aussicht. Angeboten werden Multipoint-Verbindungen heute bereits z.B. von PictureTel, Teles, Fuba oder ProShare. Die technischen Weiterentwicklungen werden dahingehen, daß in absehbarer Zeit A/V-Kommunikationsmöglichkeiten über Hard- oder Softwarecodecs zur Grundausstattung eines Endgerätes gehören und Collaborative Services als generische Dienste ähnlich dem Telefondienst eingekauft werden können.

1.3   Teledienste

Teledienste werden notwendig um die Kommunikation zwischen Nutzern unter Berücksichtigung von spezifischen Protokollen, von auszutauschenden Informationen und von vorhandenen Endsystemen und deren Funktionen zu ermöglichen. Damit sind sie für die Verbreitung von und für den interaktiven Zugriff auf Informationen und Inhalte von besonderer Bedeutung. Die Bereitstellung von Telediensten als Basisdienste der Telekommunikation und Kooperation ist das Ziel von Network Carriern und Service Providern. Insofern ist zu erwarten, daß auch Business TV in modularer Dienstezusammenstellung angeboten und damit für heterogene Anwendungsfelder genutzt werden kann.

Teledienste werden häufig anhand des Informationstyps in Sprach-, Daten-, Text-, und Bildkommunikationsdienste klassifiziert. Diese Klassifizierung reicht nicht aus, da Informationstypen vermischt auftreten können -u.a. kann Bildkommunikation Sprache und Datenkommunikation Text enthalten. Es wird daher eine Unterscheidung in interaktive Dienste, Verteildienste und Telekooperationsdienste getroffen. Darüber hinaus können noch Infrastrukturdienste unterschieden werden, die die Teledienste und ihre Anwendungen unterstützen, indem sie Auskunftsdienste (Verzeichnisse), Managementdienste und Sicherheitsdienste bereitstellen.

Interaktive Dienste

Interaktive Dienste setzen einen bidirektionalen Austausch von Informationen zwischen beliebigen Teilnehmern oder zwischen Teilnehmern und Anwendungen (z.B. in Datenbasen) voraus.

- Der Austausch von Informationen kann über *Sprachkommunikation* zwischen Gesprächsteilnehmern stattfinden (gesprächs-orientierte Dienste). Voraussetzung dabei ist, daß die Teilnehmer gleichzeitig empfangs- und sendebereit sind. Typische Beispiele dafür sind Fernsprechen, Mobiltelefonieren, die Konferenz.

- Die Übertragung von Informationen kann über *Nachrichten- und Dokumentenaustausch* zwischen Teilnehmern (nachrichten-orientierte Dienste) zu unterschiedlichen Zeitpunkten stattfinden. Typisches Beispiel dafür ist e-Mail, Voiceboxsysteme oder Multimedia-Mail.

- Die Übertragung von Informationen kann über einen *Informationsabruf* stattfinden (abruf-orientierte Dienste). Dazu werden Informationen so aufbereitet und gespeichert bereitgestellt, daß sie über eindeutige Verzeichnisse gefunden bzw. recherchiert werden können. Typische Beispiele sind Datenbanken.

Verteildienste

Verteildienste transportieren die Informationen von einer Quelle, beispielsweise von einem Content-Anbieter, zu einer Anzahl an Teilnehmern, die potentiell zwar unbegrenzt sein kann, de facto aber begrenzt wird, entweder durch die technisch bedingte Reichweite des Netzes, mindestens aber durch den tatsächlich angeschlossenen Teilnehmerkreis. Inzwischen gibt es bei den Verteildiensten ein weiteres Unterscheidungsmerkmal nach den individuellen Steuerungsmöglichkeiten innerhalb des angebotenen Dienstes.

- Die Verbreitung von Informationen findet *ohne Einflußmöglichkeiten* des Empfängers statt. Er kann lediglich entscheiden, ob er die Information annehmen möchte oder nicht. Typische Beispiele sind das heutige Fernsehen und der Rundfunk, Information Broadcasting.

- Die Verbreitung von Informationen findet *mit Einflußmöglichkeiten* des Empfängers statt. Dieser hat die Möglichkeit, Eingriffe vorzunehmen, die verschiedene Ebenen der Interaktivität unterscheiden. Typisches Beispiel mit einfachen Steuerungsmöglichkeiten ist heute der Videotext. Typisches Beispiel der Zukunft wird das interaktive Fernsehen sein.

Verteildienst mit Interaktivität

Verteildienste mit Interaktion werden zukünftig insbesondere beim interaktiven Fernsehen eine Rolle spielen. Dabei lassen sich vier Ebenen der Interaktivität unterscheiden (Höing):

- Ebene 1 (Paralleles Fernsehen): Auf mehreren Kanälen wird das gleiche Programm mit verschiedenen Ausprägungen wie z.B. zeitversetzt, mehrere Sprachen, Betrachtungsweise der Handlung ausgestrahlt.

- Ebene 2 (Additives Fernsehen): Parallel zum Programm werden digital Zusatzinformationen eingespielt, die abgerufen werden können. Beispielsweise können zu einer Schulungssendung Lernprogramme übertragen werden.

- Ebene 3 (Media on demand): Der Nutzer kann digitale Informationen, die von Anbietern bereitgestellt werden, über eine interaktive Benutzungsoberfläche (Front-end-Programm) abrufen und innerhalb der vordefinierten Wege navigieren.

- Ebene 4 (Kommunikatives Fernsehen): Das Fernsehgerät agiert als Rechner. Der Benutzer kann wie auf der Ebene 3 interaktive Dienste abrufen. Darüber hinaus kann er über einen Rückkanal auf die Inhalte und Informationen Einfluß nehmen. Dazu stehen Konferenzen, Mailboxen und elektronische Postdienste zur Verfügung. Beispielsweise kann er Lernkurse individuell zusammenstellen, interaktiv bearbeiten und mit einem Tutor oder Experten über Bildkommunikation über die Lerninhalte kommunizieren.

Die Ebene 4 wird erst realisiert werden können, wenn das interaktive Fernsehen flächendeckend über Breitbandkabel zu empfangen sein wird.

Telekooperations-Dienste

Telekooperations-Dienste für z.B. CSCW, Video Conferencing, Vorgangsunterstützung, Decision Support zeichnen sich aus durch die gemeinsame Bearbeitung von Informationen, die gemeinsam produziert, indiziert, betrachtet, modifiziert, kommentiert, recherchiert, gespeichert und abgelegt oder weitergeleitet werden können. Zusätzlich können Interaktionen zwischen räumlich verteilten Geschäftspartnern wie Besprechungen, Abstimmungen, Einigung und Koordination stattfinden mit dem Ziel einer gemeinsamen Erstellung, Verteilung und Verwertung von Inhalten. Telekooperation ist ortsunabhängig, ein wesentliches Unterscheidungskriterium ist aber die Zeit, da zeitgleiche Informations- und Kommunikationsprozesse größere Übertragungsraten benötigen als zeitversetzte Prozesse. Nach dem Zeitbezug unterscheidet man daher in synchrone und asynchrone Kommunikation (Niemeier u.a.).

- Synchrone Kommunikation unterstützt zeitgleiches gemeinsames Bearbeiten von Informationen bzw. Interagieren in denselben Informationsbeständen und zeitgleiches Kommunizieren. Arbeitsergebnisse müssen in Echtzeit diskutiert und Modifikationen interaktiv vorgenommen werden. Typische Beispiele sind „Joint Viewing" und „Joint Editing". Nutzenaspekte einer synchronen Kooperationsunterstützung sind:
  - Unterstützung von Lösungen bei komplexen, gering strukturierbaren und zeitkritischen Problemstellungen,
  - Flexible Nutzbarkeit räumlich verteilter Expertise,
  - Arbeitsplatznahe Verfügbarkeit leistungsfähiger Kommunikationsmöglichkeiten.

- Asynchrone Kommunikation unterstützt zeitlich voneinander getrennte Bearbeitungsschritte bzw. Interaktionen in bezug auf dasselbe Objekt der Bearbeitung. Sowohl die Informationsbereitstellung als auch die Weitergabe von Ergebnissen kann über unterschiedliche Formen der Zwischenspeicherung (store-and-forward-Prinzip) erfolgen. Typische Beispiele sind die Vorgangsbearbeitung, Mitzeichnungsverfahren und Umfragen bzw. Meinungsabfragen auf elektronischem Wege. Nutzenaspekte einer asynchronen Kooperationsunterstützung sind:
  - Durchgängige Verarbeitbarkeit aller Teildokumente eines gesamten Vorgangs. Es kann dadurch eine Verkürzung der Durchlaufzeiten eines Vorgangs erreicht werden,
  - Höhere Transparenz und Nachvollziehbarkeit einzelner Bearbeitungsschritte und ihrer Interdependenzen,
  - Effizienter Zugriff auf einzelne Informationseinheiten.

Formen der Kommunikation

Bei der Betrachtung der unterschiedlichen Teledienste spielen die verschiedenen Formen der Kommunikation, die aus der Sicht eines Dienstenutzers unterstützt werden müssen, eine Rolle:

- Punkt-zu-Punkt-Kommunikation bedeutet einen bidirektionalen Informationsaustausch zwischen zwei beliebigen Teilnehmern.

- Punkt-zu-Mehrpunkt-Kommunikation (für Broadcasting) bedeutet die Informationsverteilung von einer Quelle gleichzeitig an verschiedene Empfänger.

- Mehrpunkt-zu-Punkt-Kommunikation bedeutet, daß von mehreren Teilnehmern auf dieselbe Information zugegriffen kann bzw. bidirektional Informationen zwischen Teilnehmern und Anwendungsdiensten abgerufen werden können.

- Mehrpunkt-zu-Mehrpunkt-Kommunikation bedeutet einen bidirektionalen Informationsaustausch bzw. Kommunikation zwischen mehreren Teilnehmern oder Mitgliedern einer Gruppe.

Die Gestaltungsanforderungen der Kommunikation und des zeitlichen Bezuges auf die Teledienste angewandt bilden eine technologische Grundlage für die Gestaltung von multimedialen Systemen und die Auswahl der notwendigen Dienste.

Teledienst		Punkt zu Punkt	Punkt zu Mehrpunkt	Mehrpunkt zu Punkt	Mehrpunkt zu Mehrpunkt	Zeitbezug
Interaktive Dienste	Sprach-Kommunikation	X			X	synchron
	Video-Konferenz	X			X	synchron
	Nachrichten-Austausch		X			asynchron
	Informations-Abruf			X		asynchron
Verteil-Dienste	Broadcasting (z.B. Fernsehen)		X			asynchron
	Interaktives Fernsehen		X			synchron
Tele-koop.-Dienste	CSCW (joint viewing & editing)	X			X	synchron
	Vorgangsunterstützung			X		asynchron

1.4 Video für Business-Anwendungen

Nach wie vor umstritten ist, inwieweit Video als Medium zur Präsentation von Business Inhalten für jeden Fall geeignet erscheint. Einerseits ist zwar wissenschaftlich nachgewiesen, daß Bewegtbilder zu einer höheren Aufnahmefähigkeit von Informationen beim Menschen führen. Aber eine kombinierte Inanspruchnahme der Sinnesorgane läßt die Aufnahmefähigkeit, wie die folgende Abbildung zeigt, wachsen.

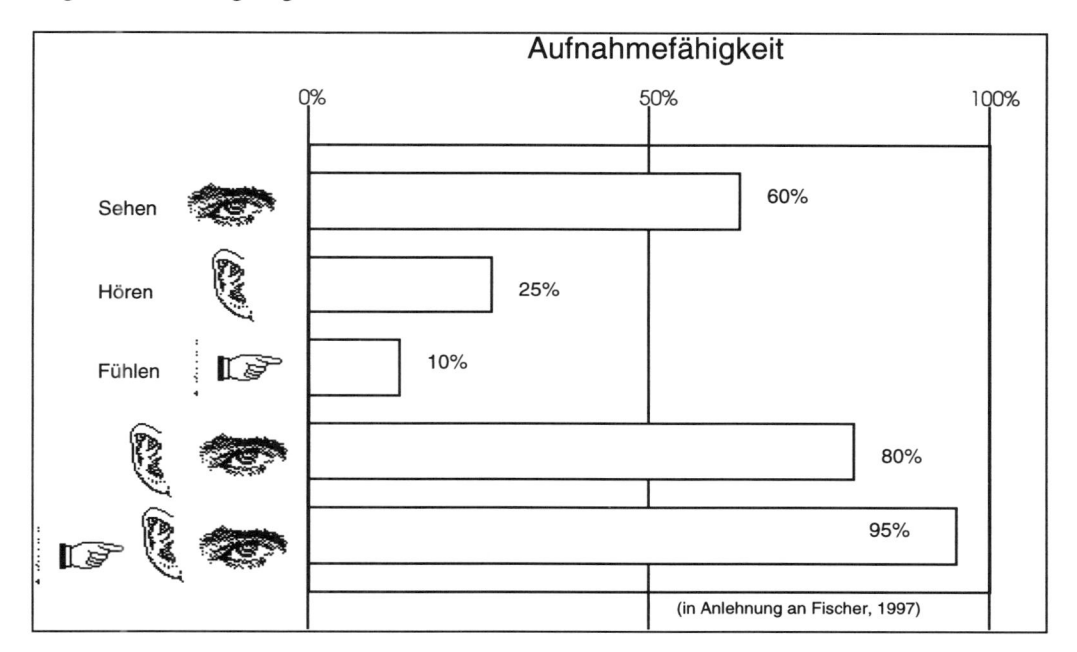

Aufnahmefähigkeit

Sehen	60%
Hören	25%
Fühlen	10%
Hören + Sehen	80%
Fühlen + Hören + Sehen	95%

(in Anlehnung an Fischer, 1997)

Eine mehrdimensionale Informationsaufnahme durch die gleichzeitige Nutzung der Informationskanäle
- Sehen durch Bilder, insbesondere Bewegtbilder und Video, Animationen und Simulationen über Bildtelefon und Videokonferenz,
- Hören von Ton, Musik und Sprache, über Telefon und Konferenzsysteme und
- Fühlen, auch zeitlich verzögert können Informationen sofort in der Praxis anwandt werden,

sorgt sicherlich für einen erfolgreichen Lernprozeß.

Andererseits muß aber die Aufnahmefähigkeit über die Zeit relativiert werden, d. h. die Erinnerungsfähigkeit differiert (Ukkonen). Informationen, die über Audio vermittelt werden, werden zu 70 Prozent nach drei Stunden noch behalten, aber bereits nach drei Tagen können sich Menschen nur noch an zehn Prozent erinnern. An Ereignisse, die gesehen werden, erinnert man sich zu 75 Prozent nach drei Stunden und zu 20 Prozent nach drei Tagen. Eine Kombination aus Hören und Sehen hat den höchsten Erinnerungswert. Nach drei Stunden sind 85 Prozent und nach drei Tagen noch 65 Prozent verfügbar. Eine Untersuchung von Crain aus dem Unterrichtsbereich ergab aber einen langfristigen Angleich der Erinnerungsfähigkeit im Vergleich von traditionellem, computergestütztem und Video-unterstütztem Unterricht. Während beim traditionellen und computergestützten Unterricht kurz danach eine im Vergleich zum Video-unterstützten Unterricht höhere Erinnerungsfähigkeit besteht, gleichen sich alle drei Erinnerungswerte langfristig wieder an.

Geht man zukünftig von einer weiteren Verkürzung der Halbwertszeit des Wissens aus, ist es angebracht, darüber nachzudenken, wie ein Medienmix die Vorzüge von Video und Film mit computerbasierten Werkzeugen zu verbinden vermag. Diese Erkenntnisse sprechen für einen geregelten Einsatz von Business TV, bei dem eine Reihe von Gestaltungsaspekten zu berücksichtigen sind:

- Die informatorische Gestaltung muß in Zusammenarbeit von Fachexperten in Unternehmen und Medienexperten stattfinden. Empfehlenswert sind insbesondere Mediendidakten, Journalisten, deren Kompetenz darin zu sehen ist, den Informationswert in geeigneter Weise zu visualisieren.

- Das Programmportfolio erfordert eine bewußte Zusammenstellung geeigneter, sich ergänzender und aufeinander abgestimmter Inhalte.

- Die Inhalteaufbereitung des vorliegenden Materials rückt stärker in den Vordergrund als die Inhalteproduktion, da der höchste Nutzen der Information in der Mehrfachverwendung und Wiederverwertung der Inhalte liegt.

Ein Auszug aus einem Anforderungskatalog zur medialen Gestaltung soll verdeutlichen, daß ein Kompetenzaufbau in den Unternehmen in diesem Bereich erforderlich wird.

Anforderungen an den Medieneinsatz	Die Bedeutung ist für mich ...				Der Erfüllungsgrad ist ...				
	niedrig 4	3	2	hoch 1	niedrig 0%	25%	50%	75%	hoch 100%
Dokumentenkameras für Papiervorlagen (z.B. Pläne, Skizzen)									
Filme zur Darstellung von Realsituationen (z.B. Autounfall)									
Mobile Objektkameras zur Sichtbarmachung von Kleinstteilen									
Simulationen und Animationen zur Veranschaulichung von Bewegungsabläufen (z.B. Fahrzeug bricht aus), Verfahrensprozessen (z.B. Bauanleitung) und Prinzipien (z.B. Innenleben eines Motors)									
Overlays von Audio, Grafik und Text als ergänzende Erklärungskomponente									
Zeitraffer zur Verkürzung langandauernder Prozesse									
Morphing zur Vergleichbarmachung verschiedener Objekte (z.B. Größenverhältnisse)									
Trickaufnahmen zur Auflockerung (z.B. Edutainment)									
Virtuelle Realität zur Generierung einer neuen Welt (z.B. Fahrt durch eine Modellstadt)									

Gestaltungsaspekte 47

Anforderungen an das Produktionsteam	Die Bedeutung ist für mich ...				Der Erfüllungsgrad ist ...				
	niedrig 4	3	2	hoch 1	niedrig 0%	25%	50%	75%	hoch 100%
Zusammenarbeit mit Fachspezialisten									
Zusammenarbeit mit Instruktoren									
Zusammenarbeit mit Pädagogen									
Zusammenarbeit mit Medienexperten für Drehbuch, Film und Videoproduktion									
Zusammenarbeit mit Programmierer für Entwicklung und Implementation									
Eigenproduktion									
Auftragsproduktion									
Zusammenarbeit erfolgt:									
• in Produktionsteams an einem Standort									
• in Produktionsteams an mehreren Standorten des gleichen Unternehmens (z.B. Niederlassungen)									
• in Produktionsteams über verschiedene Unternehmen (Telekooperative Produktion)									
• in fester Zusammensetzung des Produktionsteams									
• in wechselnder Zusammensetzung des Produktionsteams									

1.5 Hürden für den Einzug von Business TV

Was haben Internet und Fernsehen gemeinsam? Beide stellen Inhalte bereit und bieten darüber hinaus noch Services an, die ohne eigenen technischen und organisatorischen Aufwand genutzt werden können und die vielfach kostengünstig sind, zumindest auf den ersten Blick so erscheinen. In der Masse genommen, ergeben sie dennoch einen Milliarden-Markt. Damit werden eine Reihe von Punkten bewußt, die den Eingang von Business TV in einen Regelbetrieb in Unternehmen bislang noch erschweren:

Hürde 1: Inhalte müssen vielfach erst generiert und produziert werden. Mangelndes Wissen und Medienkompetenz in Unternehmen verhindern einen mutigen Einstieg.

Hürde 2: Technischer Installationsaufwand erscheint sehr hoch. Ein Fernsehteam mit Regisseur, Produktions- und Herstellungsleitung, Kamerateam, Lichttechniker, Bild- und Tonregie, Requisite, Kostüme, Assistenten und Kabelträger sowie Personal zur Postproduktion ist für ein Unternehmen kaum zu rechtfertigen, dessen Kernkompetenz nicht in der Fernsehproduktion zu finden ist.

Hürde 3: Kosten dürfen prinzipiell beliebig hoch sein, wenn der Wert und der damit verbundene Nutzen der Information diese übersteigen. Information wird dabei nicht an ihrem Unterhaltungswert gemessen, sondern an ihrem Beitrag zur Wertschöpfung des Wissens in einem Unternehmen, das unmittelbar in Innovation, Kreativität und Beratungskompetenz umgesetzt werden muß.

Hürde 4: Der Eingriff in die organisatorischen Arbeitsabläufe der Unternehmen wird in der Regel meist unterschätzt. Vielfach gelingt erst durch ein völliges Umkrempeln der Tagesordnung ein reibungsloser Ablauf mit dem neuen Medium. Auch wenn Akzeptanzbarrieren immer mehr schwinden und zukünftig nicht mehr das Problem darstellen mögen, so ist dennoch eine Synchronisation von Programm- und Unternehmensabläufen erforderlich. Aus den bisherigen Erfahrungen würde Business TV auf die „alten" Strukturen angewandt eher zu einem Bremsklotz als zur Kompetenzerweiterung des Unternehmens führen.

Hürde 5: Angebote des Marktes sind bislang nicht ausreichend flexibel an die Anforderungen der Unternehmen anpassbar. Sie stellen meist eine Lösung „aus einem Guss" dar, deren unternehmensspezifische Anpassungen entweder gar nicht möglich sind oder aber zu teuer und eher den Charakter des einmaligen Events aufweisen. Sogenannte Monoanwendungen rechtfertigen kaum eine Dauereinrichtung. Vielversprechender ist eine Bündelung von Informations- und Kommunikations-Services und Inhalten als neuer Unternehmensservice.

Um einen Massenmarkt zu erreichen, muß Business TV als generischer Service und modularer Baukasten bereitstehen und einzukaufen sein. Die Konzentration auf die Inhalte muß in den Unternehmen Vorrang vor dem „Medienspektakel" haben, das zu Prestige- und Imagezwecken durchaus geeignet ist und damit aber eher die Ausnahme denn das Tagesgeschäft darstellt.

2 Basiskonzepte für Business TV Anwendungen

Versucht man aber eine Klassifikation von Business TV Anwendungen nach den multimedialen Technologiefeldern, stellt man fest, daß dies kaum möglich ist. Die weiter fortschreitende Medienintegration macht eine Trennung zwischen den einzelnen Technologiefeldern auch immer weniger möglich. Darüber hinaus verlagert sich die Verarbeitungskapazität der Datenverarbeitung mehr und mehr in das Netzwerk, eine Trennung zwischen Rechner und Netzen kann kaum noch vollzogen werden (Saffo). Vor diesem Hintergrund wird der Versuch unternommen, Business TV Anwendungen unabhängig der zugrunde liegenden Technologie zu klassifizieren. Unter Zugrundelegung der Sicht des Anwenders werden folgende Basiskonzepte unterschieden:

- Angebotsorientierte Konzepte,
- Nachfrageorientierte Konzepte und
- Interaktionsorientierte Konzepte.

Die wesentlichen Unterscheidungsmerkmale dieser drei Basiskonzepte liegen in der Person, die durch das Programm und die Inhalte steuert (Programmsteuerung), in der Art, wie die Information entsteht und wie sie vermittelt wird (Informationsvermittlung) und im organisatorischen Betreuungs- und Beratungsbedarf (Unterstützung).

Gestaltungsaspekte 49

BTV Basiskonzepte	Programm-Steuerung	Informations-Vermittlung	Unterstützung
Angebotsorientierte Konzepte	durch den Anbieter vorgegeben	vorbereitete Inhalte (asynchrone Vermittlung)	durch Anchor; keine interaktive Betreuung
Nachfrageorientierte Konzepte	durch den Anwender bzw. Nachfrager	vorbereitete Inhalte (asynchrone Vermittlung)	durch systemische Interaktionen (z.B. Hilfesysteme)
Interaktionsorientierte Konzepte	Instruktions- bzw. Moderationssteuerung unter Einflußnahme des Anwenders	generierte Inhalte mit Vorbereitungsmaßnahmen (synchrone Vermittlung)	durch Interaktion mit dem Betreuer/ Moderator

2.1 Angebotsorientierte Konzepte

Angebotsorientierte Konzepte zeichnen sich aus durch vorproduziertes Material in Form von Sendungen, die von Anbieterseite strukturiert, gesteuert und über ein Netz verteilt werden. Angebotsorientierte Konzepte nutzen weitgehend das Medium Fernsehen in einer Richtung zur Informationsübertragung. Der Film als Trägermedium, der in der Motivationsfunktion Prozesse veranschaulichen, Vorgänge beschreiben und Zusammenhänge klären hilft, steht im Vordergrund der Anwendungen. Interaktionen und Rückfragen von Seiten des Anwenders sind nicht zeitgleich möglich.

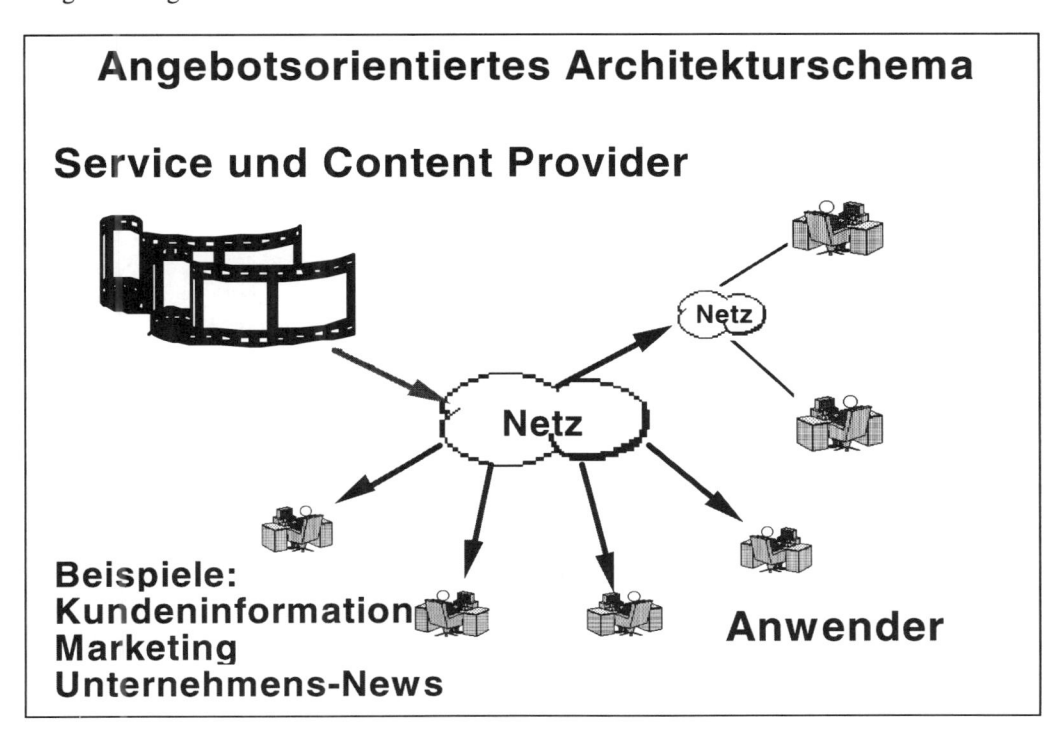

Angebotsorientiertes Architekturschema

Service und Content Provider

Beispiele:
Kundeninformation
Marketing
Unternehmens-News

Anwender

Das Ziel von Angebotsorientierten Konzepten besteht darin, eine möglichst große Zahl von Teilnehmern zu erreichen. Dadurch sind diese Lösungen weder individualisiert noch interaktiv. Die Inhalte müssen zielgruppenspezifisch aufbereitet werden. Das Niveau sollte über eine Sendung gleich gehalten werden. Angebotsorientierte Lösungen können eine stimulierende Funktion zur weiteren Erforschung eines Themas ausüben oder eine initiierende Funktion zur Nachfrage nach Detailinformationen bewirken. Im Vordergrund steht dabei eine Kombination aus Bildung und Unterhaltung (Edutainment). Die Kombination aus Fernsehsendung und CD-ROM (TV-ROM) unterstützt die Verbindung zwischen der Unterhaltungsqualität des Fernsehens und der Benutzersteuerung des Sendeablaufes (Forrest/Wotring/Buckley).

Angebotsorientierte Konzepte realisieren Anwendungselemente in der Weise, daß die Informationsvermittlung über vorproduzierte Sendungen erfolgt. Eine personelle Betreuung erfolgt in der Regel nicht zur selben Zeit. Hilfestellungen und Moderationen durch das Programm werden durch Anchor unterstützt. Die Lösungen unterscheiden sich in der Informationsvermittlung im Hinblick auf die Zielgruppe (z.B. Spartenkanal). Die dominierenden Merkmale werden in der nachfolgenden Tabelle zusammengefaßt.

Angebotsorientierte Konzepte	Zielgruppenorientierte Informationsvermittlung	Inhalteausrichtung
Geschäfts-Fernsehen (Business Broadcasting)	Unternehmensweite und -übergreifende Sendungen für Kunden und Mitarbeiter	Fachliche Informationen z.B. Kongresse, Fachtagungen, unternehmensstrategische Informationen
Sparten-Kanal z.B. Educational Broadcasting	Fachspezifische Bildungssendungen, Unterhaltende Bildung ("Edutainment")	Weiterbildung im Rahmen eines Fernstudiums, Teilnahme an Vorlesungen, spielerisches Lernen

2.2 Nachfrageorientierte Konzepte

Nachfrageorientierte Konzepte zeichnen sich dadurch aus, daß der Abruf und die Steuerung von Informationen durch den Anwender bzw. Nachfrager erfolgt. Es handelt sich dabei um ein individuelles Navigieren, bei dem der Anwender weitgehend eigenständig die Steuerung des Programmablaufes übernimmt. Die Informationen sind vordefiniert und vorhanden und stehen innerhalb einer Programmstruktur zur Verfügung. Die Programmstruktur muß die notwendigen Kenntnisse und Erfahrungen in konservierter Form aufweisen. Die Inhalte selbst können sowohl auf Offline-Medien wie beispielsweise auf CD-ROM oder Bildplatte gespeichert werden. Für Business TV Anwendungen eignen sich aber eher hochwertige Online-Medien und Speicherverfahren. In der Regel werden dafür multimediale Datenbank-Server für den Abruf von Inhalten bereitgestellt.

Nachfrageorientiertes Architekturschema

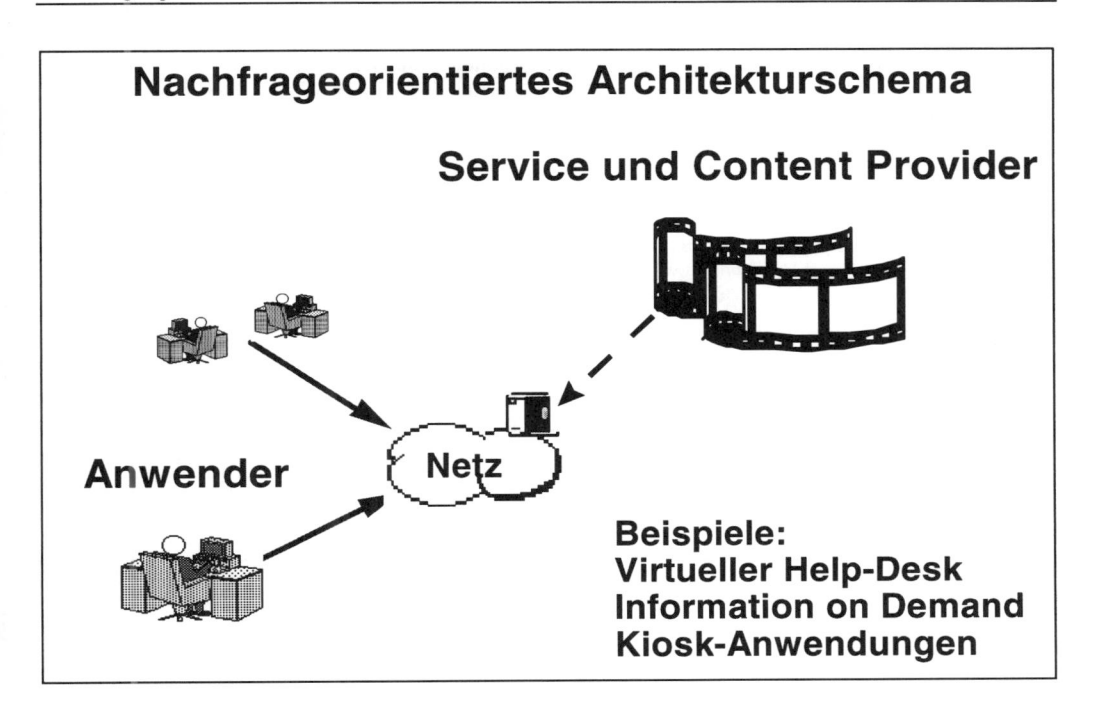

Service und Content Provider

Anwender

Netz

Beispiele:
Virtueller Help-Desk
Information on Demand
Kiosk-Anwendungen

Der Anwender arbeitet sich dann in ein selbst ausgewähltes Programm ein. Die Programmstrukturen nachfrageorientierter Konzepte unterscheiden sich derzeit im wesentlichen hinsichtlich

- der unternehmensspezifischen Themenstellung,
- der medialen Aufbereitung der Inhalte durch Einbindung von Bewegtbildsequenzen, Animations- und Simulationskomponenten,
- nutzerseitiger Bestimmungsmöglichkeiten (Navigatoren) für das Durchlaufen des Programms sowie
- der Einbindung intelligenter Komponenten (Agenten) zur Steuerung von Rückmeldungen und Kommunikation.

Nachfrageorientierte Konzepte realisieren Anwendungselemente dergestalt, daß die Informationsvermittlung über vorbereitete Programmstrukturen mit individuellen Navigationsmöglichkeiten in den Inhalten erfolgt, gleichzeitig eine personelle Betreuung nicht gegeben ist. Die Lösungen unterscheiden sich in der Ausgestaltung von Programmen und Inhaltebouquets, die zur Verfügung gestellt werden. Die dominierenden Merkmale der Ausgestaltung werden in der nachfolgenden Übersicht zusammengefaßt.

Nachfrageorientierte Konzepte	Ausgestaltung der Programme	Inhalteausrichtung
Hilfesysteme	festumrissener Wissensbestand, Variabilität in Anzahl und Schwierigkeitsgrad der Inhalte	Erklärungsinhalte; Trainingsinhalte; Auffrischung von Wissen; Wiederholung von Sachverhalten
Tutorielle Systeme	Abbildung eines strukturierbaren Wissensbestandes mit didaktischen Komponenten	Vermittlung von Grundlagen- und Faktenwissen; Einführung in Basisfunktionen
Intelligente Tutorielle Systeme	Aufbau eines Wissensmodells des Anwenders mit didaktischer Unterstützung	Unterstützung der Intelligenz des Anwenders; Vermittlung von stark strukturierbaren Inhalten und Prozessen
Simulationssysteme	Nachahmung der Realwelt in einer Mikrowelt	Vermittlung von komplexen Wissensstrukturen, Entscheidungssituationen, Problemlösungen; Unterstützung von experimentellem und entdeckendem Navigieren, Recherieren
Performance Support Systeme	Verknüpfung von Unternehmens-Dokumenten	Unterstützung des Bedarfes am Arbeitsplatz
Datenbank-Anwendungen	Bereitstellung von elektronischen Bibliotheken	Unternehmensübergreifende Kooperationen

2.3 Interaktionsorientierte Konzepte

Interaktionsorientierte Konzepte zeichnen sich dadurch aus, daß die Informationen in Echtzeit generiert werden. Dies erfordert das gleichzeitige Vorhandensein der Kommunikationspartner. Es handelt sich dabei um eine synchrone Kommunikationsform. Als Kommunikationsinfrastrukturen kommen Satellitenkommunikation oder Telekommunikationsnetze wie z.B. ISDN, ATM, B-ISDN zum Einsatz. Die Interaktion zwischen den Personen, einem Vermittler oder Betreuer steht im Vordergrund. Die Steuerung erfolgt damit auch weitgehend durch einen definierten Moderator. In Abstimmung können die Personen wechseln.

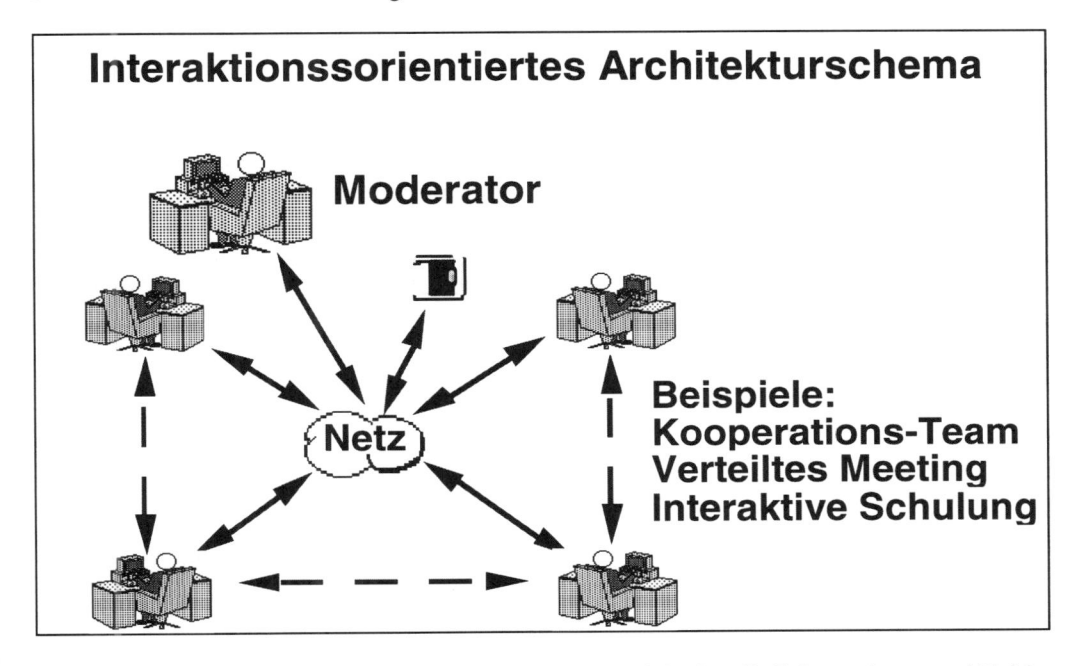

Interaktionssorientiertes Architekturschema

Moderator

Netz

Beispiele:
Kooperations-Team
Verteiltes Meeting
Interaktive Schulung

Interaktionsorientierte Konzepte haben das wesentliche Ziel, aktuelle Informationen und Erfahrungen auszutauschen und können damit nachfrageorientierte Konzepte um die wesentliche Komponente der Aktualität von Informationen ergänzen. Interaktionsorientierte Konzepte realisieren Anwendungselemente in der Weise, daß die Informationsvermittlung über die aktuelle Generierung der Informationen durch eine personelle Kommunikation und Steuerung erfolgt. Die Lösungen unterscheiden sich in der Ausgestaltung der Betreuungsstruktur und damit in der Interaktionsintensität zwischen Personen und Moderatoren. Die dominierenden Merkmale der bislang realisierten Betreuungsstrukturen werden in der nachfolgenden Tabelle zusammengefaßt. Die Interaktionsintensität nimmt dabei von oben nach unten ab.

Interaktionsorientierte Konzepte	Betreuungsstruktur	Inhalteausrichtung
Tele-Diagnose (mit DVC)	intensive Interaktion in direkter Einzel-Betreuung	spontane Hilfe, Nachhilfe, Expertenunterstützung
Tele-Beratung (mit DVC)	ein Betreuer ist für eine definierte Anzahl an Anwendern zuständig, intensive Interaktion u.U. mit Wartezeiten verbunden	Beratung und Diskussion offen gebliebener Probleme aus dem Arbeitsablauf
Tele-Kooperation (Multipunkt)	intensive Interaktion aufgrund begrenzter Anzahl an Teilnehmern, keine Einzelbetreuung	Vor- und Nachbereitung von "Face-to-Face"-Konferenzen, schnelle Problemlösung und Entscheidungsfindung
Tele-Konferenz (mit BTV)	eingeschränkte Interaktionen in Abhängigkeit von der Teilnehmeranzahl	Konzentrierter Austausch von neuen Informationen und Erfahrungen

Die Entscheidung, welcher konzeptionelle Ansatz in einem Unternehmen gestaltet werden soll, hängt vor allem davon ab, in welcher Weise er dazu beiträgt, die organisatorischen Prozesse hinsichtlich Innovations-, Kunden- und Mitarbeiterorientierung zu verbessern sowie Kooperations-Netzwerke zu unterstützen. Als Ansatzpunkt für die Einführung von Business TV Anwendungen ist es daher hilfreich, den organisatorischen Gestaltungshintergrund in den Unternehmen zu verfolgen. Dazu sollen im folgenden die wesentlichen organisatorische Gestaltungsfelder für erfolgreiche Unternehmen der Zukunft skizziert werden.

3 Organisatorische Gestaltungsaspekte

Das Wesensmerkmal von Unternehmen, die in der Lage sein werden, zukünftig Produkte und Dienstleistungen zur Marktreife und bis hin zum Markterfolg zu führen, ist die Kreativität. Kreativen Unternehmen gelingt es, in engem Kontakt zu ihrer Umwelt frühzeitig Veränderungen wahrzunehmen und ihre Unternehmenspolitik darauf einzustellen. Sie vertrauen dabei nicht allein auf ihr eigenes Know How, sondern sind in der Lage, neue Lösungen im Beziehungsgeflecht von Lieferanten, Abnehmern, Forschern und Designern zu entwickeln. Das erforderliche Klima zur Erhaltung und Förderung der Kreativität von Unternehmen besteht in einer lernfähigen Organisation. Für Lernen und Arbeit werden dabei dieselben Infrastrukturen und Werkzeuge verwendet. Zur Gestaltung einer lernenden Organisation unterscheidet man drei wesentliche Bausteine (Gruber/Tenenbaum/Tenenbaum):

- die persönliche Organisationsumgebung (Personal Web),
- die kooperative Organisationsumgebung (Unternehmensgedächtnis) und
- die virtuelle Organisationsumgebung (Virtuelle Kollaboration)

Die Protagonisten für den Erfolg eines Unternehmens sind zum einen die Mitarbeiter (internen Kunden) und zum anderen die (externen) Kunden. Die Mitarbeiterorientierung kennzeichnet damit insbesondere das unternehmensinterne Gestaltungsfeld einer Lernenden Organisation, das betrifft weitgehend die Unterstützung der persönlichen Arbeits- und Lernprozesse. Die Kundenorientierung kennzeichnet eher das unternehmensexterne Gestaltungsfeld und soll dazu führen, daß die externen Kunden in die Gestaltungsprozesse eines Unternehmens einbezogen werden. Dabei lernt das Unternehmen gleichzeitig auch die Kundenwünsche.

3.1 Personal Web

Das Personal Web dient dazu, jedem Individuum in einem Unternehmen die Möglichkeiten des persönlichen Arbeits- und Lernumfeldes zur Verfügung zu stellen, um die individuellen Schlüsselqualifikationen zu fördern und zu erwerben. Damit verbunden sollen Kreativität und individuelle Höchstleistungen dem Unternehmensergebnis zugute kommen. Dieser Organisationsbaustein unterstützt die Individualisierung innerhalb eines Unternehmens zu erhalten. Dies erfordert demnach flexible Informationszugänge, unabhängig vom Standort des Nachfragers, Möglichkeiten zur individuellen Steuerung und Navigation in Wissensbeständen und zur individuellen Organisation von eigenen Wissensbeständen. Darüber hinaus muß ein gegenseitiger Austausch von Wissen zwischen Individuen, Arbeitsgruppen oder Lernklassen sowie mit den Kunden ermöglicht werden. Die Gestaltung des Personal Webs erfordert demnach

- den Zugriff auf Online-, on Demand Services, persönliche Kontaktfelder und Freiräume für eigene Gestaltung und Lernprozesse,
- individuelle elektronische Notizbücher, Bookmarks, Assistenten um Informationen aus dem Netz aufzunehmen und auch für die spätere Verwendung nutzbar zu machen,
- Module und Werkzeuge für persönliche Autorenschaft und Publikation.

3.2 Unternehmensgedächtnis

Ein Unternehmen muß das Wissen und die Erfahrungen, die Einzelpersonen im Laufe der Zeit erworben haben oder in Gruppen erarbeitet wurden, sicherstellen können, unabhängig davon, ob die Personen das Unternehmen bereits verlassen haben oder die Gruppen noch existieren. Dazu sind kooperative Organisationsumgebungen notwendig, die die gemeinsamen Arbeitsergebnisse in einem „Unternehmensgedächtnis" zur Verfügung stellen. Die Gestaltung einer kooperativen Organisationsumgebung umfaßt Plattformen für Kooperations- und Interaktionsmöglichkeiten innerhalb von Gruppen. In sogenannten Group Webs werden Informationen ausgetauscht, Wissen geteilt und Ergebnisse kooperativ erarbeitet. Group Webs sind unabhängig von Abteilungs- oder Bereichsgrenzen, wie beispielsweise Arbeitsgruppen, Projektgruppen, Expertengruppen, Forschungsgruppen aber auch Vorgangsbearbeitung oder Verwaltungsaufträge. In einem Group Web werden die erforderlichen externen oder internen Informations- und Wissensbestände miteinander vernetzt. Alle in der Gruppe autorisierten Mitglieder können darauf zugreifen, Fragen und Anmerkungen einbringen und die Durchführung der Arbeitsaufgabe koordinieren. Eine systematische Organisation und Aufbereitung des wachsenden Wissensbestandes von Gruppen und eine Aggregation im Hinblick auf die Unternehmensziele macht ein Management des Unternehmensgedächtnisses erforderlich. Die Gestaltung von kooperativen Organisationsumgebungen erfordert demnach

- Group Webs für geteilte Wissensbasen über ein Corporate Network,
- kooperative und Conferencing Werkzeuge zur Unterstützung von Teamarbeit,

- Informations-Management für Installation, Strukturierung, Aktualisierung und Clearing des Unternehmensgedächtnisses.

3.3 Virtuelle Kollaboration

Die virtuelle Kollaboration beschreibt eine virtuelle Organisationsumgebung, in der die Menschen orts- und zeitunabhängig zusammenwirken und -arbeiten können. Im Vordergrund dieser Form steht nicht der Zugang zu den Informationen, sondern die Kommunikation zwischen Menschen untereinander oder über die Personal und Group Webs. Dabei spielt es keine Rolle, an welchem Ort oder in welchen Zeitzonen sich die Menschen befinden und ob sie sich kennen. Die synchrone Kommunikation beispielsweise über ein Desktop-Video-Konferenz-System und die asynchrone Kommunikation beispielsweise über ein Nachrichtensystem finden über dieselben Informationszugänge statt, über die auch auf Personal und Group Webs zugegriffen werden kann. Der Verbindungsaufbau zu Personen und Inhalten muß dabei vergleichbar einfach sein, wie heute das Herstellen einer Telefonverbindung oder das Versenden eines Briefes.

Die virtuelle Organisationsumgebung soll Menschen, Gruppen und Unternehmen befähigen, unabhängig von geografischen oder unternehmensdefinierten Grenzen, Wissen und Erfahrungen auszutauschen oder Nachrichten zu hinterlassen. Lernen und Kommunikation findet in virtuellen Räumen und auf virtuellen Plätzen im Netzwerk statt. Dort werden Interessen Kund getan, Fragen verschickt, Material ausgetauscht, Meinungen diskutiert. Es lassen sich darüber hinaus auch reale Situationen in Mikrowelten simulieren oder Planspiele durchführen. Jeder kann sich eine eigene Umgebung aufbauen oder entwickeln. Die Gestaltung einer virtuellen Organisation erfordert demnach

- Hochgeschwindigkeits-Netze für kollaborative Anwendungs-Möglichkeiten wie z.B. Internet Zugang über Kabel oder B-ISDN, Interaktive Fernsehnetze, breitbandige Daten- und Satellitennetze,
- virtuelle Orte und Räume für Interaktionen, soziale Gemeinschaften und geteilte Interessen,
- kollaborative Werkzeuge zur Sammlung, Koordination und Selektion von Ergebnissen und Personen.

4 Fazit

In den Unternehmen liegt vielerorts zu Vorstellungen über Business TV Anwendungen der Stallgeruch von Hollywood noch in der Luft: „It´s more broadway show than spreadsheet." Es ist zu hoffen, daß diese Ausführungen ein Stück weit dazu beitragen konnten, diese Vorstellungen für ein Unternehmensfernsehen zu relativieren. Mehr noch sollten sie den Lernproze_ anregen, dieses neue Technologiefeld mit innovativen Organisationsmodellen zu verzahnen und wertschöpfende Anwendungen zu gestalten. Es ist daher an der Zeit, die Strategien für die Gestaltung erfolgreicher Unternehmen zu entwickeln, um zukünftig die Prozesse und Strukturen lernender Organisationen zu beherrschen. Das Management kreativer Unternehmen muß nun diese Elemente vorantreiben und fördern.

5 Literaturverzeichnis

Burstein, D. und Kline, D., Road Warriors, Dreams and Nightmares along the Information Highway, 1995

Crain, L. A., Effects of instructional media on immediate and long term recall, in: Interpersonal Computing and Technology: An Electronic Journal for the 21st Century, Vol. 2, No. 2, 4/1994, S. 19-27, retrieved on listserv@guvm.georgetown.edu by sending GET CRAIN IPCTV2N2

Fischer, K., Bildkommunikation, Bedeutung, Technik und Nutzung eines neuen Informationsmediums, Berlin 1987

Forrest, E./Wotring, C. E./Buckley, J., CD-ROM & the Boob Tube: "Edutainment" & Saturday Morning TV, in: Leadership for Creating Educational Change: Integrating the Power of Technology; proceedings of the 12th International Conference on Technology and Education, Volume 1 Orlando Florida vom 28.2.-3.3.1995, S. 376-378

Gruber, Th./Tenenbaum, A.B./Tenenbaum, J. M., NIKE: A National Infrastructure for Knowledge Exchange; A White Paper Advocating an ATP Initiative on Technologies for Lifelong Learning, Arbeitspapier der Enterprise Integration Technologies EIT, Menlo Park, CA 1995

Höing, M., Marktübersicht Interaktives Fernsehen: 25 in- und ausländische Systeme im Vergleich; Interaktives TV: Tests, Projekte, Systeme-ein Überblick-, München 1994

Kellerhals, R. A., Neue Medien und Gesellschaft: Totale Unterhaltung oder intellektuelle Herausforderung?, Computergestützte Medien (IV), in: technologie & management 3/1994, S. 123-128

Kerres, M., Lernen und Lehren mit Multimedia, in: Technologiedialog, 17, 12/1994, S. 14-15

Niemeier, J./Fröschle, H.-P./Hofmann, J./Schäfer, M./Wiedmann, G., Kooperation durch Medienmix, Multimedia in der Büro- und Unternehmenskommunikation, in: MultiMedia PRO 2/1993, S. 14-19

Niemeier, J./Schäfer, M./Bertsch/Perschmann/Walla, AKUBIS, AutomobilKundendienst-Breitband-Informations-System, Erfahrungsbericht Meilenstein VIII, Dezember 1992

Saffo, P., Eröffnungsvortrag auf dem OFW-Kongreß in Köln am 15.3.1995

Teil 2: Anwendungen

                                                                          Seite

Der virtuelle Kongreß   61
Gerhard Ernst

Vom klassischen Mercedes-Benz Instruktor zum Moderator von BTV-Sendungen   73
Interview mit Willi Kaufmann

Unternehmensfernsehen im Einzelhandel   85
- Business News und Warenkunde im Kaufhof über K-TV -
Jens Ochel, Andrea Willems, Doris Wittstadt

Schwäbisch Hall TV - Informationen aus erster Hand   95
Anton Bühler

Außendienstschulung   105
Dieter Babiel

Mulitmediale Dienste für den elektronischen Tagungsmarktplatz -   113
Internet-Plattform für die interaktive Businesskommunikation
Werner Brettreich-Teichmann, Gudrun Wiedmann

Datenschutz: Neue Anforderungen an Business Television   127
Alexander Roßnagel

Der virtuelle Kongreß
Gerhard Ernst

Kontaktadresse:
Dr. Gerhard Ernst
DLR Projektträger für das BMBF Arbeit & Technik, Südstaße 125, 53175 Bonn

Inhalt

1 Die Initiative "Dienstleistung für das 21. Jahrhundert"

2 Tagung "Dienstleistung der Zukunft" und der Einsatz multimedialer Technik

2.1   Gestaltung des Business TV

2.2   Ergebnisse des B-TV Einsatzes

2.3   Die interaktive CD-ROM

3 Hinweise für die Zukunft

4 Literatur

1 Die Initiative 'Dienstleistungen für das 21. Jahrhundert'

Die Bedeutung der Dienstleistungsbranche wächst. 'Dienstleistungsprodukte' oder Produkte mit starken Dienstleistungsanteilen treten in den Vordergrund. Der Anteil, den die Dienstleistungsbranchen an der Gesamtbeschäftigtenzahl und an der volkswirtschaftlichen Wertschöpfung haben, steigt. Es existiert in allen Industrienationen eine Verschiebung von Wertschöpfung und Beschäftigung von der industriellen Produktion hin zu den Dienstleistungen. Dieser Trend wird von Experten als säkularer Trend bezeichnet. Der Dienstleistungssektor ist aber nicht nur wegen des quantitativen Strukturwandels einer der dynamischsten Sektoren der Volkswirtschaft. Bullinger[1] bezeichnet den Dienstleistungssektor explizit als Leitsektor für die Wirtschaft des 21. Jahrhunderts. Seine Hypothese ist, daß sich im Dienstleistungssektor bereits heute eine Reihe von Entwicklungen beobachten lassen, die für zukünftige Arbeits- und Organisationsformen charakteristisch sind.

Diese Situation war für das damalige Bundesministerium für Forschung und Technologie der Ausgangspunkt, eine Initiative 'Dienstleistungen für das 21. Jahrhundert' zu starten. Die Initiative soll zur Mobilisierung der Innovations- und Zukunftspotentiale des Dienstleistungssektors beitragen, die Stellung der Unternehmen im internationalen Wettbewerb stärken sowie die Anzahl und die Qualität der Arbeitsplätze erhöhen. In engem Dialog mit Vertretern der Wissenschaft, der Wirtschaft und der Gewerkschaften sollen die Potentiale des Dienstleistungssektors erforscht, Entwicklungs- und Umsetzungsdefizite identifiziert, Gestaltungsbeispiele erarbeitet und demonstriert werden. Für einen ersten Schritt bietet das FuE-Programm 'Arbeit und Technik', das Innovation und Prävention in Produktion und Dienstleistung behandelt und die meisten Konzepte dazu entwickelt hat, einen guten Startpunkt. Die Initiative 'Dienstleistungen für das 21. Jahrhundert' geht über ein einzelnes Forschungsprogramm eines Ministeriums hinaus. Die hier angesprochenen Themen berühren nicht nur die Forschungs-, Technologie-, Bildungs- und Wissenschaftspolitik, sondern auch andere Politikbereiche wie Wirtschaft, Arbeit, Soziales, Gesundheit und Umwelt.

Die einzelnen Elemente der Initiative 'Dienstleistungen für das 21. Jahrhundert' sind miteinander verschränkt. Grundlage bilden die Bilanz, die vorläufige Konzeption und ein erster kleiner Workshop, der Anfang März 1995 mit Experten der Forschung und der Tarifvertragsparteien organisiert wurde. Gleichzeitig begann die Planung für die Bilanzierungstagung 'Dienstleistung der Zukunft', mit deren Durchführung das Fraunhofer-Institut für Arbeitswirtschaft und Organisation (Stuttgart) betraut wurde. Vom 28. bis 29. Juni 1995 fand die Tagung 'Dienstleistung der Zukunft' statt. Die Ergebnisse (Bullinger[2]) wurden im Dezember 1995 publiziert. Seit Oktober 1995 läuft die Hauptuntersuchung 'Dienstleistung 2000 plus'. Ergebnisse dieser Hauptuntersuchung werden eine Handlungs- und Forschungskonzeption, ein Vorschlag für erste Maßnahmen und eine zweite Tagung unter dem Motto 'Aufbruch in die Zukunft und Gestaltung des Wandels sein. Darauf aufbauend folgt ab 1997 die erste Förderphase[3]

2 Tagung 'Dienstleistung der Zukunft' und der Einsatz multimedialer Technik

Die Tagung 'Dienstleistung der Zukunft' im Juni 1995 stellte den ersten wichtigen Meilenstein der Initiative 'Dienstleistungen für das 21. Jahrhundert' dar. Die Erwartungen an die Tagung waren sehr hoch und das öffentliche Echo und die öffentliche Aufmerksamkeit groß. Es ist gelungen mit den vorgestellten Referaten und den Diskussionsergebnissen eine Grundlage für die Konzeption des Handlungs-, Forschungs- und Entwicklungsbedarfes im Dienstleistungssektor zu legen und das Zukunftsfeld 'Dienstleistung' in eine breite Öffentlichkeit einzuführen. Eine solche Tagung ist Teil der Entwicklung zu einer Gesellschaft, deren wesentlicher Bestandteil die Synergie von Information, Produktion und Dienstleistung bildet. Die Organisatoren müssen deshalb auch überlegen, wie die Probleme ihrer Kundengruppen, also der Interessenten an den Tagungsergebnissen mit neuen - auch technisch gestützten - Ansätzen gelöst werden können. Sie müssen aber dafür Sorge tragen, daß die Präsentation der Ergebnisse entsprechend den Interessen der Kundengruppen im Mittelpunkt bleibt und nicht zur technischen Spielerei wird.

Um den Nutzen und die technischen Einsatzmöglichkeiten abklären zu können, soll ein einfaches, aber erprobtes Kommunikationsmodell zu Grunde gelegt werden [4]).

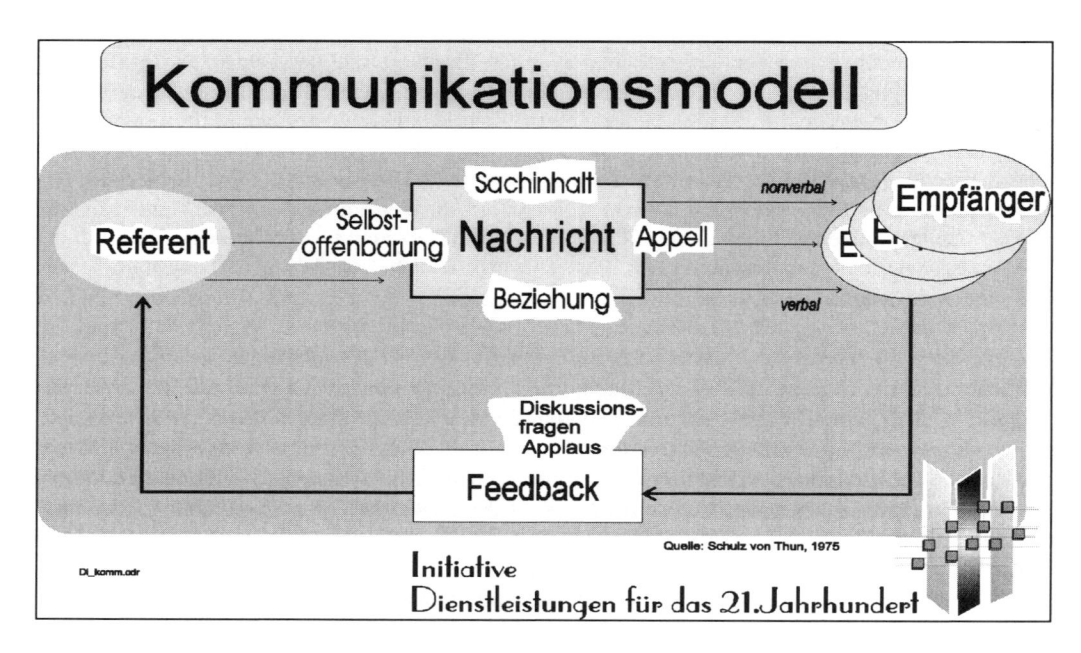

Abb. 1: Das Kommunikationsmodell

Dieses Kommunikationsmodell (Abbildung 1) geht davon aus, daß Nachrichten von einer Quelle zu einem Empfänger übersandt werden, daß diese Nachrichten mehrere Aspekte haben und daß ein Rückkopplungskanal zwischen dem Empfänger und dem Sender besteht. Auf die Tagung bezogen heißt dies, daß ein Redner gestützt auf multimediale Hilfsmittel Nachrichten an die Tagungsteilnehmer übermittelt. Er vermittelt dabei alle Seiten der Nachricht, also neben 'Sachinhalt' auch die Ebenen 'Selbstoffenbarung', 'Beziehung' und 'Appell'. Die letzteren drei insbesondere durch entsprechende nichtverbale Kommunikationsformen. Die Empfänger der Nachricht sind die Tagungsteilnehmer. Den Tagungsteilnehmern ist es auch möglich Feedback zu geben, jedenfalls in der Theorie; die Probleme zu langer Vorträge und mangelnder Diskussionszeiten sind bekannt.
Die modernen Informations- und Kommunikationstechniken erlauben auf unterschiedlichen Ebenen eine Verbesserung des Kommunikationsgeschehens. Zum einen durch eine verbesserte Präsentation während der Tagung für die Tagungsteilnehmer, des weiteren eine Erweiterung der Gruppe der Tagungsteilnehmer und zum Schluß eine verbesserte Darstellung der Tagungsergebnisse nach Ablauf der Tagung. Auf den ersten Aspekt soll hier nicht weiter eingegangen werden.

Die Gruppe der Empfänger der Nachricht läßt sich durch die moderne Telekommunikationstechnik wesentlich erweitern. Das klassische Business TV als 'Einweg-Kommunikation' gestattet die Übertragung an unterschiedliche Empfängergruppen, also eine Punkt-zu-Multipunkt-Übertragung. Probleme bereitet der Feedback-Kanal. Unmittelbares Feedback (z.B. spontaner Beifall) ist mit den heutigen Techniken kaum möglich. Erste Annäherungen an die Verbesserung der Rückkopplung sind Telefon- oder TV-Rückkopplungen während der Diskussionsphasen. Die B-TV-Sendung wird dann immer mehr zur Telekonferenz, zur virtuellen Tagung. Damit kann eine Tagung mit ihren Ergebnissen auch Interessenten erreichen, die nicht auf der Tagung anwesend sein können.

Tagungsergebnisse sollen aber nicht nur in der Zeit der Tagung selbst, sondern über einen längeren Zeitraum hinweg wirken, insbesondere um die Handlungsempfehlungen der Präsentationen zu erproben und kritisch zu überprüfen. Dies ist gewöhnlich in der Tagungszeit nicht leistbar, sondern erfordert eine 'dauerhafte' Publikation. Damit erstreckt sich die Idee der virtuellen Tagung über den eigentlich Tagungstermin längere Zeit hinaus. Dieses Ziel wird im Moment in der Hauptsache durch Printmedien erreicht. Wendet man das benutzte Kommunikationsmodell entsprechend an, so reduzieren die Printpublikationen den Rückmeldekanal, der Empfänger ist kaum noch bestimmbar, das Äquivalent der nonverbalen Kommunikation wird durch die Layoutvorschriften reduziert und verbale Kommunikation mit ihren Freiheiten und Feinheiten wird durch die stärker reglementierte geschriebene ersetzt.

In den letzten Jahren hat sich die Tendenz verstärkt, neben den Printmedien auch elektronische Medien - insbesondere als Disketten mit einem elektronischen Buch - einzusetzen. Elektronische Bücher eigenen sich bei der heute vorhandenen Bildschirmtechnik kaum zum Lesen und Durcharbeiten von Texten. Sie erlauben die (häufig vielleicht zu unkritische) Übernahme von Texten sowie Grafiken und unterstützen damit die Mehrfachnutzung von Information, sie eignen sich aber auch besonders dazu, Texte durch den Einsatz von Suchprogrammen auszuwerten, in einer Form, wie trotz Index ein 'normales' Buch kaum auszuwerten ist. Damit schließen sich die 'normalen' elektronischen Bücher kommunikationstheoretisch den Printmedien an.

Während von der Kommunikation her das Print-Medium und das elektronische Buch eher verwandt sind, weist Kuhlen[5]) auf die Differenzen hinsichtlich der Organisation des Wissens und der Bearbeitung des Wissens bei interaktiv gestalteten elektronischen Medien hin und hier insbesondere auf die interaktiven CD-ROM. Während im linear organisierten Printmedium der Zusammenhang eines Gedankenflusses durch die räumliche und damit sequentielle Zuordnung gegeben ist, können multimediale Systeme auf der Idee der Fragmentierung von Wissenseinheiten bei hoher Vernetzung dieser Einheiten beruhen. Die lineare Organisation in einem Printmedium wird in ein multimediales, nichtlineares Netzwerk einzelner Wissenseinheiten konvertiert und in Teilnetze eingebunden werden. Der spätere Nutzer der CD- ROM erarbeitet sich den Wissensstoff dann nicht mehr linear, sondern über navigationsartiges Browsing in einem komplexen Netzwerk.

Mit den Ansätzen von Kuhlen lassen sich aber die kommunikationstheoretischen Defizite nicht lösen. Der Nachteil der elektronischen Publikationen bei den kommunikationstheoretischen Betrachtungen läßt sich zum Teil durch eine wirklich multimediale Aufarbeitung beheben. Betrachtet man die heutigen elektronischen Bücher genauer, so ist der 'Multimedia-Anteil' sehr gering. Meist handelt es sich um einen elektronischen Text, mit einigen schönen Bildern und Grafiken. Dies liegt bei Disketten daran, daß der Speicherplatz einfach zu gering ist; bei den CD-ROM spielt das mangelnde Bewegtbildmaterial die wesentliche Rolle. Nimmt man eine Tagung als Grundlage der Publikation, so wird den Bildaufnahmen während der Tagung eine zu geringe Aufmerksamkeit geschenkt. Dabei ist dieses Material von großer Bedeutung, will man den wirklich 'virtuellen Kongreß' nach einer realen Tagung gestalten. Geht es hier doch darum, daß der Empfänger alle Kommunikationskanäle miterlebt und mitgestalten kann.

Das Problem des Feedback-Kanals bleibt natürlich bestehen. Ob man hier einige neue Wege gehen kann, indem man die Präsentationen auf ein Netz legt und dann Rückkopplungen an die Referenten erlaubt, oder eine Diskussionsgruppe im Netz ins Leben ruft, muß die Zukunft zeigen.

Bei der Planung des Einsatzes einer interaktiven CD-ROM als letzten Bestandteil einer 'virtuellen Tagung' ist auch zu bedenken, daß in vielen Zielgruppen, insbesondere in der Arbeitswelt noch keine multimediafähigen PC vorhanden sind. Dafür kann man davon ausgehen, daß ab 1995 alle für die Privathaushalte angeschafften PCs multimediafähig sind. Middelhoff[6]) schätzt, daß die (off-line) CD-ROM das Wachstumspotential der nächsten Jahre bilden. Aber nur wenn ein Mehrwert zum Print- oder Audioprodukt erreicht wird, läßt sich ein höherer Preis für die CD-ROM rechtfertigen. Die Off-Line CD-ROM wird mittelfristig abgelöst werden durch On-Line Angebote. Diese Multimediaentwicklung vor allem die CD-ROM Entwicklung in den nächsten Jahren wird die Zukunft sein. Deshalb haben wir uns für eine interaktive CD-ROM entschieden, bei der die Entwicklung bewußt an die Grenzen vorhandener PC-Technologie vorstößt. Auch wenn sich die Konfiguration des eingesetzten Rechners stark auf die Lauffähigkeit der Anwendung auswirken kann, sind wir der Ansicht, daß uns die technische Entwicklung in den nächsten 2 Jahren recht geben wird.

2.1 Gestaltung des Business TV[7])

Diese Überlegungen waren Grundlage für die Planung und Gestaltung des Telekommunikationseinsatzes und der Produktion der CD-ROM als Beilage zum gedruckten Tagungsbuch. Es soll hier nicht auf die Einzelheiten des Einsatzes der Kommunikationstechniken eingegangen werden. Sie sind bei Turowski und Seibold [8]), nachzulesen. Die B-TV Übertragung wurde auf den ersten Vormittag der Tagung beschränkt, um in einer solchen Erprobungsphase den Aufwand vertretbar zu halten. Die anderen Teile der Tagung einschließlich aller Arbeitskreise wurden dann nur noch mit Fernsehkameras aufgezeichnet.

Im Gegensatz zur klassischen eindirektionalen Bild- und Tonübertragung vom Entstehungsort des Progamms zu den Empfangsstationen (Punkt zu Multipunkt) des Business TV wurden zu bestimmten Tagungselementen Audiorückkanäle bzw. Vidoekonferenzleitungen geschaltet. So kam es in der virtuellen Tagung zu einem Wechsel zwischen der Einwegkommunikation während der Vorträge und Zweiwegkommunikation in den Diskussionszeiten wie auf einer normalen Tagung auch. Zusätzlich wurde die Veranstaltung um eine Vordiskussion, eine Expertenrunde während der Pause, eine Telekonferenz und eine Schlußdiskussion erweitert. An der Vor- und Schlußdiskussion sowie der Expertenrunde konnten die Tagungsteilnehmer ebenfalls beteiligt werden, so daß hier ein weiteres Angebot für die unmittelbar anwesenden Teilnehmer vorhanden war.

Damit entstand die Möglichkeit ausgewählte Vorträge live an mehreren Standorten zu empfangen, Interviews mit Experten aus Wissenschaft und Praxis zu erhalten und aktiv am Meinungs- und Erfahrungsaustausch teilzunehmen. Ausgewählt wurden zwei verschiedene Typen von Empfängern. Zum einen war die Frage, inwieweit sich B-TV in die Lehre an den Universitäten eingliedern läßt, d. h. inwieweit durch neue Medien eine 'Beschleunigung' des Transferprozesses von der Tagungspräsentation bis in die Lehre erreichen läßt, zum anderen ging es um unternehmensorientierte Entscheidungsträger, die aus unterschiedlichen Gründen an einer zweitägigen Tagung nicht teilnehmen würden, für die die Ergebnisse aber trotzdem von Interesse sein könnten. So haben das Institut für Allgemeine Psychologie der TU Dresden, eigene interdisziplinär zusammengesetzte Gruppe der Ruhr-Universität Bochum, die Universität Stuttgart, die Gewerkschaft ÖTV (Stuttgart und Magdeburg) und die Bundesvereinigung der Deutschen Arbeitgeberverbande in Köln live via Satellit die Berichte und Vorträge direkt aus dem Studio und den Tagungssälen empfangen können und nahmen aktiv an den Diskussionsrunden teil.

Zeit	Sendeort	zugeschaltete Gäste mit Rückkommunikation
08:30 - 09:00 Uhr	**Studio Berlin** mit Dr. Werner Gries (BMBF), C. Skarpelis (DLR-PT), Prof. Dr. Bullinger (FHG-IAO), H.-J. Turowsky (BTI)	Detlev Kran (BDA), Manfred Bartsch (ÖTV Sachsen-Anhalt Magdeburg), Prof. Dr. Franz Stuke (Lehrstuhl Medienpädagogik Ruhr- Universität Bochum)
09:00 - 10:30 Uhr	**Tagungsübertragung**	
10:30 - 11:00 Uhr	**Expertenrunde** mit Dr. Horst Soboll (Daimler-Benz AG), Prof. Dr. Ralf Reichwald (TU München)	Prof. Dr. Hacker (TU Dresden), Prof. Dr. Bernhard Zimolong (Arbeits- und Organisationspsychologie, Ruhr Universität Bochum)
11:00 - 11:45 Uhr	**Tagungsübertragung**	
11:45 - 12:15 Uhr	**Tele-Konferenz** im Plenum: Dr. Werner Gries, Prof. Dr. Bullinger, Dr. Soboll (Daimler Benz AG)	Prof. Dr. Maßberg, Prof. Dr. Abramowici (Ruhr-Universität Bochum), Herbert Mai (ÖTV Stuttgart), Detlev Kran, Rolf Ilg (Universität Stuttgart)
12:15 - 13:30 Uhr	Studie Berlin: **Zusammenfassung der Ergebnisse**: Dr. G. Ernst (DLR-PT)	Prof. Dr. Hacker. Rolf Ilg

Tabelle 1: Übersicht über den Ablauf der B-TV Sendung

Aus Tabelle 1 gehen die Zeitverteilung und die verschiedenen Elemente der B-TV Sendung (Studiogespräch, Tagungsübertragung, Telekonferenz) hervor. Das Element 'Studiogespräch' mit den Audiorückleitungen wurde an drei Punkten eingesetzt: als Einleitungs- und Abschlußelement sowie in der Pause. Ein belebendes Element dabei war, daß die Tagungsteilnehmer bei diesen drei Elementen als Studiogäste teilnahmen. Das Element 'Telekonferenz' wurde zum Abschluß der Plenumsvorträge eingesetzt. Dabei war die Ruhr-Universität Bochum in Form einer Videokonferenz mit dem Tagungsort verbunden, die anderen Teilnehmer mit einer Audiorückleitung. Im Rahmen interaktiven Elemente der Tagung stand ein professioneller Moderator zur Verfügung, der den Kommunikationsverlauf organisierte.

2.2 Ergebnisse des B-TV Einsatzes

Tabelle 2 zeigt die Zusammensetzung der Teilnehmer. Insgesamt konnten trotz der sehr kurzen Vorbereitungszeit ca. 90 Teilnehmer erreicht werden, das ergibt zusammen mit den Tagungsteilnehmern 360 Teilnehmer. Von den Tagungsveranstaltern wurde zunächst erwartet, daß die Universitäten dieses Medium zu Lehrzwecken einsetzen, da eine relativ große Anzahl von Studenten eingebunden werden können und die Präsentation von größter Aktualität ist. Die Chance, eine Tagung unmittelbar in den Lehrbetrieb einbinden zu können und damit die Lücke zwischen Forschung und Lehre weiter schließen zu können, wurde aber nicht genutzt. Die geringen Zahlen und die geringe Beteiligung von Studenten, insbesondere an der TU Dresden, belegen dies eindeutig. Dies hängt zum einen natürlich damit zusammen, daß auf Grund der kurzfristigen Planung der Tagung eine Einbindung in die Lehrveranstaltungsplanung nicht möglich war. Insgesamt war der Eindruck, daß die traditionelle Lehre dem angebotenen Medium etwas hilflos gegenübersteht, da der Einsatz eines solchen Mediums eine sehr starke zeitliche Flexibilität und auch Änderung des Stoffplanes erforderlich macht. Ein Grund dafür mag auch die Betonung der Kommunikation mit der Tagung in Berlin sein. Die heutigen Möglichkeiten einer Videokonferenz mit der entsprechenden Außenkommunikation sind nicht für eine auf Lehre orientierte Binnenkommunikation eingerichtet.

Die Verbände reagierten anders, indem sie wie in Köln Teilnehmer einluden, die die Möglichkeit zur Reise nach Berlin nicht hatten und die in ihrem Arbeitsfeld mit dem Thema 'Dienstleistung' beschäftigt waren. Der ÖTV gelang es mit diesem Medium hauptamtliche Funktionäre und Personalräte an der Tagung teilnehmen zu lassen, eine Gruppe, die ebenfalls 'normalerweise' nicht an solchen Tagungen teilnimmt. Dank des Business TV war es dem Vorsitzenden der ÖTV, Herbert Mai, auch möglich mit entsprechenden Statements unmittelbar in das Tagungsgeschehen einzugreifen.

Standort	Teilnehmerzahl	Teilnehmer	Rückkanal
Universität Bochum	ca. 10	Professoren und Experten verschiedener Fakultäten	Video-Konferenz
Universität Dresden	ca. 05	Professor Hacker/ Studenten	Telefon-Konferenz
Universität Stuttgart	ca. 15	Wissenschaftler/ Studenten	Videokonferenz
ÖTV Stuttgart	ca. 20	Hauptamtliche Funktionäre, Personalräte	Telefonkonferenz
Bundesverband der Deutschen Arbeitgeberverbände, Köln	ca. 30	Mitgliedsverbände, Arbeitskreise, Nichtmitglieder	Telefon-Konferenz
ÖTV, Magdeburg	ca. 10	Hauptamtliche Funktionäre, Personalräte	Telefon-Konferenz

Tabelle 2: Übersicht über B-TV Teilnehmer

Insgesamt wird der Einsatz des B-TV von den Beteiligten als positiv eingestuft. Der (technische) Aufwand am Empfangsort wurde von allen Teilnehmern als relativ gering eingeschätzt. Obwohl die im Medium liegenden Chancen kaum genutzt wurden und den Teilnehmern für die Übertragung keine Kosten entstanden, wurde dem Kostenargument in der Schlußbewertung besonderes Gewicht beigemessen. Dabei ist die Kosten-Nutzen-Relation nur äußerst schwierig abzuschätzen. Die Kosten zur Aufstellung eines Satelliten-Down-Links sind nicht hoch, ebenso die Kosten für die Telefonrückkanäle. Unklar ist, welche Gebühren die Tagungsorganisatoren in der Zukunft für die Übertragung der Tagung verlangen. Doch die Kosten werden die überragende Rolle nicht spielen. Für die Universitäten - wahrscheinlich nicht für die staatlichen deutschen mit ihren Haushaltsreglementierungen - wird es zu einem Qualitätsmerkmal werden, die Ergebnisse aus der Forschung und Praxis sehr schnell in die Lehre einzubringen. Das bedingt natürlich auch Veränderungen in der Lehrplanung und im Aufbau der Lehrveranstaltungen. Hier liegen aber bisher kaum Erfahrungen vor. Für die Betriebe wird es eine Frage der Personalentwicklung und damit auch der Kundenfreundlichkeit sein, ob sie neben den bisherigen Einsätzen B-TV auch zur Übertragung von Veranstaltungen nutzen, um möglichst rasch auf dem neuesten Stand zu sein.

2.3 Die Interaktive CD-ROM[9]

Die Gestaltung der CD-ROM wurde vom Gedanken der nutzergesteuerten Gestaltung eines virtuellen Kongresses bestimmt. Der Benutzer kann eine Kurzeinführung zum Thema erhalten (ca. 5 minütige Präsentation), man kann sich zu bestimmten Themen die entsprechenden Beiträge anschauen, oder umgekehrt eine Suche nach Referenten durchführen, oder eine ausführliche Indexsuche betreiben. Mit diesen Hilfsmitteln kann sich der Nutzer z.B. eine eigene 'Statement-Reihe' unterschiedlicher Referenten zu einem Thema zusammenstellen, er kann also seine eigene Tagung gestalten. Daneben kann er im elektronischen Buch eine Volltextsuche durchführen und entsprechende Ausschnitte kopieren. Dabei mußte aus Speichergründen auf eine Übernahme der Grafiken verzichtet werden. Als weitere Möglichkeit werden Informationen über die Veranstalter der Tagung bereitgestellt. Als weitere Funktionalitäten stehen eine Druckfunktion, eine audiovisuelle Hilfe und die Endefunktion zur Verfügung.

Alle diese Anwendungen werden durch entsprechende multimediale Präsentationen (mindestens Redeausschnitt, Standbild, in der Hauptsache Videosequenz mit entsprechender Grafik oder Text) unterstützt. Die Text- und Videoausschnitte basieren auf einer Sichtung und Auswertung von über 50 Stunden Videomaterial der Tagung. Dabei wurden die Videosequenzen daraufhin ausgewählt, ob sie inhaltlich relevant und formal in Ordnung sind. Dort wo keine akzeptable Videosequenz zur Verfügung stand, wurde ein Standbild vorgesehen.

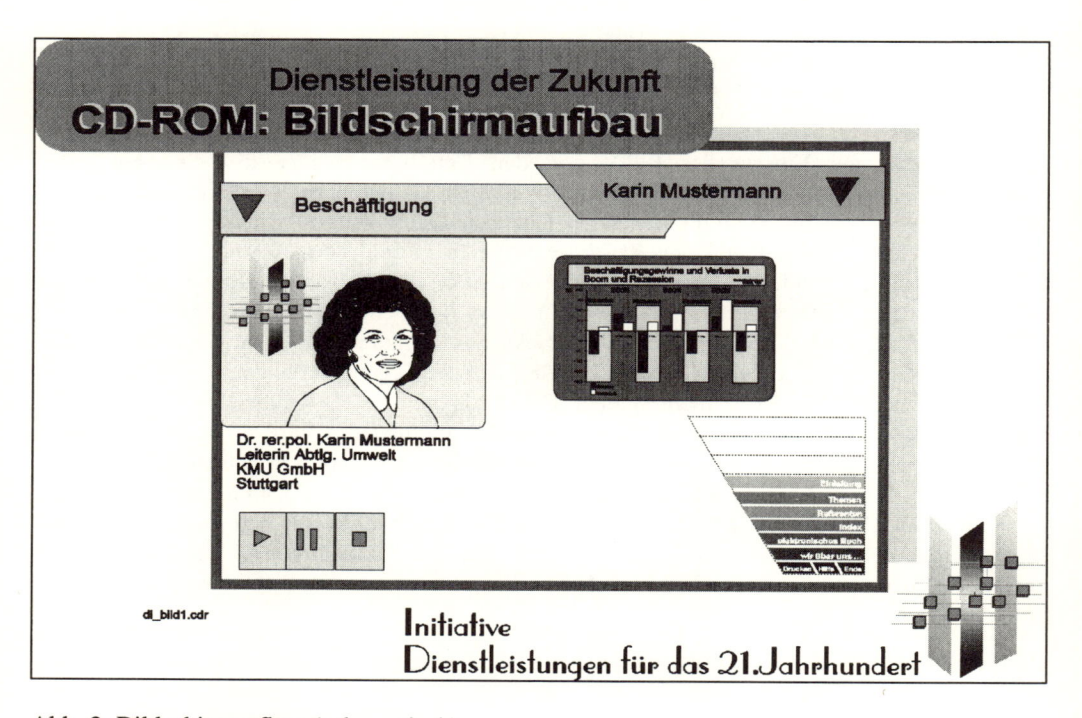

Abb. 2: Bildschirmaufbau (schematisch)

Abbildung 2 zeigt den typischen Aufbau eines Bildschirms. Oben die beiden Balken zur Anwahl des Themas bzw. des Referenten. Die Balken klappen bei Anwahl in Form eines Drop-Down Menüs auf. Im linken Teil das Feld mit der bildlichen Wiedergabe des Referenten entweder als Video- oder als Standbild. Darunter eine Kurzbeschreibung des Referenten. Darunter wiederum die drei Schaltelemente um die Präsentation zu starten, zu unterbrechen oder abzubrechen. Im rechten Bildteil werden Textelemente oder Grafiken eingeblendet, um die Aussage des Referenten zu unterstützen. Im rechten unteren Bildteil befindet sich das verkleinerte Hauptmenü, das hier jederzeit zur Verfügung steht. Sobald der Mauszeiger auf das Rautensymbol gerichtet wird, vergrößert es sich automatisch und steht für die weitere Navigation zur Verfügung.

Es gibt keine systematische erarbeiteten Ergebnisse zum Einsatz der CD-ROM. Die Installation der CD-ROM scheint auf den Rechnern ohne Schwierigkeiten abzulaufen. Die recht einfache Benutzerführung wird für ausbaufähig eingeschätzt. Die Such- und Druckfunktion, die als Standardsoftware eingebaut wurden, kann weiter verbessert werden. Einige Nutzer empfinden die audiovisuelle Hilfe, die eher eine audiovisuelle Einführung darstellt, als zu aufwendig und fordern eine 'normale' textgestützte Hilfe. Schwierigkeiten tauchen bei Problemen der Kompatibilität mit der Hardware (Soundkarte, Grafikkarte, Bildschirm) auf. Kritik wird daran geübt, daß die Grafiken im elektronischen Buch aus den o.a. Gründen nicht eingebunden sind. Dabei muß jedoch immer wieder berücksichtigt werden, daß die CD-ROM im Grunde als Add-On zum Print-Medium Buch vorgesehen war. Sie hat eine gewissen Einführungsfunktion in die Themen und eine 'Bekanntmachungsfunktion' mit dem Referenten, sie ersetzt nicht das Lesen des Buches, unterstützt aber das Verstehen. Manche Nutzer 'gestehen' auch, daß das Zuschauen und Zuhören Spaß macht.

3 Hinweise für die Zukunft

Es ist schwierig auf Grund des heutigen Kenntnisstandes allgemein gültige Hinweise für die Gestaltung zukünftiger 'multimedialer' Tagungen zu geben, da dies sehr stark von den Zielsetzungen der Organisatoren, der Referenten und der Teilnehmer abhängt. Wesentlich ist zunächst, daß B-TV die räumliche Präsenz von Referenten nicht mehr notwendig macht. Es ist möglich, spezielle Referenten, die aus Zeit- oder Kostengründen nicht an der Tagung teilnehmen können, per B-TV in der Tagung zu verankern. Damit erweitert sich das Spektrum der Tagung.

Damit verbunden ist auch, daß die Interaktivität einer Tagung - heute schon ein sehr schwieriges Thema - neue Dimensionen erreicht. Es gilt ja nicht mehr nur die Teilnehmer am Tagungsort selbst, sondern auch an den Satellitenstandorten zu beteiligen.

Neben der Gestaltung der Tagung muß auch der Gestaltung der Präsentation an den Satellitenstandorten besondere Bedeutung zugemessen werden. Dabei gibt es zwei Herangehensweisen: Zum einen kann die Satellitenpräsentation nur an die Tagung angebunden sein, die Teilnehmer sind dann virtuelle Tagungsteilnehmer. In diesem Fall ist die Tagungsorganisation aus Gründen der Erhöhung der Tagungserlöse oder aus Gründen der möglichst raschen Verteilung der Tagungsinformation an möglichst vielen Rezipienten interessiert. Zum anderen kann die Tagung in eine Handlungssequenz am Satellitenstandort eingebunden sein. Richtig betrachtet wäre dann die Tagung der Satellit. Es solcher Fall kann eintreten, wenn ein Lehrender daran interessiert ist, möglichst rasch wissenschaftliche Ergebnisse in sein Lehrprogramm einzubinden. Welcher Blickwinkel adäquat ist und welche methodischen Schritte zu ergreifen sind, muß vorab geprüft werden. Diese Aussage gilt auch für die Gestaltung der "Rück"-kommunikationskanäle. Es kann je nach Zielsetzung sehr gut möglich sein, auf die Rückkommunikation zur Tagung zu verzichten und das Schwergewicht auf die Binnenkommunikation zu legen.

Die CD-ROM hat als Medium mit einem großen Speichervolumen in den nächsten Jahren sicher noch eine Zukunft. Unlösbar erscheint bei ihr der Aspekt der Rückkopplung zwischen Rezipienten und Referenten. Hier eröffnen sich mit dem weiteren Ausbau der Netze sicher völlig neue Möglichkeiten. Es tun sich völlig neue Formen der Präsentation und des Feedback auf, die bald Gegenstand von Experimenten und Erprobungen werden sollten.

4 Literatur

[1] **Bullinger, H.J.**, Dienstleistungsmärkte im Wandel - Herausforderung und Perspektive, in: Bullinger, H.-J. (Hrsg.): Dienstleistung der Zukunft, Wiesbaden, 1995, S. 45ff.

[2] **Bullinger, H.-J.** (Hrsg.): Dienstleistung der Zukunft, Wiesbaden, 1995

[3] weitere Einzelheiten: G. Ernst, C. Kasten: Dienstleistung als Zukunft; WSI-Mitteilungen, Bd. 49, S. 89-95, 1996

[4] **B. Fittkau, F. Schultz von Thun**: Psychologische Vorgänge in der zwischenmenschlichen Kommunikation, in: B. Fittkau, H.-M. Müller Wolf und F. Schulz von Thun: Kommunizieren lernen (und umlernen), Westermann Braunschweig, 1977, S. 9-101

[5] **Kuhlen, R.:** Wissensmanagement - Mittler in elektronischen Märkten, in: Bullinger, H.-J. (Hrsg.): Dienstleistung der Zukunft, Wiesbaden, 1995, S. 148 - 164

[6] **Middelhoff, T.:** Globale Informationsstrukturen und neue Märkte, in: Bullinger, H.-J. (Hrsg.): Dienstleistung der Zukunft, Wiesbaden, 1995, S. 24ff.

[7] Die Durchführung und Organisation der Maßnahmen lag in Händen des FhG-Instituts für Arbeitswirtschaft und Organisation, Stuttgart, hier insbesondere bei Frau Gudrun Wiedmann.

[8] **H.J. Turowsky und H.-J. Seibold**, Business Televison als Dienstleistung für die Tagung, in: Bullinger, H.-J. (Hrsg.): Dienstleistung der Zukunft, Wiesbaden, 1995, S. 655-666

[9] Die Konzeption und Gestaltung der CD-ROM lagen in Händen des FhG-Instituts für Arbeitswirtschaft und Organisation, Stuttgart, hier insbesondere bei Frau Gudrun Wiedmann und der Multimedia Software GmbH, Dresden.

Vom klassischen Mercedes-Benz Instruktor zum Moderator von BTV-Schulungen
Interview mit Willi Kaufmann

Vom klassischen Mercedes-Benz Instruktor zum Moderator von BTV-Schulungen

Das Fraunhofer-Institut IAO[1] im Gespräch mit Willi Kaufmann, Leiter des AKUBIS[2]-Studios und der AKUBIS-Produktionen bei Mercedes-Benz

Mercedes-Benz führt seit etwa vier Jahren Kundenserviceschulungen über BTV durch und brachte dadurch BTV-Sendungen in die „Klassenzimmer". Das Gespräch mit dem Leiter des AKUBIS-Studios soll beleuchten, welche Veränderungen im Schulungsbereich aus Sicht eines ehemaligen Instruktors damit verbunden sind.

Tradition versus BTV

IAO:
Ist die Zeit der traditionellen Schulung vorbei?

Kaufmann:
Sicher nicht. Aber die Entwicklungszeiten für neue Produkte haben sich gegenüber früher halbiert. Benötigte ein Modell früher acht bis zehn Jahre sind es heute vier bis sechs Jahre. Das Endprodukt ist oft erst wenige Tage vor Markteinführung abgreifbar. Wegen der wenigen vorhandenen Modelle erfolgte die Schulung daher früher anhand von Vorserienfahrzeugen. Um hier im Händler- und Kundenservice schnell und realitätsnah reagieren zu können, ist der Einsatz von BTV absolut notwendig geworden.

Schulungsablauf

IAO:
Sie waren früher Instruktor und kennen die Lernprozesse einer traditionellen Schulung. Inwieweit haben sich die Lehrbedingungen für Sie geändert? Ich denke insbesondere an den Aufbau und den Ablauf einer Schulung.

Kaufmann:
Die Änderungen liegen ganz stark in der Vorbereitungsphase. BTV-Schulungen müssen viel detaillierter vorbereitet werden. Während im konventionellen Unterricht vieles durch Routine überspielt werden kann, Pausen zwischendurch oder Programmänderungen, muß bei BTV selbst der Leerlauf vorbereitet sein. Hier muß man sich stark an den Sendeablauf halten von der Stellprobe bis zu minutiös vorgegebenen Ablaufschritten. Wenn z.B. Modelle gezeigt werden sollen, die nicht im Sendeplan vorgesehen sind, ist das immer mit einer gewissen Aktion verbunden. Da muß ein Kameramann die Kamera vom Stativ nehmen, hingehen, einrichten, Licht einstellen, ausrichten, bevor die Regie das Bild übernehmen kann. Dabei entsteht dann Leerlauf, den ein Instruktor moderieren muß.

---

[1] Das Gespräch führte Frau Martina Schäfer.
[2] AKUBIS (**A**utomobil-**K**undenorientiertes-**B**roadcast-**I**nformation-**S**ystem) ist die BTV-Anwendung der Mercedes-Benz Marketing Academy

BTV-Situation

IAO:
Wie läßt sich eine BTV-Situation beschreiben, wenn man diese einem außenstehenden Instruktor oder Tutor klarmachen wollte?

Kaufmann:
Der größte Unterschied, den jeder Instruktor empfindet ist, daß der richtige Bezug zum Teilnehmer fehlt, da der persönliche Blickkontakt nicht gegeben ist. Der einzige Bezug ist das Rückbild. Ansonsten besteht nur der Bezug zur Kameralinse. Der Instruktor muß daher die Teilnehmer im Unterbewußtsein wahrnehmen. Dagegen hat der Teilnehmer draußen das Gefühl, daß der Instruktor ihn direkt anspricht. Wichtig dabei ist: wenig Hollywood und viel Information. Zuviel Unterhaltungseinlagen werden eher übel genommen. Der Teilnehmer legt Wert auf Informationen, die ihm weiterhelfen in seiner persönlichen Arbeit. Unterhaltung und Show will man nach der Arbeit.

Akzeptanz

IAO:
Wie hat man die anfänglichen Akzeptanzprobleme bei den Teilnehmern in den Griff bekommen?

Kaufmann:
Die Akzeptanz steht und fällt mit dem live-Charakter. Der Teilnehmer erwartet dort den Fachmann aus dem jeweiligen Bereich. Ein professioneller Moderator wird nicht akzeptiert. Die Detailfragen, die anfallen, erfordern Spezialisten. Das Wissen und das Gefühl, daß dort auch der Spezialist steht, der diese Fragen korrekt beantworten kann, war ausschlaggebend für die Annahme von BTV. Desweiteren gibt es einen Informationsbeauftragten vor Ort, der den eher „Schüchternen" die Fragestellung abnimmt. Darüber hinaus wird weitgehend auf homogene Gruppen geachtet, d. h. Personen, die sich kennen und miteinander zu tun haben. Auch die Kamerasteuerung trägt dazu bei: z.B. keine Großformate von den Fragenden sondern eher die Totale des Schulungsraumes, um den Teilnehmer in der Sicherheit der Gruppe zu lassen. Teilweise wird auch der Fragende ausgeblendet, um ihn nicht zu verunsichern. Dies hat alles dazu beigetragen, die anfänglichen Hemmschwellen zu überwinden, so daß wir heute eine hohe Akzeptanz erreicht haben.

Lernbetrieb

IAO:
Es kommt in einem Bildungs- und Qualifizierungsprogramm vor allem auf eine „attraktive Mischung" an, um die Lernwilligkeit von Menschen zu steigern. Damit verbunden muß BTV in ein Schulungspaket eingebunden sein. Läßt sich grob strukturieren, wieviel BTV ist notwendig, hinreichend bzw. maximal auszuhalten? Und wie ist BTV in den gesamten Lernbetrieb eingebunden? Sind es

eher eigenständige abgeschlossene Themenbereiche oder läßt sich BTV mit den anderen, teilweise sicher noch herkömmlichen Schulungsmethoden verknüpfen?

Kaufmann:
Wir haben drei Säulen: es gibt bei uns das konventionelle Training mit circa 80 Prozent, dann BTV mit derzeit 13 Prozent. Es soll bis zu 30 Prozent ausgebaut werden und es gibt die dritte Säule, das ist das CBT. Im konventionellen Training geht es um den praktischen Teil, das Learning by doing am Fahrzeug und bei CBT um grundlegende Systeme, die elementar gleich sind und langfristige Gültigkeit besitzen, wie z.B. das Prinzip einer Klimaanlage. Bei BTV geht es um die aktuelle Wissensvermittlung und schnelle flächendeckende Verbreitung, z.B. werden in 9 Tagen 2500 Teilnehmer geschult. Das wäre bei konventionellen Schulungen vom Zeitfaktor und der Menpower nicht möglich. Die Schulungsinhalte werden in diese Dreiteilung klassifiziert.

BTV-Instruktor

IAO:
Im Fernsehen werden Moderatoren ja insbesondere nach ihrer Medienpräsenz ausgewählt. Kann jeder „normale" Instruktor zum BTV-Instruktor werden?

Kaufmann:
Die Erfahrung zeigt, daß es prinzipiell sicher jeder machen kann, aber es ist nicht jedermanns Sache. Es gehört schon auch eine Art „Kameraverliebtheit" dazu. Es ist notwendig, die Bindung zur Kamera aufzubauen. Da die Situation eher anonym ist, wird die Kamera sozusagen zum einzigen Freund im Raum, der Rest ist viel Technik.

persönliche Betreuung

IAO:
Die Vorzüge eines Seminars mit der Möglichkeit zur Gruppenarbeit und personalisierten Betreuung durch den Instruktor gehen durch BTV weitgehend verloren. Kann dies durch andere Lernformen aufgefangen werden?

Kaufmann:
Man baut in der traditionellen Schulung die zwischenmenschlichen Beziehungen natürlich schneller auf. Da weiß ich in den ersten zehn Minuten, wie kann ich die Teilnehmer erreichen. Da gibt es keine lange Aufwärmphase und Eingewöhnung, was aber nicht zuletzt damit zusammenhängt, daß die Teilnehmer seit Jahren zu uns kommen und wissen, was sie erwartet. Das ist bei BTV etwas anders. Da steht am Anfang das Abwarten von draußen, nach dem Motto: was kommt auf mich zu. Die persönliche Atmosphäre ist aber bei unseren Zielgruppen nicht so sehr ausschlaggebend, um das Ziel der Wissensvermittlung zu erreichen. Wenn man den Trainingscharakter miteinbezieht, dann ist es wichtig, daß man den Teilnehmer abholt. Daher arbeiten wir bei BTV ja auch mit dem Verbund von Medien und der Vielfalt in den eingesetzten Methoden -kleine Blöcke mit

Sendesequenzen, Praxisblöcke und Aufgabenstellungen-. Man muß das Interesse wecken und den Teilnehmer bei der Stange halten.

Interaktivität

IAO:
Die Interaktivität in BTV-Sendungen ist gemessen an traditionellen Schulungen vergleichsweise gering möglich. Kann ein Instruktor Einfluß darauf nehmen, damit nicht das Gefühl entsteht, daß jemand mit seinem Beitrag zu kurz gekommen ist?

Kaufmann:
Es ist festzustellen, daß im ersten Viertel einer Sendung viele Fragen anstehen und eine große Warteschleife aufläuft. Nachdem die ersten Fragen dann beantwortet sind, stellt man fest, daß die Fragen sehr schnell ausgehen. Das heißt, Fragen sind gleich und ähneln sich oder kommen aus derselben Richtung. Die vieldiskutierte Individualität von Fragen und Feedback ist bei Fachthemen doch relativ gering. Problemfelder sind evident und beschäftigen eine Vielzahl von Personen. Damit kann man diese schon im Vorfeld bündeln.

Sendesteuerung

IAO:
Eine wesentliche Aufgabe des Instruktors ist es, die Steuerung der Schulung zu übernehmen. Wird ihm bei BTV diese Steuerung von der Redaktion aus der Hand genommen?

Kaufmann:
Vor der Sendung ist das Zusammenspiel zwischen Fachinstruktor, Redaktion und Regie wichtig, wobei Redakteur und Regisseur die Vorbereitung steuern. Während der Sendung ist es der Instruktor, der im vorbereiteten Rahmen agiert, aber auch spontane Aktionen einmischen kann und somit die Sendung steuert. Er soll sich weitgehend auf die Vermittlung von Fachwissen konzentrieren, den Hintergrund vergessen, und er kann sich darauf verlassen, daß die Kamera ihn dabei einfängt, auch wenn er mal den „falschen" Weg geht oder in die andere Kamera schaut.

Lernstruktur

IAO:
Gelingt es dem Instruktor bei BTV-Sendungen noch, die Übersicht über die Lernstruktur der Teilnehmer zu behalten?

Kaufmann:
Sie können sich vorstellen, daß es fast nicht möglich ist, in der Kürze der Zeit ca. 300 Schulungsteilnehmer in ihrer Lernstruktur zu erfassen. Das ist anders als im kleinen Seminarumfeld mit etwa 20 Teilnehmern. Was man feststellen kann, ist eine regionale Lernstruktur, d. h. man erkennt nach einer gewissen Zeit die

Stärken und Schwächen von Gruppen z.B. bei der Münchener-Gruppe oder den Hamburgern. Das hängt sicher auch damit zusammen, daß die Gruppen homogen und gemeinschaftlich auftreten möchten.

Lernniveau

IAO:
Inwieweit können Ausgangsqualifikationen und unterschiedliche Lernniveaus berücksichtigt werden?

Kaufmann:
Hierzu werden Vorabtests durchgeführt. Wir senden dazu entsprechend vorbereitete Lernvideos mit einem Fragekatalog, der beantwortet und ausgefüllt zurückgesendet werden muß. Aufgrund der Auswertung wird dann entschieden, wer an den Sendungen teilnehmen darf. Die Voraussetzungen sind somit bei den Teilnehmern der Sendung weitgehend von gleichem Niveau. Diese Tests sind vor allem erforderlich, wenn Sendungen zu gesetzlich geforderten Schulungsblöcken durchgeführt werden, um beispielsweise ein Euro-Zertifikat zu erwerben. Prüfungen über BTV haben wir noch nicht durchgeführt.

Schulungskonzept

IAO:
Im Zusammenhang mit Qualifikation wird immer von verschiedenen Wissenstypen gesprochen. BTV unterstützt insbesondere den visuellen Typ. Wie kann den anderen Typen gerecht werden?

Kaufmann:
Dazu ist BTV in das bereits genannte Schulungsgesamtkonzept eingebunden. Ein Teil wird durch CBT vermittelt. Dabei geht es vor allem um Selbstlernkurse. Bei CBT-Programmen werden bewußt Inhalte ausgewählt, die Grundlagenwissen vermitteln, das in einem Selbstlernprozeß auch vermittelt werden kann. Wenn zu viele Fragen damit verbunden sind, wird das Medium nicht mehr angenommen. Dann greift man lieber zum Telefon oder fragt die Kollegen. Daher geht man bei aktuellem Wissen, das noch viele Fragen aufwirft mit dem Medium BTV vor. Diejenigen, die es erst begreifen durch eigenes Tun, für die gibt es ja auch die praktische Anteile am Fahrzeug.

klassische Medien

IAO:
Welche Rolle spielen bei BTV-Schulungen noch die klassischen Medien wie Overhead, Flipchart und Metaplan?

Kaufmann:
Wir setzen eine Reihe von Medien ein, die auch schon in der klassischen Schulung eingesetzt werden z.B. Dokumentenkamera als Overhead oder Handbücher, in denen gemeinsam gearbeitet wird. Modelle können sogar noch besser gezeigt

werden, da alle Teilnehmer in der ersten Reihe sitzen und denselben Blick darauf haben. Metaplan oder Flipchart dagegen sind eher dem begleitenden Unterricht, der ja nach wie vor stattfindet, vorbehalten. Genauso das Learning by doing, nämlich direkt am Fahrzeug.

Lernmaterial

IAO:
Nun zu den Lerninhalten und dem Material. Die Kürze von Schulungssendungen erfordert sicherlich eine Konzentration der Inhalte auf das Wesentliche. Wie lassen sich die bislang in traditionellen Seminaren eingesetzten Lernkurse verwenden?

Kaufmann:
Die Aufbereitung vorliegender Inhalte hat sich grundsätzlich geändert. Das Material wird entsprechend der oben genannten Dreiteilung der Schulung entwickelt, produziert und angepaßt. Für die BTV-Sendungen heißt das, in der Kürze liegt die Würze. Das Material, das produziert wird, muß schnell und flexibel in den Sendungen eingesetzt werden. Dabei kommt es schon mal vor, daß man die eine oder andere Sequenz mehr produziert, wenn man sieht, daß man dies dann auch für CBT-Anwendungen verwerten kann und sonst keinen erheblichen Mehraufwand hat.

Multimedialität

IAO:
Ein wesentlicher Anspruch von Lernmaterial über BTV besteht in der Multimedialität. Bedeutet das in vielen Fällen eine Neuproduktion von Schulungsinhalten mit neuen Medien?

Kaufmann:
Es ist nicht ungewöhnlich, wenn man nach angelaufenen Sendungen feststellt, daß bestimmte Sachverhalte anders aufbereitet oder dargestellt werden müssen. Dann tun wir das auch in einer Ergänzungs-Produktion. Das kann man sich so vorstellen: das Grundprogramm und der Ablauf stehen zum Zeitpunkt der Sendung in den wesentlichen Teilen, damit sind einzelne Filmsequenzen mit Animationen oder speziellen Situationsdarstellungen vorproduziert. Derartige Lernfilme sind aber nichts neues, die wurden auch früher schon in den „Klassenzimmern" eingesetzt.

Aktualisierung

IAO:
Mehr noch: erfordert die hohe Aktualisierungsnotwendigkeit der Inhalte eine ständige Aufbereitung?

Kaufmann:
Da das Programm live ist, bekommt man ziemlich schnell mit, welche Änderungen und Anpassungen notwendig werden. Diese werden bereits in der nächsten Sendung miteingebaut. Aus Fragestellungen kommen oftmals Umstellungsnotwendigkeiten. Das bedeutet für die Instruktoren natürlich: nach der Sendung ist der Tag noch nicht gelaufen.

Schulungssituationen
IAO:
Welche Schulungssituationen sind besonders gut geeignet, um über BTV abgewickelt zu werden z.B. Hotline, Schadensbesprechung, Diagnose, Präsentation, Expertengespräche, Erfahrungsaustausch?

Kaufmann:
Wir wählen sogar eine Mischung aus den genannten Punkten. Das sieht dann so aus, daß man morgens eine Hotline aufbaut. Dort können beliebige Fragen gestellt werden, die dann gesammelt und gebündelt werden. Am Nachmittag werden diese Fragen dann von Experten beantwortet. Der Vorteil von BTV ist, daß man mehrere Experten hinzuziehen kann und damit ein breites Spektrum an Kompetenz zur Verfügung hat. Während im klassischen Unterricht vor allem die starken Seiten des jeweiligen Instruktors dominieren, vieles dabei zwangsläufig unbeantwortet bleiben muß. Darüber hinaus gibt es auch Expertengruppen, die ein Thema diskutieren, das bis hin zur Diagnose am Fahrzeug gehen kann, wenn es direkt notwendig ist. Das ist nicht vorgeplant oder einstudiert. Dazwischen finden auch Präsentationen statt. Eine typische Schulungssituation gibt es so gesehen nicht mehr. Die Möglichkeiten der Medien, der Anwendungsformen und des Zusammenspiels zwischen Fachbereich, Redaktion, Regie und Produktion lassen eine Vielfalt an Schulungssituationen kreieren aber auch spontan entstehen.

Schulungsqualität
IAO:
Geht man davon aus, daß die Möglichkeiten der Visualisierung von Schulungsinhalten mit BTV wachsen und gleichzeitig die Aktualität der Inhalte steigt. Kann aus Sicht des Instruktors damit von einer Verbesserung der Schulungsqualität gesprochen werden?

Kaufmann:
Grundsätzlich ist eine inhaltliche Verbesserung der Schulung zu verzeichnen. Die Teilnehmer draußen bekommen genau das vermittelt, was für ihre aktuelle Arbeit notwendig ist und vor allem schon vorzeitig um rechtzeitig agieren zu können. Das wird sehr hoch eingeschätzt. Sie kennen sicher selbst das Gefühl, wenn der Kunde schon mehr weiß wie Sie, dann wird der Kundenservice zur Tortur. Sie fühlen sich im Hintertreffen. Durch BTV ist man immer den entscheidenden Schritt schneller.

Massenschulung

IAO:
Das hohe Leistungsvermögen von BTV-Sendungen, nämlich zur gleichen Zeit, weit verteilte Standorte und eine große Anzahl an Teilnehmern versorgen zu können, ist auf den ersten Blick bestechend und müßte für viele Unternehmen ein wesentlicher Grund sein, ihre Schulungsprogramme neu auszurichten. Birgt diese Art von „Massenschulung" auf der anderen Seite aber nicht auch die Gefahr von Oberflächlichkeit und Mittelmaß?

Kaufmann:
Was besonders wichtig ist, daß die Instruktoren und Moderatoren es schaffen, die Teilnehmer in die Sendung einzubinden und zu beschäftigen. Es darf kein Fernsehgefühl entstehen des Zurücklehnens und der „Berieselung". Das ist eine Fähigkeit, die über die Moderationskompetenz zum Beispiel. von Fernsehmoderatoren hinausgeht. Es kommt nicht darauf an, ob jemand rhetorisch genial ist, oder einen Sprachfehler hat. Wichtig für die Teilnehmer ist, daß man die Distanz verliert. Das ist dann eher eine Kombination aus Medienkompetenz und Didaktik, dabei spielen auch psychologische Momente eine Rolle. Dafür gibt es sicherlich noch keinen Ausbildungsgang.

Flexibilität, Teamgeist, Kooperation

IAO:
Die Flexibilität, schnell neue Schulungsinhalte zu vermitteln oder im Unternehmen schnell die neuesten Produkt-News bekannt zu geben, ist eigentlich ein unschätzbarer Wert, um ein Unternehmen lernfähig zu halten. Sicher erfordert dies auch sehr flexible Mitarbeiter mit hohem Teamgeist und Kooperationskompetenz. Muß man dahingehend erst geschult werden oder lernt man schnell damit umzugehen? Wie sind Sie persönlich dabei vorgegangen?

Kaufmann:
Was unsere Instruktoren, die über BTV schulen als erstes machen müssen, ist ein Moderatorenkurs. Dabei lernt man mit der Technik im Raum umzugehen und die wesentlichen Punkte zu beachten, wie z.B. immer in die richtige Kamera schauen, die Haltung von Modellen in die Kamera, die Überbrückung von Zeiten, in denen Lichteinstellungen vorgenommen werden müssen. Da die Sendungen live sind, sind die Fragen unkalkulierbar, das wenigste läßt sich vorher einstudieren. Das bedeutet, man muß die Sendungen im Team vorbereiten, man muß in der Sendung aufeinander abgestimmt sein, um auch mal schnelle Wechsel durchzuziehen. Änderungen von Sendungen machen manchmal Arbeitszeiten bis in den späten Abend hinein erforderlich, um am nächsten Tag bereits mit der neuen Sendung starten zu können. Für BTV-Instruktoren gibt es keine Regelarbeitszeit mehr. Sie müssen sehr flexibel und kooperativ sein und mit dem Fach- als auch Produktionsteam zusammenarbeiten können. Das ist ein Lernprozeß, den auch ich durchgemacht habe.

didaktisches Konzept
IAO:
Als Tutor oder Instruktor lernt man ja auch, insbesondere didaktische und gruppendynamische Komponenten in Lernkursen unterzubringen, um die Lernfähigkeit und -begeisterung zu steigern. Sind über BTV neue didaktische Konzepte erforderlich, da man ja sozusagen im Scheinwerferlicht in der Unternehmensöffentlichkeit steht und sich nicht verstecken kann?

Kaufmann:
BTV ist auf der einen Seite anonym und andererseits „muß man oft die Hosen runter lassen". Das heißt, das was gesagt wird, steht erstmal so da. Anders wie hinter geschlossenen Türen eines Seminars, erkennt man die Schwächen von Instruktoren und Moderatoren sofort. Man kann auch nichts wiederholen oder Gesagtes rausschneiden. Man sollte menschlich bleiben, mit allen Stärken und Schwächen. Das kommt am allerbesten an. Versuche, Dinge zu überspielen oder gerade zu biegen, mißlingen meist, man wird durchschaut. Da man bei uns aber nicht auf einen anderen Sender zappen kann, führt das zwangsläufig zu Akzeptanzverlusten. Wir sind zwar nicht an Einschaltquoten interessiert, aber an zufriedenen Kunden. Bei BTV steht nicht die Didaktik der Massenmedien sondern des Fach- und Expertenmediums im Vordergrund.

qualifikatorische Anforderungen
IAO:
Wenn Sie heute bilanzieren müßten: Aufgrund Ihrer langjährigen Erfahrung auch mit anderen Kollegen und Instruktoren haben Sie sämtliche Stärken und Schwächen im BTV-Schulungsprozeß gesehen. Wie würden Sie die qualifikatorischen Anforderungen an einen BTV-Instruktor zusammenfassen?

Kaufmann:
Neben dem fachlichen Wissen sind inbesondere ein hohes Maß an medientechnischem Verständnis, Medienkooperation im Produktionsteam und Medienpräsenz zur Wissensvermittlung mittels Kamera und Telekommunikation erforderlich. Sie sollten wissen, wie eine Filmproduktion abläuft. Da Instruktoren viel mit Modellen arbeiten, sollten sie eine grobe Vorstellung davon haben, was eine Kamera aufzugreifen und zu zeigen fähig ist. Etwas sollte man auch über Farben und Licht verstehen, insbesondere da in der Technik vor allem im Motor nahezu alles schwarz ist. Das ist für die Darstellung immer ein Problem. Desweiteren müssen die Arbeitsrollen zwischen Fachmoderation, Instruktor, Regie und Redaktion klar sein. Diese neue Art von Arbeitsteilung muß gelernt werden. Dann ist da noch das Produktionsteam -Kamera, Lichttechniker etc.-. Ein gutes Produkt entsteht nur im gemeinsamen Miteinander, das klassische Über- und Unterordnungsverständnis greift hier weniger. Konfliktsituationen müssen an Ort und Stelle behoben werden, ansonsten wird die Produktion gebremst. Die Teilnehmer merken alles. Zu guter Letzt ist die Medienpräsenz ausschlaggebend für die Qualität der Sendung. Das bedeutet, trotz Kamera und Netz die Inhalte so zu

vermitteln, daß die Kunden in den Prozeß eingebunden und zufrieden sind und diese Qualität in ihren persönlichen Arbeitsprozeß übertragen können. Das sind alles in allem sehr hohe Anforderungen, die neue Herausforderungen an „normale" Instruktoren stellen.

Ausbildungszweig
IAO:
Würden Sie für die Zukunft für ein neues Berufsbild und damit verbunden einen eigenständigen Ausbildungsweg vielleicht zum „Medien-Instruktor" plädieren?

Kaufmann:
Aus meiner eigenen Erfahrung sind die geforderten neuen Qualifikationen bislang in keinem Aus- oder Weiterbildungsprogramm für Tutoren, Lehrer, Instruktoren oder Trainer eingebaut. Es wäre sicherlich wünschenswert, angesichts der zunehmenden mediengestützten Qualifizierung und Lehrmethoden, diese unter dem Sammelbegriff „Medienkompetenz" in die Programme und Richtlinien mitaufzunehmen. Solange ist es wohl noch Sache der Unternehmen selbst, sich das anzueignen. Das verhaltene Interesse vieler Unternehmen, BTV oder Telekommunikationsmedien einzusetzen, rührt nicht zuletzt auch daher, daß die Medienkompetenz beim Personal fehlt. Damit sind der Nutzen und die Einsatzmöglichkeiten kaum transparent. Hier besteht sicherlich noch Nachholbedarf bei vielen Unternehmen.

Wettbewerbsfähigkeit
IAO:
Ist mit der Medienkompetenz, die Sie sich im Rahmen der BTV-Sendungen angeeignet haben, Ihre Wettbewerbsfähigkeit gestiegen?

Kaufmann:
Wir haben inzwischen sicher auch Lehrgeld bezahlen müssen im Umgang mit BTV und ich denke, daß wir das Medium für unsere Zwecke optimiert haben und sicher weiter optimieren werden. Unternehmen, die damit am Anfang stehen, können aus unseren Erfahrungen lernen, wir sind auch offen, darüber zu sprechen oder die eine oder andere Probesendung anzubieten. Der zeitliche Vorsprung in der Anwendung und im Betrieb -wir senden ja seit 1992 im Regelbetrieb- gibt uns sicherlich auch einen Wettbewerbsvorsprung, wobei die Unternehmen aufholen und in wesentlich kürzerer Zeit lernen und Erfahrungen sammeln können als das bei uns der Fall war. Die Pioniere auf einem Gebiet brauchen bekanntlich immer etwas länger. Wenn BTV dann zum Standardangebot am Markt gehört, sind auch wir wieder einen neuen innovativen Schritt weiter. Bis dahin tragen wir dazu bei, die BTV-Kompetenz am Markt anzubieten.

IAO:
Herr Kaufmann, ich danke Ihnen für dieses Gespräch.

Unternehmensfernsehen im Einzelhandel
- Business News und Warenkunde im Kaufhof über K-TV-

Jens Ochel
Andrea Willems
Doris Wittstadt

Kontaktadresse:
Dipl. Volkswirt Jens Ochel,
Andrea Willems,
Doris Wittstadt,
Kaufhof Multi Media Concept, Bonnstr. 41-45, 50226 Frechen

Inhalt

1 Kundenorientierung ist gefragt

2 Informationsmanagement im Kaufhof mit K-TV

2.1 Informationsmanagement ist notwendig

2.2 Vorteile durch den Einsatz von K-TV

2.3 Anwendungen von K-TV

3 Ausblick: K-TV im Kontakt mit dem Kunden

4 Zusammenfassung

5 Literatur

1 Kundenorientierung ist gefragt

Will der deutsche Einzelhandel den Ansprüchen der modernen Dienstleistungsgesellschaft gerecht werden, hat er sich, mehr noch als bislang, an den Wünschen seiner Kunden zu orientieren. Dabei stehen imageprägende Serviceleistungen, die an den Erwartungen des Kunden gemessen werden, im Vordergrund. Insbesondere für Unternehmen in Innenstadtlagen wird die Kundenorientierung zu einem maßgeblichen Erfolgsfaktor, um verlorene Marktanteile gegenüber den Konkurrenten auf der „Grünen Wiese" zurückzugewinnen. Denn mit steigender Dienstleistungsorientierung erhöht sich die Zufriedenheit des Kunden und die Aufenthaltsqualität in den Innenstädten.

Das Warenhaus als klassische innerstädtische Betriebsform muß hier seine Stärken durch Profil und Kompetenz zeigen. Ein erhöhtes Serviceangebot zeigt sich in der Verlängerung der Ladenöffnungszeiten. Der Kunde verlangt hohe Dienstleistungsqualität während des Einkaufs, für deren Realisierung das Personal die zentrale Rolle spielt.

Neben fachkompetenter Beratung erwartet der Kunde vom Verkaufspersonal Tugenden wie Freundlichkeit, Hilfsbereitschaft, Zuverlässigkeit und Entgegenkommen, welche gerade im deutschen Einzelhandel immer noch keine Selbstverständlichkeit darstellen.

Diese Erwartungen können nur erfüllt werden, wenn die Mitarbeiter bereit sind aus eigener Überzeugung Service im Sinne des Kunden zu leisten. Marketingorientiertes Denken und Handeln des Personals stellt sich jedoch nicht von alleine ein. Will das Unternehmen Dienstleistungsqualität entsprechend den Kundenerwartungen anbieten, müssen sich die Mitarbeiter mit den Zielen des Unternehmens identifizieren. Diesen Spagat zwischen Mitarbeiter- und Kundenorientierung gilt es zu meistern.

Das Kaufhof Warenhaus stellt sich dieser Aufgabe u. a. mit der Einführung des Galeria-Konzeptes - einer durch ein Trading-up gekennzeichneten Warenhaus-Strategie. Ziel dieses Konzeptes ist die Positionierung des Kaufhof Warenhauses auf Fachgeschäftsniveau durch hohe Fachkompetenz und Serviceorientierung als Kernpunkte der Profilierungsstrategie.

Fachgeschäftsähnliche Sortiments- und Markenprogramme werden in einem Shop-in-the-shop-System zielgruppenorientiert präsentiert. Gleichzeitig setzen die Galeria Kaufhof-Filialen auf die Verbesserung ihrer Dienstleistungsqualität durch höhere Qualifikation und Motivation der Mitarbeiter, um eine den Kundenbedürfnissen entsprechende Verkaufsberatung leisten zu können.

Die Entwicklung eines kundenorientierten Unternehmens fängt beim einzelnen Mitarbeiter an. Dieser kann sich nur in der vom Unternehmen gewünschten Weise verhalten, wenn er die extern verfolgte Strategie versteht und akzeptiert. Er muß erkennen, welchen Beitrag er mit seiner Arbeit für den Kunden und damit für das gesamte Unternehmen leistet. Gerade in einem Großunternehmen wie dem Kaufhof Warenhaus mit seinen 35000 Mitarbeitern ist die Stärkung des Zusammengehörigkeitsgefühles notwendig. Die Integration aller Mitarbeiter unter einem Dach ist für einheitliches und damit erfolgreiches Auftreten am Markt unabdingbar.

Als wichtig zur Verwirklichung dieser Ziele stellt sich die Gestaltung der unternehmensinternen Kommunikation dar. Die häufig anzutreffende Praxis der einseitigen Informationsvermittlung von oben nach unten allein genügt nicht mehr. Zur Realisierung von Mitarbeiter- und Kundenorientierung bedarf es eines effizienten Kommunikationssystems im Unternehmen, das interaktive Kommunikation sowohl auf horizontaler als auch auf vertikaler Ebene ermöglicht.

Mit diesen Ansprüchen an ein Kommunikationssystem entschloß sich das Kaufhof Warenhaus zur Einführung von K-TV. Dessen Sendungen werden von der Tochtergesellschaft Multi Media Concept GmbH konzipiert und produziert.

2 Informationsmanagement im Kaufhof mit K-TV

2.1 Informationsmanagement ist notwendig

Gerade in Unternehmen mit einer Vielzahl von angeschlossenen Unternehmensfilialen stellt sich häufig das Problem, daß interne Informationen verloren gehen, unregelmäßig und möglicherweise nur unvollständig ihr Ziel erreichen, oder ganz einfach aufgrund der langen Informationswege zu spät zu den Mitarbeitern gelangen.

Dieses führt zu unternehmensinternen Ineffizienzen, genauso wie die Tatsache, daß es aufgrund von Informationsüberlastung im Arbeitsumfeld für den einzelnen Mitarbeiter immer schwieriger wird, die jeweils relevanten und wichtigen Informationen zu erkennen.

Aus diesem Grund ist es auch für das Kaufhof Warenhaus notwendig, die Vielzahl an wichtigen Informationen, die das Unternehmen und seine Mitarbeiter tagtäglich betreffen, systematisch und kontrolliert zu verarbeiten, d.h. Informationsmanagement zu betreiben. Relevante Informationen müssen selektiert, analysiert und gezielt an die jeweiligen Empfänger weitergegeben und gespeichert werden.

Hierzu sind Instrumente notwendig, über die ein koordinierter Kommunikationsprozeß erfolgen kann. Neuere im Kaufhof eingesetzte Technologien, wie z.B. der Einsatz von Electronic Mail, haben hier bereits zu deutlichen Verbesserungen geführt.

2.2 Vorteile durch den Einsatz von K-TV

Seit der Einführung des Unternehmensfernsehens K-TV im August 1996 gibt es nun ein neues, interaktives Kommunikationsmedium im Kaufhof, welches zahlreiche Vorteile gegenüber bisherigen Instrumenten besitzt.

Alle eigenproduzierten TV-Programme werden digital, verschlüsselt und live über Satellit unternehmensweit, d. h. in sämtliche 150 angeschlossene Empfangsstellen, ausgestrahlt. Die Sicherheit der gesendeten Informationen ist durch deren Kodierung gewährleistet. Die Übertragung via Satellit bietet eine gleichbleibend hohe Übertragungsqualität mit einer nahezu unbegrenzten Reichweite. In verschiedenen Programmsparten werden unterschiedlichste Inhalte audiovisuell kommuniziert.

Empfänger der Programme sind, je nach Zielsetzung des Unternehmens, alle oder nur ein begrenzter Kreis von Mitarbeitern. Der Informationsaustausch erfolgt horizontal und/oder vertikal: Der Vorstand spricht z.B. mit seinen Mitarbeitern oder nebengeordnete Unternehmensbereiche tauschen sich miteinander aus.

Wichtiger Bestandteil bei K-TV ist die Möglichkeit der Interaktion zwischen Mitarbeitern und Bereichen - über Telefon und Telefax kommt während der Sendungen ein Dialog zustande. Problemlos wird hierarchieübergreifend und live miteinander kommuniziert.

Oberste Zielsetzung beim Einsatz von K-TV ist in der Anfangsphase die Verbesserung der internen Unternehmenskommunikation, da insbesondere dieser Bereich als strategischer Erfolgsfaktor einzuschätzen ist. Für die nähere Zukunft ist dann mit K-TV der Schritt zum Kunden am „Point of Sale" (POS) geplant.

Andere, bewährte Instrumente, wie z.B. Rundschreiben, schwarze Bretter und die Mitarbeiterzeitschrift, finden im Warenhaus selbstverständlich weiterhin Verwendung - K-TV tritt mit seinen Vorteilen lediglich ergänzend hinzu.

Für das Kaufhof Warenhaus bietet K-TV im einzelnen eine ganze Reihe von Vorteilen:

− Die interne Unternehmenskommunikation wird wesentlich verbessert: Informationen erreichen alle Mitarbeiter noch schneller, direkter und insbesondere zeitgleich. Bei sämtlichen Mitarbeitern herrscht - hierarchieübergreifend - damit der gleiche Informationsstand. Eine Gerüchtebildung im Unternehmen wird auf diese Weise vermieden, die Entstehung einer eigenen Unternehmenskultur gefördert.

− Die Informationsaufnahme ist durch die visuelle Darstellung von Sachverhalten für den einzelnen Kaufhof-Mitarbeiter wesentlich leichter: Die Bildkommunikation gewährleistet, daß deutlich mehr Informationen wahrgenommen, gespeichert und erinnert werden, als z.B. beim rein verbalen Kommunikationsprozeß. Zudem ist das Fernsehen in der heutigen Zeit eine Technik, die eine hohe Akzeptanz besitzt und mit der jeder vertraut ist. Es besteht somit nicht die Gefahr der Ablehnung dieses Instrumentes aufgrund von Ängsten oder Überforderung.

− Der Einsatz von K-TV hat zahlreiche direkte positive Auswirkungen auf die einzelnen Mitarbeiter des Kaufhof Warenhauses: Arbeitszufriedenheit, Motivation, Identifikation und Zusammengehörigkeitsgefühl nehmen zu. Dadurch steigen deren Leistungsbereitschaft und Qualifikation.

- Auch nach außen wird eine positive Imagewirkung erzielt. Das Kaufhof Warenhaus besitzt mit diesem neuen Kommunikationsinstrument eine Vorreiterposition im deutschen Einzelhandel. Das Unternehmen steht somit für Innovationsbereitschaft und Innovationskompetenz.

- Die Arbeitsproduktivität der Mitarbeiter im Kaufhof Warenhaus nimmt zu: Erworbene Produktkenntnisse führen zu einer verbesserten Kundenberatung, da aktuelles Produktwissen noch schneller an den Kunden weitergegeben werden kann. Die Mitarbeiter entwickeln zudem ein besseres Verständnis für die unternehmensinternen Organisationsabläufe.

- Durch den Einsatz von K-TV entfallen Warenkundeschulungen in Form der üblichen Seminare. Damit werden u. a. Reise- und Schulungskosten deutlich reduziert.

2.3 Anwendungsbereiche von K-TV

In unterschiedlichen Bereichen des Kaufhof-Warenhauses kann durch den Einsatz von K-TV eine Verbesserung der Kommunikationsprozesse erreicht werden. Business News und Warenkundeschulungen werden auf neue Weise vermittelt.

Der Vorstand stellt sich der Diskussion

Mit Hilfe von K-TV läßt sich, wie bereits erläutert, realisieren, was sonst in einem Großunternehmen kaum möglich ist: die gleichzeitige, hierarchieübergreifende Kommunikation zwischen allen Mitarbeitern. Hierbei stellen die Sendungen mit den Vorständen einen wesentlichen Anwendungsbereich dar. Sie sind nicht als Forum zur Selbstdarstellung der Unternehmensleitung gedacht, sondern vielmehr als Angebot zum Dialog mit allen Mitarbeitern.

Die Sendungen finden monatlich statt; behandelt werden grundsätzliche Themen, die jeden Mitarbeiter betreffen, wie z. B. die Einführung eines Unternehmensleitbildes oder des Galeria-Konzeptes.

Informationen werden hier ungefiltert kommuniziert, da jeder Mitarbeiter - gleich welcher Ebene und welchen Tätigkeitsbereiches - dazu eingeladen ist, direkt im Studio anzurufen bzw. ein Fax zu schicken. Über diesen Weg können Fragen, Anregungen und Kritik miteinander diskutiert werden. Zu diesem Zweck existiert eine „Call-in-Hotline", die nicht nur während der Live-Sendung, sondern auch nach Programmschluß erreicht werden kann. Alle Anrufe werden erfaßt und in späteren Sendungen aufgearbeitet oder schriftlich beantwortet.

Die Vorstandssendungen haben verschiedene Vorteile - sowohl für die Mitarbeiter als auch für die Führungsebene:

- Die Funktionsträger treten aus der Anonymität des Großunternehmens heraus und werden zu Identifikationspersonen.

- Eine ungestörte Kommunikation ohne organisatorische Hemmnisse kommt zustande.

- In „Krisensituationen" kann sich der Vorstand in kürzester Zeit an alle Mitarbeiter wenden.

Die Firmenleitung unter sich

Unternehmensfernsehen ist ein Kommunikationsmedium für geschlossene Nutzergruppen: Außenstehende haben aufgrund der Codierung von Bild- und Tonsignalen keine Möglichkeit, die K-TV-Sendungen zu empfangen und damit an sensible, kaufhofinterne Informationen zu gelangen.

Innerhalb der geschlossenen Nutzergruppe kann zudem eine Autorisierung unterschiedlicher Unternehmensbereiche oder auch davon unabhängiger Personenkreise erfolgen. Die Zuschaltung der Teilnehmer wird jeweils von der zentralen Sendestelle aus gesteuert.

Einige der K-TV-Sendungen wenden sich ausschließlich an den Vorstand und die Geschäftsleitung der einzelnen Filialen. Hochsensible Informationen, wie mögliche Schließungen von Filialen oder Wirtschaftlichkeitsberechnungen, bleiben innerhalb der Führungsebene.

Einkauf und Verkauf rücken einander näher

Auch zur Kommunikation zwischen verschiedenen Funktionsbereichen kann K-TV sinnvoll eingesetzt werden. Ein Beispiel dafür ist der wechselseitige Austausch von Informationen von Einkauf und Verkauf.

Bereits vor der Auslieferung eines neuen Produktes an die Filialen wird der jeweilige Verkaufsbereich mit Hilfe von K-TV informiert. Das Verkaufspersonal erhält frühzeitig die Gelegenheit, sich mit neuen Verkaufsargumenten vertraut zu machen und das Produkt nicht erst bei der Einsortierung in die Regale kennenzulernen. Durch den Dialog besteht die Möglichkeit für alle Mitarbeiter des Verkaufs, Fragen an den Einkauf oder die Hersteller zu richten. Dadurch wird eine Identifikation mit dem Sortiment erreicht und gleichzeitig die Motivation zum Verkauf erhöht.

Wurden bisher vor allem Abteilungsleiter im Verkauf über die neue Ware informiert, so kann dieses jetzt durch K-TV für alle Mitarbeiter des Verkaufs gleichzeitig erfolgen. Insbesondere im Bereich der Mode ist es wichtig, daß sich das Verkaufspersonal rechtzeitig mit den aktuellen Trends beschäftigt und die neuen Kollektionen kennenlernt.

Über die Vorstellung aktueller Produkte hinaus können neue Formen der Warenpräsentation, Verkaufskonzepte und Abteilungseinrichtungen vorgestellt werden. So fühlen sich die betroffenen Mitarbeiter im Verkauf frühzeitig in den Veränderungsprozeß einbezogen.

Über K-TV werden dem Verkauf auch Werbekonzepte und Prospektthemen präsentiert. Dadurch wird rechtzeitig über Werbemaßnahmen kommuniziert, so daß das Verkaufspersonal informiert auf den Kunden zugehen kann. Alle Beteiligten der Bereiche Einkauf - Werbung - Verkauf sind an einem gemeinsamen Kommunikationsprozeß beteiligt.

Der Mitarbeiter steht im Vordergrund

Ein weiteres zentrales Einsatzgebiet von K-TV sind Sendungen, in denen es speziell um die persönlichen Belange der Mitarbeiter des Kaufhof Warenhauses geht. Der einzelne Mitarbeiter und seine Bedürfnisse stehen im Vordergrund.

Als Beispiel hierfür ist das Personalmagazin zu nennen - ein Magazin „von Mitarbeitern für Mitarbeiter".

Der Personalbereich berichtet einerseits aus seinem Ressort, andererseits werden auch Informationen aus anderen Unternehmensbereichen präsentiert und für jeden Mitarbeiter verständlich dargestellt: z.B. aktuelle Wirtschaftsdaten aus der Presse oder neue Unternehmenskonzepte. Es wird über Neuigkeiten aus einzelnen Filialen berichtet, wie z.B. von Umbaumaßnahmen oder Filialeröffnungen. Jubilare werden geehrt und der Mitarbeiter des Monats wird vorgestellt.

Ebenso kommen die Mitarbeiter selbst zu Wort. Einzelne Personen stellen ihre Filiale vor und berichten über ihre Hobbys. Ebenfalls werden selbst erstellte Filmbeiträge gezeigt, wie z.B. Aufnahmen vom letzten Betriebsfest.

Auch im Personalmagazin besteht die Möglichkeit des Dialogs zwischen den Personen im TV-Studio und den „Zuschauern" vor den Fernsehgeräten. Alle Themen können über Telefon und Telefax live kontrovers diskutiert werden.

Auf diese Weise erfolgt eine direkte und ungefilterte Rückkopplung zwischen dem Personalbereich auf der einen und allen anderen Mitarbeitern auf der anderen Seite. Der Einzelne wird ausführlich informiert und mit seinen Sorgen und Problemen ernst genommen; der Personalbereich wird gleichzeitig optimal über die Stimmung unter den Mitarbeitern in Kenntnis gesetzt. Spannungen und Konflikte werden auf diese Weise abgebaut. Das Personalmagazin schafft es mit Hilfe von K-TV, die Mitarbeiter des Kaufhof Warenhauses zu motivieren und Identifikationsprozesse mit Unternehmen auszulösen.

Neue Form der Warenkundeschulung

Durch den Einsatz von K-TV werden die bisher eingesetzten audiovisuellen Schulungsmedien, wie z. B. Video oder CD-ROM, ergänzt.

Die Sendungen werden mit Hilfe professioneller redaktioneller und technischer Beratung entsprechend den Vorstellungen der Auftraggeber produziert. Die Mitarbeiter erhalten Informationen aus erster Hand, da Vertreter des jeweiligen Unternehmens mit Unterstützung einer Moderatorin durch die Warenkundesendungen führen und selbst die Fragen der Mitarbeiter beantworten.

Während der Übertragung erfolgt in jedem Haus ein Videoaufzeichnung der Schulungssendung, so daß sich Mitarbeiter, die während der Ausstrahlung nicht anwesend waren, die Aufzeichnung zu einem späteren Zeitpunkt ansehen können.

Auch aus lernpsychologischer Perspektive ergeben sich Vorteile durch den Einsatz des Unternehmensfernsehens: Einerseits steigert die audiovisuelle Darstellung von Informationen die Aufmerksamkeit, da mehrere Sinne angesprochen werden. Andererseits besitzen die Sendungen aufgrund ihrer Live-Ausstrahlung einen besonderen Erlebniswert.

3 Ausblick: K-TV im Kontakt mit dem Kunden

Neben der Verwendung im kaufhofinternen Kommunikationsprozeß ist K-TV im Kundenkontakt sinnvoll einsetzbar. Das Unternehmensfernsehen trägt in den Verkaufsräumen zur Erlebnisorientierung des Einkaufs bei. Im Vergleich zu anderen Neuen Medien besitzt
K-TV keine Akzeptanzprobleme, da der Kunde im Umgang mit dem Medium Fernsehen geübt ist. Zudem erwarten jüngere Konsumenten, die den neuen Technologien gegenüber im besonderen Maße aufgeschlossen sind, zunehmend multimedial vermittelte Informationen.

Ein mögliches Einsatzgebiet im Kontakt mit dem Kunden liegt im Bereich des Event-Marketing. So können außergewöhnliche Veranstaltungen wie Modenschauen und Autogrammstunden live für alle Kunden in sämtliche Filialen des Kaufhof Warenhauses ausgestrahlt werden.

Desweiteren bieten sich Sendungen zur Verkaufsförderung am POS an. Hier werden dem Kunden aktuelle Angebote und neue Produkte vorgestellt. Im Gegensatz zur herkömmlichen Videoeinspielung ist eine Ausstrahlung in allen Häusern gleichzeitig und kurzfristig möglich.

Durch Vergabe von Sendezeiten an Hersteller können diese durch gezielte Kundenansprache in den betreffenden Abteilungen ihre Produkte bewerben.

Nicht zuletzt kann ein direkter Kontakt zwischen dem Vorstand und dem Kunden hergestellt werden. Der Vorstand kann sich direkt beim Kunden über dessen Erwartungen an sein Unternehmen informieren. Durch den Dialog mit dem Kunden kann die Unternehmensführung unmittelbar auf die Bedürfnisse seiner Kunden reagieren.

4 Zusammenfassung

Um den veränderten Ansprüchen des Kunden im deutschen Einzelhandel gerecht zu werden, bedarf es einer erhöhten Servicementalität des Verkaufspersonals.

Die Kundenorientierung der Mitarbeiter im Kaufhof Warenhaus wird durch die Verbesserung der unternehmensinternen Kommunikation gefördert. Hierzu wurde das Unternehmensfernsehen K-TV geschaffen. Dieses Instrument besitzt zahlreiche Einsatzmöglichkeiten; Business News und Warenkundeschulungen werden auf neue Weise vermittelt.

Wichtiger Bestandteil bei K-TV ist die Möglichkeit des direkten Dialogs zwischen den Mitarbeitern. Problemlos wird hierarchieübergreifend und live miteinander kommuniziert. Große räumliche Distanzen werden ohne Schwierigkeiten überbrückt. Alle Mitarbeiter werden auf diese Weise aktuell informiert und geschult.

Neben der Verwendung von K-TV in der kaufhofinternen Kommunikation ist ein Einsatz im Kundenkontakt sinnvoll. Das Event-Marketing und die Verkaufsförderung am POS mit Hilfe von K-TV entsprechen einer Erlebnisorientierung des Einkaufs im Kaufhof Warenhaus.

5 Literatur

Bruhn, M., (1995). Internes Marketing. Wiesbaden

Schwaiger, M., Jeckel, P., Saffert, V. (1995). Kommunikationsmanagement in großen und mittelständischen Unternehmen. Arbeitspapiere zur mathematischen Wirtschaftsforschung, Heft 131. Universität Augsburg

Seibold, B., Turowsky, H.-J. (1996). Management by television. Corporate AV, Sonderausgabe Nr.5, 7-13

Stanossek, G. (1996). Fernsehen wird zur Chefsache. PR-Magazin, Nr.4, 18-23.

Schwäbisch Hall TV - Informationen aus erster Hand
Anton Bühler

Kontaktadresse:
Anton Bühler
Bausparkasse Schwäbisch Hall AG, Crailsheimerstraße 52, 74523 Schwäbisch Hall

Inhalt

1   **Ausgangssituation**

2   **Veränderung der Medienwelt**

3   **Neues Informations-/Kommunikationsnetz**

4   **Schwäbisch Hall-TV**

4.1   Pilotsendungen

4.2   Direkte Kommunikation durch Interaktion

4.3   Weitere Vorgehensweise

5   **Schwäbisch Hall ist überall**

6   **Ausblick**

1 Ausgangssituation

Es ist täglich in den Medien zu hören, zu lesen bzw. zu sehen: wir befinden uns auf dem Weg zur Informationsgesellschaft. Aber sind wir wirklich noch auf dem Wege dorthin? Sind wir nicht vielmehr schon längst dort angekommen? Tatsache ist: eine wahre Flut von Informationen bricht bereits jetzt permanent über uns herein. Aber nicht die Quantität, sondern die Qualität der Information ist wichtig. Sie wird immer mehr zum entscheidenden Wettbewerbsfaktor.

Auch bei der Bausparkasse Schwäbisch Hall ist eine derartige Entwicklung unverkennbar: so werden bisher Tonnen von Papier, die alle Arten von Auswertungen, Statistiken, Rundschreiben, Mitteilungen etc. beinhalten, Monat für Monat in der Hauptverwaltung in Schwäbisch Hall erstellt und bundesweit an Außendienst, Banken und Kunden verschickt. Weiterhin werden regelmäßig Tagungen abgehalten, um Maßnahmen, Neuerungen und Weiterentwicklungen mit den Mitarbeitern zu kommunizieren. Dabei besteht u.a. die Gefahr, daß wichtige Botschaften ganz einfach zu spät ankommen oder gar nicht erst gelesen werden.

Ein anderes Problem zeigt sich darin, daß Informationen - nachdem sie alle Hierarchiestufen durchlaufen haben - möglicherweise in modifizierter Form eintreffen, d.h. in irgendeiner Art und Weise gefiltert oder verändert wurden. Hinzu kommt, daß wertvolle Zeit zur Informationsbeschaffung bzw. -weitergabe eingesetzt werden muß. Diese Ressourcen gilt es effizient für das Kerngeschäft zu nutzen.

Daß diese Art der "Informationslogistik" (die richtige Information zur richtigen Zeit am richtigen Ort in nutzerfreundlicher Form) unter diesen Prämissen nicht immer optimal ist, liegt auf der Hand.

2 Veränderung der Medienwelt

Die Bereitstellung und Übermittlung von Informationen hat sich in den letzten Jahren durch die extreme und immer schnellere Veränderung der Medienwelt enorm gewandelt. Immer mehr und immer schnellere Informationstechnologien ermöglichen uns heute den Datenaustausch und Kontakt weltweit (Begriffe wie Daten-Autobahn, Internet, T-Online etc. sind schon längst in den täglichen Sprachgebrauch übergegangen). Diese Technologien bieten umfassende multimediale Funktionen wie z.B. Shopping, Buchen von Reisen, Homebanking etc.. Multimedia ist auch das Schlagwort für die Verbindung der Computer- und der Medienbranche; das Fernsehen übernimmt die Funktionen des Computers und umgekehrt. Schon heute ist eine strikte Trennung dieser beiden Medien nicht mehr möglich. Diese Entwicklung und diese Technologien gilt es zu beobachten und zu erproben, um für sich die richtigen Schlüsse für die Zukunft zu ziehen.

Wissensvermittlung, Informationsgeschwindigkeit sowie Informationsqualität gewinnen damit zunehmend an Bedeutung und stellen mittlerweile einen kritischen Erfolgsfaktor dar. Daher wird die entscheidende Qualifikation der Zukunft die Fähigkeit sein, aus der unendlichen

Informationsflut, die die multimediale Veränderung mit sich bringt, das Wichtige herauszufiltern. Je schneller und präziser der Informationsaustausch erfolgt, desto besser sind die Chancen am Markt und damit beim Kunden.

3 Neues Informations-/Kommunikationskonzept

Im Zuge dieser Entwicklung gilt es nun, auch für die Bausparkasse Schwäbisch Hall ein neues Informations- und Kommunikationskonzept zu entwickeln, das die genannten Schwachpunkte beseitigt und gleichzeitig eine möglichst gezielte, ungefilterte und zeitnahe Form der Informationsbereitstellung bietet.

Damit war die Idee geboren. Nutzen wir doch die Vorteile, die uns das Fernsehen bietet und kommunizieren wir **direkt** mit unseren Außendienstmitarbeitern vor Ort. So können wir wesentlich schneller und öfter unseren **kompletten** Außendienst ansprechen, motivieren und informieren. Dies kann beispielsweise die Vorstellung eines neuen Finanzierungsmodells sein, die Präsentation und Schulung von neuen PC-Programmen, die Beschreibung von Fehlerquellen, die Vorstellung guter Arbeitsweisen und vieles mehr. In folgender Grafik werden mögliche Anwendungsgebiete nochmals kurz und prägnant skizziert.

```
┌─────────────────────────────────────────────────────────┐
│  Schwäbisch Hall     Anwendungsgebiete                  │
│                                                         │
│           • Vorstandsinformationen                      │
│           • Veranschaulichung von Maßnahmen             │
│           • Produkteinführung                           │
│           • Produktschulung                             │
│           • Aufzeigen positiver Ergebnisse / Arbeitsweisen │
│           • Stellenbörse                                │
│           • Mitschnitt von Veranstaltungen              │
│           • Berichte der Landesdirektionen              │
│           • Schwäbisch Hall-Nachrichten                 │
│           • Präsentation von Banken, Verbundpartnern    │
│           • später Datenübertragung                     │
└─────────────────────────────────────────────────────────┘
```

Business-TV stellt damit ein riesiges, kreatives Betätigungsfeld für die direkte Ansprache und den direkten Austausch von Informationen dar. Eine neue Form der Kommunikation und Information für jedes Unternehmen mit einem großen, d.h. bundes-, europa- oder gar weltweit gespannten Vertriebsnetz.

Business-TV (bei uns "Schwäbisch Hall-TV" genannt) soll zur schnellen, direkten und ungefilterten Information des Außendienstes dienen und somit die konventionellen Schulungen, Tagungen und Konferenzen eingrenzen. Diese sollen keinesfalls vollständig verdrängt werden, da der persönliche Informationsaustausch mit den Außendienstmitarbeitern auch weiterhin eine nicht zu vernachlässigende und motivierende Komponente darstellen muß.

Diese direkte Information und Kommunikation darf aber natürlich nicht zusätzlich aufgesetzt werden, sondern muß in ein neues Gesamtkonzept integriert werden. Bisher versandte Rundschreiben und Mitteilungen werden modifiziert, Tagungen werden weniger bzw. neu kanalisiert, d.h. im Zusammenhang mit einer Sendung geplant. Dadurch entsteht ein neues, effizienteres Informations-Mix.

4 Schwäbisch Hall-TV

4.1 Pilotsendungen

Bevor Business-TV zu einer festen Einrichtung werden kann, mußte zunächst getestet werden, wie und ob der Außendienst überhaupt bereit ist, diesen innovativen Weg der Kommunikation zu akzeptieren und gemeinsam zu beschreiten. Deshalb war es für uns sehr wichtig, diese Art der Informationsbereitstellung in mehreren Pilotsendungen zu erproben. Nur so können erste Erfahrungen im Umgang mit dieser innovativen Form der Außendienstkommunikation gesammelt werden.

Die verschiedenen Pilotsendungen wurden bewußt ganz unterschiedlich gestaltet, d.h. die einzelnen Übertragungen wurden unterschiedlich aufgebaut, für unterschiedliche Empfängergruppen konzipiert und auch mit unterschiedlichen Partnern umgesetzt.

Der Empfängerkreis der ersten Sendung bestand aus 245 Außendienstmitarbeitern aller Hierarchiestufen, die auf bundesweit 14 Empfangsstationen verteilt waren. Die zweite Sendung war speziell für ca. 230 Führungskräfte im Außendienst konzipiert, diskussionsorientiert ausgerichtet und mit strategischen Themen gestaltet.

Mit der dritten Sendung sollte zum ersten Mal der gesamte Außendienst gleichzeitig erreicht werden. Hierfür mußten im gesamten Bundesgebiet über 100 Empfangsorte bereitgestellt werden, um der Außendienstmannschaft das Programm anbieten zu können. Mit einer organisatorischen Meisterleistung wurde jedem Außendienstkollegen ein Empfangsort in seiner Region angeboten. Unsere Teams sollten vor Ort gemeinsam die Sendung empfangen und anschließend die neu erworbenen Erkenntnisse aus der Sendung diskutieren und die Umsetzung unmittelbar angehen.

Bevor man auf Sendung gehen kann, muß jedoch jede Sendung detailliert vorbereitet und geplant werden. Hierzu ist ein Sendekonzept zu erarbeiten und jeder einzelne Beitrag minutiös zu planen. Dabei ist darauf zu achten, daß die Sendung nicht das Ergebnis aneinandergereihter

Einzelbeiträge darstellt, sondern in einem Spannungsbogen aufgebaut wird. Weiterhin müssen die Referenten bzw. Interviewpartner gefunden und einige Videoclips (Trailer, Informationsbeiträge) vorproduziert werden. Eine insgesamt spannende und für einen Finanzdienstleister völlig neue Aufgabe.

Eine Woche vor der Sendung sind in einem sogenannten Trockentraining, an dem bereits möglichst alle an der Sendung beteiligten Personen mitwirken, die einzelnen Programmteile genau durchzusprechen. Zum Abschluß der Vorbereitungsphase ist eine Generalprobe unverzichtbar, in der die Feinabstimmung zwischen allen Beteiligten (Regie, Kameraleute, Moderator, Referenten etc.) erfolgt. Erst nach dieser intensiven Vorarbeit ist es möglich, "live on air" zu gehen. Wir gehen auch künftig davon aus, daß Schwäbisch Hall-TV als Live-Sendung produziert wird, um wirklich den persönlichen Kontakt mit dem Außendienst zu suchen und die gewünschte Kommunikation realisieren zu können.

Zusätzlich zu der Übertragung in die einzelnen Empfangsstationen wurde jede Sendung auch in die Zentrale nach Schwäbisch Hall übertragen, wo ca. 250 Innendienstmitarbeiter der Bereiche Marketing und Vertrieb sowie Führungskräfte unseres Hauses die jeweilige Veranstaltung mitverfolgen konnten. Hierdurch wird das Verständnis für die Belange des Außendienstes verstärkt. Ein wichtiger Faktor für die tägliche Arbeit, denn normalerweise können nur wenige Mitarbeiter aus dem Innendienst regelmäßig an solchen Tagungen teilnehmen. Damit wird parallel auch der interne Informationsfluß verbessert.

Eine anschließende, detaillierte Befragung unter den Teilnehmern bestätigt eine durchweg positive Resonanz, im besonderen wurde hierbei auch der Wunsch eines permanenten Sendebetriebs geäußert.

Die entscheidenden Vorteile von Business-TV wie

- **attraktive Informationsdarstellung** (hoher Unterhaltungswert, hohe Motivation)

- **einfachste Informationsaufnahme** (Nutzung aller medialer Möglchkeiten wie Video-Clips, Charts, Sprache, Musik, Animation etc., schafft hohen Erinnerungswert)

- **bequeme Kommunikation/hohe Effizienz** (hohe Informationsdichte, keine langen Reisen, direkt einsetzbare Inhalte)

- **hoher, praktischer Nutzen** (Videoaufzeichnungen ermöglichen jeden Part - auch in Teilen - für den persönlichen Erfolg wiederzuverwenden)

wurden durch die Umfrage bestätigt und sind auch in folgender Grafik nochmals zusammengefaßt:

> **Schwäbisch Hall** **Vorteile von Business-TV**
> - Information schnell, direkt und ungefiltert
> - schnellere und gezielte Umsetzung von Maßnahmen
> - Information kommt zum Teilnehmer - nicht umgekehrt
> - Teilnehmer kann interaktiv mitwirken
> - kompakte Information, dadurch Zeitgewinn
> - Information nach Region und Funktion steuerbar
> - anschauliche Aufbereitung
> - durch Mitschnitt wiederholte Informationsaufnahme
> - innovatives Kommunikationsmedium
> - vielfältige Gestaltungsmöglichkeiten
> - zukunftsorientierte Investition

Die Stärkung des WIR-Gefühls, eine ebenfalls wichtige Komponente für einen gut funktionierenden und motivierten Außendienst, läßt sich hier noch ergänzend anführen.

4.2 Direkte Kommunikation durch Interaktion

Entscheidend zum Erfolg der Schwäbisch Hall-TV-Pilotsendungen hat die Interaktivität beigetragen, die während jeder Sendung gegeben ist. Es besteht die Möglichkeit einer direkten Rückkopplung zwischen Sender und Empfänger. Bei den ersten beiden Sendungen war dies durch einen Bild- und Ton-Rückkanal möglich; per Knopfdruck konnten sich die Teilnehmer in die Sendung einklinken und aktiv mit dem Vortragenden kommunizieren.

Bei der dritten Sendung wurde eine andere Form des Rückkanals getestet: Rückkopplung per Telefon, genannt Call-In. Hier waren jederzeit telefonische Rückfragen (nicht nur nach Aufforderung durch den Moderator bzw. Referenten) möglich.

Beide Möglichkeiten wurden rege genutzt und fanden sehr positiven Anklang, wobei natürlich ein Rückkanal mit Bild und Ton bevorzugt wurde. Dies ist für einen derart großen Empfängerkreis nur mit extrem hohen technischen Aufwand machbar und wirtschaftlich (noch) nicht vertretbar.

Schwäbisch Hall-TV-Sendungen werden also nicht nur **für**, sondern auch **mit** den Außendienstkollegen gestaltet

Somit wird sehr deutlich, daß durch das Medium Business-TV eine schnelle, gezielte, ungefilterte und vor allem **direkte** Kommunikation mit dem **gesamten** Außendienst **mehrfach** im

Jahr möglich wird. Alle Adressaten erhalten ihre Informationen vom Spezialisten aus **erster Hand**, zur **selben Zeit** und in der **selben Tiefe**; Zeit sowie Raum- und Reisekosten werden in Flexibilität, Informationsdichte und attraktivere Informationsaufbereitung umgewandelt.

4.3 Weitere Vorgehensweise

Nachdem die bisherigen Pilotsendungen derart erfolgreich verlaufen und vom Außendienst angenommen worden sind, soll Schwäbisch Hall-TV nun zu einer dauerhaften Einrichtung werden und sich zu einer festen Informationsgröße für den Außendienst entwickeln. Hierzu ist geplant, regelmäßig Sendungen (siehe Grafik "Anwendungsgebiete") für die gesamte Außendienst-Mannschaft auszustrahlen. Darüber hinaus können in unregelmäßigen Abständen spezielle Sendungen für Führungskräfte im Außendienst, Schulungssendungen oder (aus aktuellem Anlaß) Sondersendungen realisiert werden.

5 Schwäbisch Hall ist überall

Um zu gewährleisten, daß jeder Mitarbeiter im Außendienst auch kurzfristig und spontan via Schwäbisch Hall-TV erreichbar ist, sind im ganzen Bundesgebiet eigene Empfangsstationen notwendig. Schwäbisch Hall ist somit überall bzw. in der Nähe des gesamten Außendienstes.

Für diese Empfangsstationen ist der Einsatz moderner **digitaler** Übertragungstechnik (siehe Grafik) vorgesehen. Dies liegt vor allem in dem hohen Maß an Sicherheit bzw. Flexibilität in Sachen Adressierbarkeit begründet. Denn der Empfängerkreis kann mit dieser Technik für jede einzelne Sendung genau definiert werden.

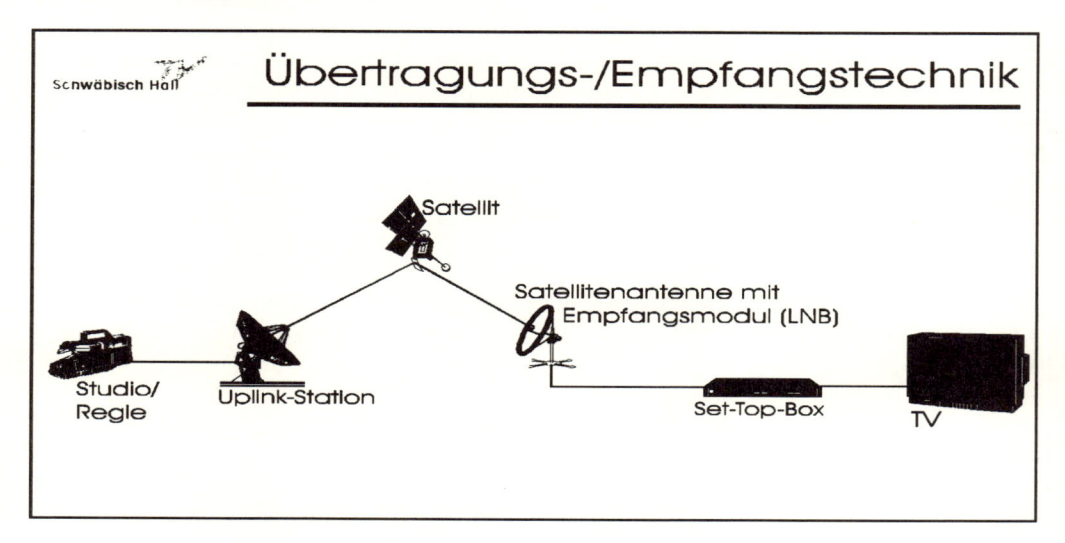

6 Ausblick

Schwäbisch Hall-TV, das heißt zukünftig: regelmäßige Informationssendungen, kurzfristig einberufene Konferenzen mit allen betroffenen Mitarbeitern (unabhängig an welchem Ort) zu wichtigen Themen. Insgesamt wird diese Form der Kommunikation mit dem Außendienst und sicherlich auch für die Mitarbeiter des Innnendienstes, später für die genossenschaftlichen Banken und für Kunden alltäglich werden.

Schwäbisch Hall-TV ist ein interaktives Medium, bei der alle denkbaren Kommunikationsmittel für Information, Motivation und Schulung, ja sogar für mehr eingesetzt werden können. Denn auch Daten (z.B. Software-Updates) können bequem, gleichzeitig (für mehrere Programme) und vor allem schnell transportiert werden.

Im Hinblick auf das Zusammenwachsen von Europa und Kooperationen mit ausländischen Partnern sind auch weitergehende Einsatzmöglichkeiten von Schwäbisch Hall-TV möglich. Insbesondere in Osteuropa kann der Weg über den Satelliten Infrastrukturprobleme ausgleichen und den wichtigen Erfolgsfaktor Kommunikation unterstützen.

Durch diese vielfältigen neuen Möglichkeiten erschließt das moderne und innovative Kommu-ni-kationsmedium Schwäbisch Hall-TV der Außendienstkommunikation neue Wege und stellt somit künftig **den** multimedialen Erfolgsfaktor für noch mehr kommunikative Kompetenz, Flexibilität und Geschwindigkeit dar. Wichtige Komponenten für einen Marktführer.

Außendienstschulung
Dieter Babiel

Kontaktadresse:
Dipl.-Päd. Dieter Babiel
Adolf Würth GmbH & Co. KG, 74650 Künzelsau

Inhalt

1   Unternehmenskultur

2   Die Ausbildung der Außendienstmitarbeiter

3   Die Nachwuchsförderung im Außendienst (Würth-Karriere Modell)

4   Methoden der Außendienstschulung / geänderte Anforderungen an die Trainerqualität

1 Unternehmenskultur

Die Arbeit des Hauses Würth ist grundsätzlich angelegt auf langandauernde, kooperative partnerschaftliche Zusammenarbeit mit den Abnehmern. Das Motto "Der Kunde ist König" soll nicht bloß eine Floskel sein. Mit genau derselben Einstellung beabsichtigt das Unternehmen bei der Einstellung von Mitarbeitern immer eine langjährige auf Vertrauen aufgebaute Zusammenarbeit.

Diese Grundhaltung spiegelt sich zunächst in dem gründlichen Bewerbungsverfahren wieder, welches das Unternehmen insbesondere für neue Bewerber, die an einer Verkaufstätigkeit im Außendienst interessiert sind, durchführt. Nach dem ersten Interview mit seiner möglicherweise zukünftigen Führungskraft reist jeder Interessent zwei Tage lang mit Würth-Außendienstmitarbeitern mit, um sowohl die Arbeitsweise als auch die Kundenstruktur intensiv kennenzulernen. Wenn der Bewerber Gefallen daran findet, muß er abschließend entweder an einem gründlichen Interview mit mindestens zwei Außendienst-Führungskräften oder an einem Assessment-Center teilnehmen.

Diese gründliche Bewerberauswahl soll beiden Seiten (dem Unternehmen sowie dem neuen Außendienstmitarbeiter) eine optimale Entscheidungshilfe für eine künftige Zusammenarbeit darstellen. Die Wachstumsraten des Unternehmens implizieren einen stetigen Personalausbau. Um die unternehmerischen Visionen mit einem immer größer werdenden Team realisieren zu können, bedarf es selbstverständlich im Sinne der Firmenkultur einer gründlichen Einarbeitung und Ausbildung - insbesondere des Außendienstes.

2 Die Ausbildung der Außendienstmitarbeiter

Aus Gründen der übersichtlichen Organisation und einer optimalen Kooperation zwischen der Trainings-/Personalentwicklungsabteilung und den Außendienst-Führungskräften werden neue Außendienstmitarbeiter bei Würth quartalsweise eingestellt.

Alle neuen Kollegen verbringen ihre erste Arbeitswoche in der Firmenzentrale, um auf diese Weise die unternehmerische Atmosphäre, verschiedene Abteilungen und wichtige Ansprechpartner kennenzulernen und sich von vornherein dort zu Hause zu fühlen.

In dieser Woche werden die neuen Kollegen mit den künftigen administrativen Aufgaben eines Verkäufers vertraut gemacht, sie übernehmen ihr Firmenfahrzeug, sie erhalten ihre erste Produktschulung, in der Vorteile, Nutzen und Anwendungsbereiche verschiedener Artikel sowie deren Verkaufsargumentationen und Präsentationen beim Kunden miteinander erarbeitet werden.

Dieses Training wird innerhalb des ersten Quartals der Unternehmenszugehörigkeit eines neuen Außendienstmitarbeiters im Abstand von einigen Wochen permanent fortgesetzt. In den "Zwischenräumen" kümmert sich sein Vorgesetzter (Bezirksleiter) um die gründliche Einarbeitung in das zukünftige Verkaufsgebiet. Aufbauend auf das in der Zentrale erworbene Know-how werden die ersten Schritte gemeinsam mit dem Bezirksleiter, später auch alleine, bei den künftigen Kunden unternommen. Der Vorgesetzte unterstützt seine neuen Mitarbeiter bei dessen Arbeits- und Büroorganisation, stellt ihn im neuen Bezirksteam vor, macht ihn mit der Arbeitsweise und den Kollegen in der regional zuständigen Würth-Niederlassung bekannt und begleitet ihn zunächst bei seinen ersten Schritten im Außendienst.

Um sicherzustellen, daß jeder neue Außendienstmitarbeiter sich selbst auch mit einem hohen Maß an Eigeninitiative auf seine künftige Arbeit vorbereitet und sich das entsprechende Knowhow aneignet, findet nach drei Monaten im Rahmen eines Seminars eine Prüfung statt, in der die zunächst wesentlichen und notwendigen Grundlagen erfragt werden. Im Anschluß daran wird jedem neuen Außendienstkollegen sein künftiges Verkaufsgebiet mit den bestehenden Würth-Kunden übergeben. Vorher wurde er den Kunden bereits vorgestellt.

Zunächst nach 6, später nochmals nach 15 Monaten Unternehmenszugehörigkeit treffen sich alle Außendienstmitarbeiter eines Einstellungsquartals jeweils in einer zweitägigen Seminarveranstaltung wieder, in der brennende Fragen aus der Verkaufspraxis beantwortet, gegenseitige Tips ausgetauscht und aktuelle wichtige Informationen vermittelt werden. In dieser Phase kommt es besonders auf eine optimale Zusammenarbeit zwischen den Trainern und den jeweils zuständigen Führungskräften an, um von vorne herein unnötige Frustrationen bei den neuen Außendienstmitarbeitern zu vermeiden bzw. zu beseitigen.

Während dieser Phase des Neuanfangs bei Würth findet außerdem ein gemeinsames Wochenende aller neuen Außendienstkollegen mit ihren Partnerinnen in der Firmenzentrale statt, auf dem in verschiedenen Veranstaltungen mit Mitgliedern der Geschäftsleitung sowohl bei Diskussionsrunden, Vorträgen als auch im gemütlichen Beisammensein ausreichend Gelegenheit zum gegenseitigen Kennenlernen und Erfahrungsaustausch gegeben wird. Auch im Rahmen von Schulungsveranstaltungen in den ersten Monaten nehmen verschiedene Mitglieder der Geschäftsleitung häufig Kontakt zu den neuen Kollegen auf.

Nach dieser Einarbeitungsphase finden für alle Außendienstmitarbeiter weiterhin regelmäßige Schulungen über neue Produkte sowie Maßnahmen zur Marktbearbeitung und Kundenbindung statt. Üblicherweise werden diese Themen in den wöchentlichen Bezirkskonferenzen vom jeweiligen Bezirksleiter vermittelt. Begleitend dazu gibt es für jeden Außendienstmitarbeiter nach vorheriger Absprache mit seinem Vorgesetzten die Möglichkeit, einzelne Themenschwerpunkte in zentral oder dezentral durchgeführten Trainingsmaßnahmen der Personalentwicklungsabteilung zu vertiefen.

3 Die Nachwuchsförderung im Außendienst (Würth-Karriere Modell)

Das Personalwachstum bei Würth ist natürlich an einen permanenten Bedarf an zusätzlichen Führungskräften gekoppelt. Wer mindestens zwei Jahre lang im Außendienst erfolgreich tätig ist, hat grundsätzlich die Möglichkeit bei entsprechender Eignung von seinem übernächsten Vorgesetzten (dem Regionalverkaufsleiter) zur Teilnahme an einem Assessment-Center vorgeschlagen zu werden. Festgelegte Anforderungskriterien zur Vorauswahl an solch einer Veranstaltung sorgen dafür, daß es im Prinzip dabei keine "Verlierer" geben kann.

In diesem Assessment-Center wird die Eignung für die weitere Entwicklung im Außendienst von erfahrenen Führungskräften festgestellt. Drei Entwicklungsrichtungen sind möglich:

- Produkttrainer im Außendienst

Wer sich sehr für unsere Produkte und die ständig hinzukommenden neuen Produkte interessiert, sich mit deren Anwendungen gut auskennt und sein Know-how gerne im Bezirksteam weitervermittelt, kann hier seinem Bezirksleiter die eine oder andere Schulung der Kollegen im Rahmen von Konferenzen abnehmen.

- Feldtrainer

Wer sehr gerne mit Menschen zusammenarbeitet, ihnen etwas "zeigen" mag und sie zum selbständigen Arbeiten bewegen will, kann seinem Bezirksleiter bei der Einarbeitung neuer Außendienstkollegen z.B. in Form von Mitreisen behilflich sein.

- Bezirksleiter

Wer die beiden vorherigen Voraussetzungen erfüllt und darüberhinaus noch Fertigkeiten aufweist, anderen Kollegen bei deren beruflicher bzw. verkäuferischer Weiterentwicklung kreativ und verbindlich unterstützend zur Seite zu stehen, kann sich als Führungskraft weiterentwickeln. Persönliche Voraussetzung dafür sind einerseits eine eigene erfolgreiche verkäuferische Tätigkeit, andererseits genügend Produktkenntnisse sowie eine Freude am Umgang mit Menschen.

Für diese drei Entwicklungsrichtungen gibt es ein unternehmensinternes Nachwuchsförderungsprogramm, das sogenannte Würth-Karriere-Modell. Die ausgewählten Mitarbeiter werden dort im Rahmen von Trainingsmaßnahmen und Projekten innerhalb ihres Bezirkes (z.B. Übernahme von Konferenzen, Steuerung von Aktionen im Bezirk) auf ihre künftige Aufgabe 1-2 Jahre lang vorbereitet.

Außendienst-Führungskräfte werden ausschließlich aus den eigenen Reihen rekrutiert, um eine Kontinuität in der Außendienststeuerung und Firmenkultur zu gewährleisten. Eine Ausnahme bildet die jährliche Einstellung von Trainees für den Außendienst bei Würth. Geeignete Hochschulabgänger werden im Rahmen eines 18 monatigen Traineeprogramms für die Übernahme einer Bezirksleiter-Funktion vorbereitet und ausgebildet. Das Ganze findet ebenfalls auf der Basis der Übernahme eines Verkaufsgebietes statt, welches jeder Trainee eigenverantwortlich und möglichst erfolgreich "bearbeiten" sollte.

Wer sich nach mehrjähriger erfolgreicher Arbeit als Bezirksleiter für eine berufliche Weiterentwicklung in Richtung Regionalverkaufsleiter und möglicherweise darüberhinaus empfiehlt, wird ein weiteres entsprechendes Assessment-Center besuchen, um anschließend wenige projektbegleitende Seminare zu absolvieren, die ihn auf die spätere Aufgabe vorbereiten. Da in Bezug auf diese höchste Hierarchieebene in unserem Außendienst mangels Anzahl naturgemäß immer ein geringerer Bedarf an Neubesetzungen besteht, ist auch hier die Auswahl besonders gründlich und wird von dem jeweils zuständigen Mitglied der Geschäftsleitung gesteuert und aktiv begleitet.

4 Methoden der Außendienstschulung / geänderte Anforderungen an die Trainerqualität

Auch die Trainer der Personalentwicklungsabteilung, die Produkt-, Verkaufs- und Führungskräfteschulungen durchführen, werden größtenteils aus dem eigenen Würth-Außendienst rekrutiert. Das hat den immensen Vorteil, daß diese Kollegen mit allen internen Abläufen, Organisationen, dem Verkauf und der Führungskultur vertraut sind.

Da einerseits geeignete Außendienstmitarbeiter bereits Trainingsaufgaben innerhalb ihres Bezirkes wahrnehmen, andererseits die Außendienstführungskräfte bei Würth ebenfalls Trainer ihres Teams fungieren, entsteht automatisch bei dem einen oder anderen Kollegen schon einmal das Interesse, als hauptberuflicher Trainer für den Außendienst tätig zu werden. Für spezielle Aufgaben in Bezug auf Verkaufs- und Führungskräftetrainings sind teilweise auch speziell ausgebildete interne sowie freiberufliche Trainer tätig.

Zu Schulungszwecken stehen großzügig gestaltete Seminarräume sowie Werkstätten für Produkt- und Anwendungsdemonstrationen in der Firmenzentrale zur Verfügung. Ein Teil der Standardschulungen (z.B. für neue Außendienstmitarbeiter und Nachwuchsführungskräfte) wird immer dort in den Räumen der sogenannten "Akademie Würth" stattfinden. Um zu vermeiden, daß durch die Entfernung von der Alltagsarbeit eine allzu ausgeprägte "Inselsituation" - und damit der Vorwurf, "zu viel Theorie und zu wenig Praxis" - entsteht, gibt es bei Würth folgende Schulungsvarianten:

- Alle Seminare müssen an der Außendienst-Praxis bei Würth orientiert sein. Das heißt, die Trainer müssen sich in der Alltagsarbeit ihrer Seminarteilnehmer sehr gut auskennen. Nur so können sie wirklich helfen, praktische Tips geben, Hilfe zur Selbsthilfe veranlassen. Das erhöht außerdem die Akzeptanz der Personalentwicklungsabteilung und sorgt für eine rege Nachfrage.

  Es verhindert gleichzeitig, daß die Personalentwicklungsabteilung nicht ihr eigenes Angebot kreiert und ständig versucht, dieses bei seinen "Kunden" (dem Außendienst) zu verkaufen. Hier reguliert die Nachfrage das Angebot.

- Die meisten Schulungsmaßnahmen sollten dezentral vor Ort, d. h. im Bezirk (bei Konferenzen) oder sogar beim Außendienstmitarbeiter (bei Mitreisen) stattfinden. Dieser Umstand erfordert, daß der Trainer Vorbild sein muß, daß er bei Bedarf auch zeigen muß, "wie es geht", und daß er selbst eine Sensitivität für die Probleme und Belange des Außendienstkollegen entwickelt.

  Diese Erfahrungen kann er nicht nur seinen Trainerkollegen sofort mitteilen, sondern auch gleich in seine künftigen Seminare miteinbauen.

- Einen zusätzlichen Qualitätsanspruch an den Trainer bei Würth stellt das sogenannte "Business TV" dar, welches im Unternehmen als "Würth TV" bekannt ist.

Das Unternehmen hat sich zu dieser Methode des Wissenstransfers, insbesondere in Bezug auf Produktschulungen, bereits Ende 1995 entschlossen. Der Hauptgrund dafür ist: Zeit.

Übliche Schulungen, für die allein für die An- und Abfahrt sowie für den mehrtägigen Aufenthalt in einem Seminarraum erhebliche Zeit- und Kostenaufwände entstehen, werden in Teilbereichen durch das interaktive Medium Würth TV ersetzt.

Das heißt zu einem verabredeten Zeitpunkt werden alle in Frage kommenden Verkäufer und deren Führungskräfte in zur Zeit sechs verschiedene Niederlassungen, die mit entsprechender Sende- und Empfangstechnik ausgestattet sind, eingeladen. 1997 werden 12 von insgesamt 60 Niederlassungen mit Würth TV ausgerüstet. Von einem Studio in der Firmenzentrale aus werden zur Zeit insgesamt sechs 90 - 120 minütige Sendungen ausgestrahlt. Die Außendienstkollegen haben jederzeit die Möglichkeit, während einer Sendung Fragen zu stellen, Anregungen zu geben, sich zu beteiligen.

Der Faktor "Zeit" bezieht sich auch auf die Geschwindigkeit der Informationsweitergabe. Ohne Filter (d. h. von einer Hierarchieebene zur anderen) live und direkt die Außendienstmitarbeiter zu informieren, bedeutet auch eine größere Umsetzungsgeschwindigkeit. "Nicht die Großen fressen die Kleinen, sondern die Schnellen die Langsamen" betrifft sicher nicht nur die Gesetze auf dem Markt, sondern bezieht sich zu allererst mit Sicherheit auch auf die Kommunikationskultur in einem Unternehmen.

Der persönliche Kontakt, die Basis des Würth-Erfolgs wird deshalb nie durch eine allzu technische Kommunikation ersetzt werden. Zusätzliche Formen der Interaktion müssen jedoch miteinbezogen werden, um in einem wachsenden Unternehmen der potentiellen Unübersichtlichkeit, mangelnden Transparenz und zu langsamen Informationsgeschwindigkeit Herr zu bleiben.

Die Kernkompetenz der Firma Würth im Markt ist das Verkaufen. Deshalb wird das Medium Würth TV vor allen Dingen für Außendienst-Produktschulungen genutzt, begleitet von wichtigen Markt- und Brancheninformationen.

Für die Trainer vor der Kamera bedeutet das natürlich eine große Umstellung, sich mehrere Wochen lang auf eine 90 minütige Produktschulung innerhalb einer Sendung vorzubereiten.

Für einen erfahrenen Trainer ist die Vorbereitungszeit auf eine "normale" Schulung im Seminarraum relativ gering, die Durchführung normalerweise Routine. Es dürfen auch Patzer, Versprecher passieren, der Trainer kann sich sehr flexibel dem Wissensstand und der Stimmung innerhalb seiner Schulungsgruppe anpassen. Die "Lerngeschwindigkeit" ist insofern sehr unterschiedlich, der zeitliche Aufwand für solch eine Veranstaltung sehr groß und die Kosten (Reise- und Übernachtungskosten, Umsatzausfälle etc.) ebenfalls.

Bei Würth TV muß sich der Trainer mehrere Wochen lang auf einen festgelegten Zeitrahmen inhaltlich und strukturell vorbereiten, um hochkonzentriert das notwendige Wissen (Produkt-Know-how, Anwendungsdemonstrationen, Verkaufsargumentationen) zu vermitteln. Dabei muß er einkalkulieren, daß ebenfalls (wie in einer Live-Schulung) Fragen von Außendienstkollegen aus den Niederlassungen während der Sendung gestellt werden, ohne daß er dabei sein Konzept verlassen darf. Die zur Verfügung stehende Zeit muß eingehalten werden, da die Satelliten-Übertragung fest gebucht und eine Verlängerung in der Regel nicht möglich ist. Eine wirklich spannende Herausforderung - auch für einen sehr erfahrenen Trainer!

Die Personalentwicklungsabteilung bei Würth arbeitet sehr dienstleistungsorientiert. Es ist der Zuordnung zum Vertriebsressort zu verdanken, daß sie diese pragmatischen Wege bei der Schulung des Außendienstes geht.

**Multimediale Dienste für den elektronischen Tagungsmarktplatz -
Internet-Plattform für die interaktive Businesskommunikation**
Werner Brettreich-Teichmann
Gudrun Wiedmann

Kontaktadresse:
Werner Brettreich-Teichmann (MA)
Dipl.-Vw. Gudrun Wiedmann
Fraunhofer Institut für Arbeitswirtschaft und Organisation IAO
Nobelstraße 12, 70569 Stuttgart

Inhalt

1   Business TV im Internet

2   Tagungen und Kongresse als Drehscheibe für Information und Kommunikation

3   Mehrwert durch elektronische Marktplätze

4   Szenario für einen elektronischen Tagungsmarktplatz

5   Wirtschaftlichkeit und Umsetzungsempfehlungen

6   Ausblick: Business TV als Teil einer multimedialen Telekooperationsplattform

1 Business TV im Internet

Elektronische Marktplätze sind eine Telekommunikationsplattform, die es dem Kunden ermöglichen, unter einem bestimmten "Leitthema" eine Palette von Dienstleistungen zu erhalten, z.B. Informationsbedürfnisse zu befriedigen, neue Kontakte zu schließen und Informationen, Nachrichten, Dokumente und Software auszutauschen, gemeinsam zu bearbeiten und last but not least Produkte und Dienstleistungen zu kaufen und zu verkaufen. Aus Sicht der Anbieter, die sich zunehmend auf den elektronischen Marktplätzen versammeln, steht der Zugang zu neuen globalen Märkten und erweiterten Absatz- und Servicekanälen im Vordergrund. Auch wenn heute noch die Unübersichtlichkeit der Internet-Angebote eine Markttransparenz erschweren, regelt wie auf konventionellen Märkten das Zusammenspiel von Angebot und Nachfrage das Marktgeschehen der virtuellen elektronischen Marktplätze.

Insbesondere die rasante Entwicklung des Internet mit seiner multimedialen Diensteplattform World Wide Web (WWW), aber auch die Verbindung von Offline- und Online-Diensten sowie Conferencing-Technologie und interaktives Fernsehen tragen zur breiten Diffusion elektronischer Marktplätze wesentlich bei. Allerdings stecken viele dieser elektronischen Marktplätze heute noch in den Anfängen der Entwicklung: Handhabung und Response-Zeiten lassen vielfach noch zu wünschen übrig. Aber es scheint gewiß und die sprunghaft steigenden Aktienkurse der Internet-Anbieter belegen das Vertrauen der Investoren, daß wir heute am Beginn einer Ära stehen, in der virtuelle Marktplätze als komplementäre Einrichtungen zu traditionellen Handels- und Kommunikationformen sich ihren Platz erobern. Mit der weiteren Diffusion von Multi-Media-Rechnern und leistungsfähigen Netzen in einen breiten Massenmarkt wird die Beherrschung dieser Zukunftsmärkte von elementarer Bedeutung für alle Anbieter von Waren und Dienstleistungen werden.

Das Konzept des elektronischen Internet-Marktplatzes war deshalb für das Fraunhofer-Institut für Arbeitswirtschaft und Organisation (IAO) einer der Migrationspfade für die Weiterentwicklung des Business TV Konzeptes, mit dem das IAO bereits im Umfeld mehrerer Projekte und Veranstaltungen positive Erfahrungen gesammelt hat. Diese Erfahrungen bildeten die Basis für einen neuen Lösungsansatz für Buiness TV als Online-Angebot eines Internet-Marktplatzes. Sicherlich sind hier noch eine Reihe von technologischen Problemen beispielsweise bei der Qualität von Video und der Broadcast-Funktionalitäten zu lösen. Das Internet bietet aber gleichzeitig neue und attraktive Optionen für die Kooperation und Interaktion der Nutzer.

2 Tagungen und Kongresse als Drehscheibe für Information und Kommunikation

„Auch wissenschaftliche Konferenzen leiden heute unter der Bevölkerungsexplosion. Da die Anzahl der Futurologen mit gleicher Steigerung wächst wie die der ganzen Menschheit, herrschen bei Kongressen Hast und Gedränge. Die Referate können nicht vorgetragen werden; jeder muß sie sich im voraus zu Gemüte führen..." (Stanislaw Lem, Der futurologische Kongreß, Frankfurt/M. 1974)

Tagungs- und Kongreßveranstalter stehen heute mehr denn je unter dem Legitimationszwang, den Nutzen und den informationellen Mehrwert einer Tagung zu beweisen, um für die Teilnehmer attraktiv und damit am Markt weiter als Anbieter bestehen zu bleiben. Stand früher die Rezeption von Inhalten im Vordergrund, so verlangen die Teilnehmer einer Tagung als Drehscheibe für Information und Kommunikation zunehmend die Chance zu aktueller Information und Informationsaufbereitung sowie mehr und besserer Interaktion. Bedarfsorientierte Wissensvermittlung, Kommunikation und Kooperation sind nach unseren bisher vorliegenden Ergebnissen wesentliche Motivation von Tagungsteilnehmern.

Eine Umfrage des IAO aus dem Jahr 1996 belegt: die Teilnehmer einer Tagungen verlangen in erster Linie aktuelle und gut aufbereitete Informationen, gefolgt von der Möglichkeit, sich zu beteiligen, zu kommunizieren und Kontakte zu schließen. Es ist zwar noch nicht so weit, wie das Zitat von Stanislaw Lem nahelegt, daß die Informationsweitergabe gegenüber dem Gedankenaustausch in den Hintergrund rückt, aber es zeigen sich deutliche Tendenzen, daß der gesamte Prozeß des Informationsaustauschs auf einer Tagung neu überdacht werden muß. Vor diesem Hintergrund haben wir den „Geschäftsprozeß Tagung" hinsichtlich seines zeitlichen Verlaufs neu hinterfragt und die Phasen der Vor- und Nachbereitung in unsere Umfrage mitaufgenommen. Es zeigt sich, daß im zeitlichen Verlauf zwar vor der Tagung Informationsbedürfnisse vorherrschen (Tagungsablauf, Tagungsdokumente), aber bereits während und nach der Tagung ein hoher Bedarf an weitergehenden kooperativen Interaktionen wie Nachrichten hinterlassen, Kommentare abgeben und Teilnahme an Diskussionsforen vorliegt. Viele Teilnehmer würden tatsächlich, wie Stanislaw Lem es karriikert, im Vorfeld gerne die Referate durchsehen, um die Anwesenheit vor Ort besser für intensive Debatten und persönliche Kontakte nutzen zu können. Gleichzeitig haben die Tagungsteilnehmer vermehrt Interesse an einer hohen Qualität der multimedialen Aufbereitung einer Tagung: Text und Grafik stehen zwar weiterhin im Vordergrund - insbesondere für Standardsituationen -, Video, Audio und Fotos werden aber als wichtige Ergänzungen für Special Events genannt (z.B. Dokumentation von Beiträgen der VIPs).

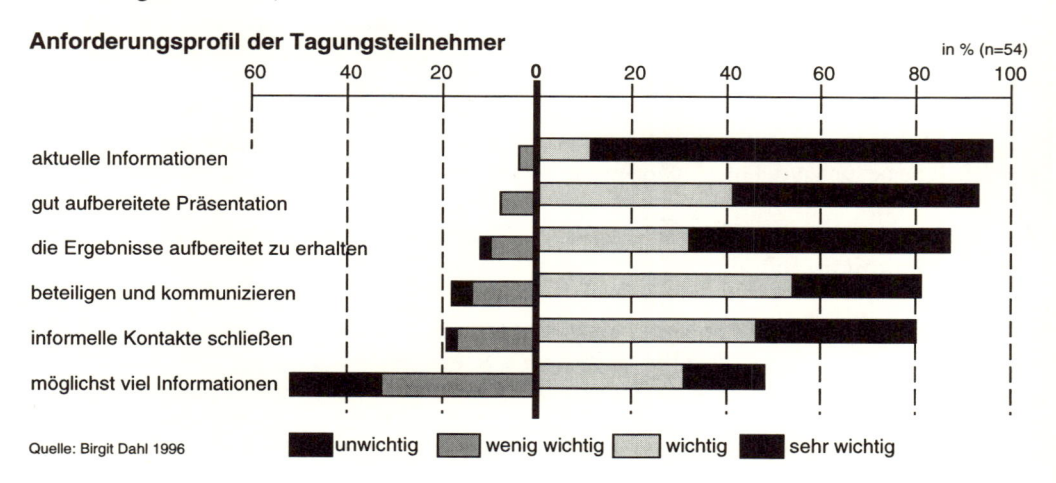

Bild 1: Informations- und Interaktionsbedürfnisse der Tagungsteilnehmer

Für die Entscheidung der Realisierung eines elektronischen Internet-Tagungsmarktplatzes als neuer Dienstleistung war es aber genauso wichtig, daß die Nachfrageseite, d.h. die Tagungsteilnehmer über eine ausreichende Medienkompetenz zur Nutzung dieser Dienstleistung verfügen: Ungefähr die Hälfte der Teilnehmer der Umfrage hat bereits Erfahrungen mit interaktiven Diensten (v.a. Internet und CD-ROM), ein Drittel bereits mit interaktiver Tagungsunterstützung (v.a. Kiosk und Internet). Wesentliche Rahmenbedingungen eines elektronischen Tagungsmarktplatzes sind damit benannt: *Multimediale* Unterstützung des „*Produktlebenszyklus*" einer Tagung bei *Information*, *Kommunikation* und *Transaktionen* von der Ankündigung im Vorfeld über die Situation auf der Tagung bis hin zur Vermarktung der Ergebnisse im Nachgang.

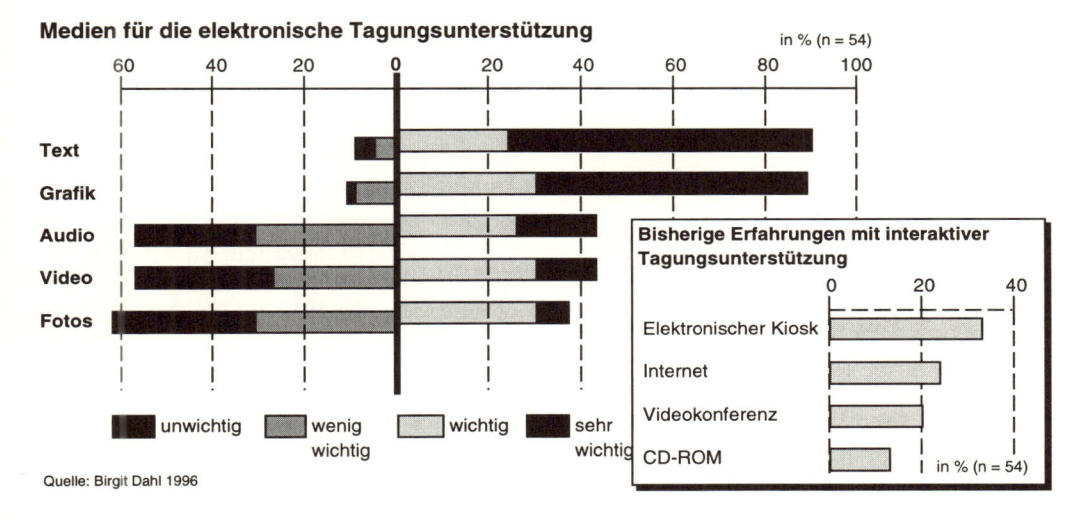

Bild 2: Multimedia-Anforderungen an die elektronische Tagungsunterstützung

3 Mehrwert durch elektronische Marktplätze

Im Internet finden sich heute unterschiedliche Anwendungsformen elektronischer Marktplätze beispielsweise elektronische Handelshäuser wie das Global Trade Center, die als elektronische Supermärkte Produkte und Dienstleistungen in einem Spektrum abdecken, das weit über das Angebot des klassischen Versandhandels hinausgeht oder branchenorientierte Internet-Dienste wie GeoCities, das als Broker einer Vielzahl von kommunalen Initiativen ein Forum bietet. Auch für Spezialinteressen finden sich neue Angebote wie Auctions-online, das weltweite Kunstauktionen im Internet annonciert und einen Bestellservice für elektronische Kunstkataloge publiziert. Daneben gibt es eine Reihe von Initiativen, Vereinigungen und Berufsgruppen, die Plattformen für elektronische Marktplätze zur Verfügung stellen wie die American Society for Quality Control oder CORE-Industrial Design Network, die neben Informationen auch online-Dienstleistungen und -Softwareupdates anbieten. Ein neuer Zweig in diesem stark expandierenden Feld sind virtuelle Kongresse, die mit der Interact '96 ihre Premiere hatten, und virtuelle Messen wie der Hannover Messe.

Gemeinsam ist diesen elektronischen Marktplätzen, daß sie eine Plattform bilden, mit dessen Hilfe ein (privater) Nutzer von seinem Standort aus elektronische (Markt-)Transaktionen anbahnen, abschließen und abwickeln kann, sowie mit anderen Marktteilnehmern kommunizieren kann. Weiteres Merkmal ist, daß elektronische Marktplätze typischerweise eine offene Plattform für Anbieter und Käufer bieten. Während die große Mehrzahl der Internet-Angebote heute noch von Einzelanbietern beherrscht wird, finden sich auf elektronischen Marktplätze unterschiedliche Anbieter eines Marktsegments oder entlang von Wertschöpfungsketten. Zunehmend übernehmen Vermittler bzw. "Broker" die Aufgabe, das Angebotsportfolio auf diesen Märkten zu managen, d.h. übersichtlich zu gestalten und die Aktualität der Information sicherzustellen. Elektronische Märkte sind nicht stabil, sondern sind dynamisch organisiert. Die Partner wie die Angebote wechseln oder verändern sich häufig. Unter diesem virtuellen Dach findet der Kunde ein breites und aktuelles Angebot von Diensten.

Die vier Grundfunktionen elektronischer Marktplätze sind Präsentation, Information, Kommunikation und Transaktion. Beispielsweise kann der Tagungsveranstalter das Programm der Tagung - um Video- und Audioquellen angereichert - präsentieren (Medienintegration), die Kunden und „Besucher" des elektronischen Marktplatzes können sich - räumlich und zeitlich verteilt - unverbindlich über diese informieren und synchron oder asynchron in Kontakt mit dem Anbieter treten, um weitergehende Transaktionen wie Tagungsanmeldungen oder Rückfragen zu vereinbaren. Ein elektronischer Tagungsmarktplatz ermöglicht vor diesem Hintergrund die Realisierung eines spezifischen informationellen Mehrwertes:

- Produkt-/Angebotsorientierter Mehrwert: Dienstleistungen wie Tagungen können zeitlich und räumlich unbeschränkt beworben werden (Wettbewerbsfaktor Aktualität und Reichweite); Kundenspuren können aufgezeichnet und mithilfe von Kundenprofilen für die Anpassung und Weiterentwicklung des Produktportfolios ausgewertet werden;
- Prozeßorientierter Mehrwert: Die Abwicklung des allgemeinen Geschäftsverkehrs zwischen Kunde und Veranstalter kann beispielsweise bei Anmeldung, Registrierung und

Bezahlung durchgängig organisiert werden (Wettbewerbsfaktor Effizienz und Effektivität)
- Nachfrageorientierter Mehrwert: elektronische Märkte leisten durch die Möglichkeit zu individuellen Vergleichen (Preis-Leistungsverhältnis) und zu der indivuellen Konfiguration von Angeboten durch den Nutzer einen Beitrag zu mehr Markttransparenz (Wettbewerbsfaktor Individualität und Kundenorientierung).

4 Szenario für einen elektronischen Tagungsmarktplatz

Anhand des prototypischen Zielproduktes elektronischer Marktplatz für die Tagung *„Dienstleistungen für das 21. Jahrhundert"* vom 27. bis 28. November 1996, veranstaltet vom Bundesministerium für Bildung, Wissenschaft, Forschung und Technologie, lassen sich Umsetzung und Nutzenpotentiale konkretisieren. Dieser elektronische Marktplatz soll eine multimediale Service-Plattform für die Kunden der gleichnamigen Tagung bieten. Zum einen vor Tagungsbeginn und nach Tagungsende auf breit verfügbaren Kommunikationsplattformen (Internet und CD-ROM) und zum anderen auf der Tagung selbst mit benutzerfreundlichen Kiosksystemen. Im einzelnen sollen folgende Tagungsziele elektronisch unterstützt werden:

(vorwiegend) Information & Kommunikation
- den Erfahrungsaustausch zwischen Wissenschaft, Wirtschaft und Politik zum Thema "Dienstleistung" verstärken und den Kundenkreis der Tagung erweitern helfen.
- ein erstes Feedback zu Themen der Tagung aus der breiten Öffentlichkeit aufnehmen sowie Fragestellungen von Interessenten an Referenten vorab aufgreifen, um sie auf der Tagung zur Diskussion zu stellen;
- das Knüpfen von Kontakten der Teilnehmer untereinander unterstützen und zur Vorbereitung von Partnerschaften und Antragskonsortien beitragen;
- eine erste Bewertungen und Kommentare zur Tagung bzw. zu Tagungsinhalten ermöglichen;
- die Diskussion, den Erfahrungsaustausch und die Kontaktbörse auch nach der Tagung fortführen, als Baustein für ein langfristiges Marketing der Marke „Dienstleistungen für das 21. Jahrhundert";

Produkte	Dienste	Leistungsumfang
Live-Internet-Konferenz	**Telekonferencing und Chatting**	
Informationen über die Konferenz	Elektronisches Schaufenster	Info-Anzeigen
Broadcasting via Internet	Telekonferencing	Telediskussion, Telepostersession
Fragen an Pressekonferenz	Chatting	Diskussion-Chat, Poster-Chat
Aufzeichnung der Pressekonferenz	Elektronisches Dokument	Presseberichte, Meinungen, Trends
Die Tagung	**Dokumenten-Bibliothek**	
Topics	Elektronische Zeitung	Hintergrund, Presseberichte, News
Tagungsprogramm	Elektronisches Schaufenster	Programm-Anzeige
	FAQ's, FYI's	Programm-Katalog, -Assistent
Referenten	Elektronisches Schaufenster	Referenten-Anzeige
	FAQ's, FYI's	Referenten-Katalog,
Teilnehmer	Elektronisches Schaufenster	Teilnehmer-Anzeige
	FAQ's, FYI's	Teilnehmer-Katalog,
Chat Lounge ›Tagung‹	Elektronische Post, Mailing-List	Feedback-Mail u. -List,
		Referenten-Mail u. -List
Tagungsbüro	**Dokumenten-Bibliothek und Transaktionsdienste**	
Serviceinfos	Elektronische Schaufenster	Info-Anzeigen, Werbe-Anzeigen
Anmeldung	Order-Service	Anmelde- u. Gebührenformular
Feedback	Elektronische Post	Kunden-Mail
Reiseinfos	Order-Service	Info-Anzeigen, Buchungsformular
Veranstalter-Team	Elektronische Schaufenster	Info-Anzeigen
Pressebüro	**Dokumenten-Bibliothek und Transaktionsdienste**	
Anmeldung	Order-Service	Anmelde- u. Gebührenformular
Presseinfo	Elektronische Schaufenster	Info-Anzeigen, Werbe-Anzeigen
Pressematerial	Elektronische Zeitung	Presseerklärungen, Veröffent-
		lichungen, Infos zur Pressekonferenz
Chat Lounge ›Presse‹	Elektronische Post, Mailing-List	Referenten-Mail u. -List
Chat Lounge	**Newsgroups**	
Chat Lounge ›Dienstleistungen für das 21. Jahrhundert‹	Newsgroups	Themen-u. Interessengruppen
	Elektronisches Schaufenster	Info-Anzeigen, Werbe-Anzeigen
Kontaktbörse – Meeting Point	**Bulletin Board System**	
Angebotsbörse	Bulletin Board	Poster-Board zur Selbstdarstellung
Kontaktsuche	Bulletin Board	Kontakt-Board zur Kontaktaufnahme
	Elektronische Schaufenster	Ideen-, Kontakt- u. Such-Anzeigen
Hot News	**Elektronisches Schaufenster**	
Informationssticker	Elektronisches Schaufenster	Info-Anzeige ›News‹
Online-Dokumentation	**Dokumenten-Bibliothek**	
Autoren	Elektronisches Buch	Autoren-Bibliothek
Themen	Elektronisches Buch	Themen-Bibliothek
Tagung	Elektronisches Buch	Tagungs-Bibliothek

Bild 3: Multimediale Dienste für die elektronischen Tagungsunterstützung

(vorwiegend) Information & Transaktion
- die Tagung an potentielle Interessenten und die Presse vermarkten und deren Zugang, insbesondere die Anmeldung, organisatorisch erleichtern.
- aktuelle Live-Informationen aus der Tagung für die Nachbearbeitung bei Medien und Agenturen bereitstellen;
- Tagungsdienste wie das Tagungsbüro oder Nachrichtendienste für Teilnehmer und Presse bereitstellen.
- die Ergebnisse der Tagung interaktiv aufbereiten und breit als online-Dienst und offline-Produkt (CD-ROM) vermarkten.

Mit dieser Zielsetzung wird der elektronische Tagungsmarktplatz mehrere Kundengruppen ansprechen:

- Potentielle Kundengruppen für die Teilnahme an der Tagung (Marketing über breiten, anonymer Massenmarkt)
- Interessenten für die Tagung (Vorab-Services für Information, organisatorische Abwicklung, Kommunikation)
- Multiplikatoren für die weitere Vermarktung (Presseorgane, intermediäre Organisationen, Networks zu weiteren Internet-Tagungsmarktplätzen)
- Teilnehmer der Tagung (Service-Leistungen für Vor-Ort-Teilnehmer und virtuelle Teilnehmer)
- Interessenten- bzw. potentieller Kundenkreis für das Thema (Mittel- bis langfristige Service-Leistungen zur weiteren Kundenattraktion und -bindung)

Darüberhinaus sollten die internen und externen Kunden im Geschäftsprozeß eingebunden werden wie z.B. Tagungsleitung und -organisation, Pressebüros, Hotel und Tourismus sowie unterstützt werden durch organisatorische Unterstützungswerkzeuge für Sub-Prozesse wie Anmeldung, Call Back Center oder Tagungs-Controlling.

Auf der Basis dieser Ziele wurde ein Produktportfolio für generische multimediale Tagungsdienste entworfen, das für den elektronischen Tagungsmarktplatz „Dienstleistungen für das 21. Jahrhundert" exemplarisch umgesetzt wurde (Bild 3). Während die Mehrzahl der in Bild 3 aufgeführten Dienste heute zum Standard auf dem Internet gehören, handelt es sich bei der Live-Internet-Konferenz um eine völlig neuartige Anwendung, die eine volle Business-TV-Funktionalität im Internet ermöglichen soll. Es wird eine Kombination aus Audio-Video-Verteildienst (Broadcast) mit paralleler Chat Lounge im WWW angestrebt, die einer begrenzten Anzahl von Nutzern auch die synchrone Beteiligung an der Tagung ermöglicht. Hierfür werden neben dem Audio-Video-Dienst, Werkzeuge für die Chat Lounge sowie Moderatorenwerkzeuge getestet und implementiert.

5 Wirtschaftlichkeit und Umsetzungsempfehlungen

Bei der Entscheidung über den wirtschaftlichen Einsatz eines elektronischen Marktplatzes zur Tagungsunterstützung müssen eine Reihe von Kenngrößen zur Kosten-/Nutzenrelation abgewogen werden. Zu den allgemeinen Aufwänden einer elektronischen Tagungsunterstützung gehören folgende Posten (Bild 4 liefert eine exemplarische Checkliste):

- Produktions- und Entwicklungskosten: Akquisition (z.B. Zielgruppenanalyse), Konzeption, Multi-Media-Produktion.
- Aufwand beim Auftraggeber bzw. Tagungsveranstalter: personelle und zeitliche Aufwände für die Zieldefinition, Mitwirkung bei der Konzeption, Vermarktung des elektronischen Marktplatzes, Bereitstellung von Materialien, inhaltliche Überarbeitung und Kontrolle.
- Service-Providerkosten: Hosting-Konzept, laufende Betriebskosten, laufende Supportkosten für Wartung und Aktualisierung.

Der Nutzen von einer elektronischen Tagungsunterstützung bezieht sich auf den unmittelbaren Nutzen und längerfristige Marktentwicklungsaspekte für den Anbieter bzw. Tagungsveranstalter:

- kurzfristige Nutzenaspekte: Umsatzsteigerung durch die Einnahmen von beispielsweise elektronischen Werbeflächen, Online-Shopping und Transaktionen, Kostenreduktion durch Entlastung des Tagungspersonals, Erweiterung der Distributionskanäle (Substitution von traditionellen Materialien) Dokumentationspflicht des Tagungsangebots, kostengünstiger Vertrieb von Dienstleistungen, schnelle Verbreitung von Informations-Dienstleistungen, Mehrfachnutzung von Informationen (organisationsinterne und -externe Nutzung), kostengünstige Erhöhung der Verfügbarkeit gegenüber Kunden bzw. Teilnehmern und verbesserte Auskunftsbereitschaft auch außerhalb der Arbeitszeiten, teures Expertenwissen wird für Teilnehmer verfügbar (qualitative Steigerung des Dienstleistungsangebots);
- längerfristige Marktentwicklungsaspekte: Prestige- und Imagegewinn, Know-how-Gewinn, höhere Teilnehmerzufriedenheit bzw. Teilnehmermotivation durch gezielte Teilnehmeransprache und -beratung, Qualitätssteigerung in Bezug auf die Tagungsinhalte und den Tagungsservice, Wettbewerbsvorteile durch erhöhte Unterstützung der Teilnehmer in ihren Tätigkeitsbereichen sowie durch Informationsaktualität und Online-Zugang.

1	**Anwendungsentwicklung**
	Konzeption und Umsetzung Systemarchitektur
	SW-technische Konzeption inkl. Storyboard
	Screendesign für den elektronischen Marktplatz (Design homepage + ca. 50 Folge-html-pages als Basis-Frames, weitere html-pages werden darüber erzeugt)
	Umsetzung in html-pages
	Konzeption und Entwicklung von 3 2D-Chat Lounges inkl. Formularseiten für Benutzereingaben, Scripten zur Auswertung von Benutzerangaben und zur Generierung von dynamischen WWW-Seiten für die Präsentation im WWW)
	Konzeption und Entwicklung von 4 Formularen zur Anmeldung, Feedback, Presseanmeldung und Kontaktbörse - inkl. Mailing mit Anbindung an Datenbank-Verwaltung für die Tagungsorganisation - inkl. dynamische Generierung von html-pages aus den Datenfeldern für die Präsentation im WWW
	Integration/Installation/Testing
	Umsetzung in eine CD-ROM-Anwendung (inkl. Online-Anbindung)
2	**Contentproduktion inkl. Qualitätsoptimierung**
	Videoschnitt und Digitalisierung (ca. 100 Standbilder/Videofilmsequenzen mit insgesamt 60 Minuten) Vorlage: Beta- oder VHS-Format
	Produktion von Grafiken (ca. 50 Grafiken) Vorlage: Standardformate wie .pict, .eps oder .tiff-Format
	Produktion von Farbbildern (ca. 30) Vorlage: Farbpositiv-/negativ
	Produktion von Animationen (ca. 5)
	Design des CD-ROM-Booklets
3	**Hosting**
	Betriebskosten für WWW-Server
	Supportkosten während des Betriebs (inkl. vor-Ort-Support während der Tagung)
	Fixe und variable Kosten für eigene Internet-Domain: www.dienstleistung.de
	Internet-Vermarktung der Adresse
4	**Infrastrukturkosten während der Tagung**
	Bereitstellung 10 Kiosk-Systeme inkl. Pcs, Eingabegeräte, Lautsprecher inkl. Implementierung des elektronischen Marktplatzes & Server-Kommunikation
	Bereitstellung einer Multimedia-Redaktionsumgebung für Live-Produktionen während der Tagung inkl. Personalkosten für Redaktion/Multi-Media-Produktion (für Videoproduktion, Farbbildproduktion, etc.)
5	**Projektmanagement und Reisekosten**
6	**Übergabe der Client-Server-Anwendung inkl. html-Seiten und Contents mit allen Nutzungsrechten** • auf Wechselplatte und • Master-CD-ROM der CD-ROM-Anwendung

Bild 4: Exemplarische Checkliste für die Ausschreibung eines elektronischen Tagungsmarktplatzes

Den Kosten des elektronischen Marktplatzes steht darüber hinaus die Chance gegenüber, neue Dienstleistungen gegenüber anderen Akteuren zu plazieren, um dadurch eine neue Einnahmequelle zu erschließen:

- Sponsoring: Zuwendung von Finanz-, Sach- und / oder Dienstleistungen durch einen Sponsor an den Tagungsveranstalter. Diese Zuwendungen können also Finanzzuschüsse, Hardware-Komponenten sowie Software-Dienstleistungen einer elektronischen Tagungsunterstützung beinhalten. Die Sponsoren (z.B. Anbieter von Kioskgehäusen / Multimediaprogrammen) verfolgen eigene Ziele für ihr Unternehmen oder für einzelne Produkte bzw. Marken, die mit den Tagungszielen gekoppelt sein können, in diesem Falle etwa Serviceorientierung, Innovation, Internationalität.
- Werbung: In der Kioskanwendung können elektronische Werbeflächen für Werbetreibende eingerichtet werden, die dem Service-Provider eine Gebühr entrichten müssen. Die Werbeangebote des Tagungsveranstalters können dabei beispielsweise enthalten:
  – elektronische Visitenkarte, die Kurzdarstellungen von Unternehmen oder Organisationen beinhaltet. Zur Darstellung steht eine DIN A4 Seite für Texte und Bilder zur Verfügung.
  – umfangreiche Präsentationen von Unternehmen auf mehreren Seiten mit Verzeichnissen und Hyperlinks auf andere Seiten oder Internetverzeichnisse.
  – Dialogformulare für den Austausch von Information wie Bestellformulare für Online-Shopping und der Austausch von Adressen für die Kontaktaufnahme mit Unternehmen.
  – Elektronische Magazine (z.B. Tagungszeitung), in denen der Werbetreibende Werbung und Informationen über Veranstaltungen sowie über die Region anbieten kann.

Last but not least hat auch der Kunde und Endanwender eine Reihe von Nutzenvorteilen, die einen Erfolg des Dienstleistungsproduktes „Elektronischer Tagungsmarktplatz" auf der Nachfrageseite absichern:

- Schneller und gezielter informiert: Persönlich zusammenstellbare Informationspakete ermöglichen eine Individualisierung des Informationsabrufs, der Nutzer erhält die Information, die er benötigt.
- Zu jeder beliebigen Zeit informiert: Verfügbarkeit nicht an Geschäftsöffnungszeiten gekoppelt.
- Umfassender und breiter informiert: Elektronische Informationen sind nicht durch physische Mengenbegrenzungen limitiert.
- Bequemer informiert: Die „Ortlosigkeit" der elektronischen Dienste ermöglicht den Informationsbezug an einem durch den Teilnehmer gewählten Ort.
- Wissensrückstand gegenüber Konkurrenten verkleinert sich: Der Teilnehmer kann sich durch Informationsangebote Expertenwissen aneignen.
- Auswahl an Quellen: Möglichkeit zum Informationsvergleich bzw. Informationsüberprüfung.
- Erleichterung der Informationsspeicherung gegenüber traditionellen Informationsträgern.

6 Ausblick: Business TV als Teil einer multimedialen Telekooperationsplattform

Der elektronische Tagungsmarktplatz im Internet ist einer der Migrationspfade von Business TV auf einer Plattform, die den Abschied von der „Informationseinbahnstraße" ermöglicht und Business TV in eine Ära multimedialer Telekooperation weitervorantreibt. Aufgrund der derzeitigen Restriktionen im Internet (variable, teilweise zu geringe Übertragungsbandbreite) können die Broadcast-Funktionalitäten von Business TV zur Zeit nur in einer geringen Qualität realisiert werden. Die Zukunft der Datenkompression und die Konvergenz schmal- und breitbandiger Dienste versprechen jedoch eine Zukunft, in der diese technischen Restriktionen überwunden werden können.

Bereits heute bietet die Internet Plattform eine Reihe von Vorzügen, die es als Alternative für breitbandiges Business TV attraktiv macht. Erstens, als eine allgemeine Telekooperationsplattform ist es Teil vieler Unternehmensinfrastrukturen. Durch die Skaleneffekte wird der Break-even-point erheblich gesenkt. Zweitens, die Nutzung von Standardplattformen ermöglicht es, nicht nur geschlossene Nutzergruppen, sondern darüber hinaus einen anonymen Markt zu adressieren, der mit enormen Zuwachsraten wächst. Drittens, die Anwendung ist Teil einer Forschungs- und Entwicklungs-Community rund um das Internet, die täglich wächst und neue Innovationen hervorbringt, und damit den Mehrwert des Gesamtsystems Internet permanent erhöht. Der elektronische Tagungsmarktplatz als modulares Konzept ist dabei nur ein Baustein auf dem Weg zum „globalen Dorf".

Datenschutz: Neue Anforderunugen an Business Television
Alexander Roßnagel

Kontaktadresse:
Prof. Dr. Alexander Roßnagel, Häusserstr. 33, 69115 Heidelberg

Inhalt

1 Der Regelungsdschungel

2 Anwendungsbeispiel: Telelernen

2.1 Organisationsmöglickeiten

2.2 Personenbezogene Daten

2.3 Datenschutzrisiken

2.4 Datenschutzrechtliche Prinzipien

2.5 Datenschutzrechtliche Anforderungen an Telelernen

2.6 Rechte des Teilnehmers

2.7 Datenschutzkontrolle

3 Ausblick: Teledienstgesetz

3.1 Teledienstgesetz

3.2 Frühzeitige Technikgestaltung

4 Literatur

1 Der Regelungsdschungel

Werden im Rahmen von Business Television personenbezogene Daten erhoben, verarbeitet oder genutzt, ist ein adäquater Datenschutz eine unverzichtbare Voraussetzung, um Business Television Anwendungen anbieten und nutzen zu können. Hierfür sind zumindest die rechtlichen Anforderungen des Datenschutzes zu erfüllen.

Leider gibt es keine spezifischen oder auch nur einheitlichen Datenschutzregelungen für Business Television. Vielmehr sind verschiedene Regelungen heranzuziehen, die aufgrund der verfassungsrechtlichen Kompetenzverteilung von unterschiedlichen Gesetz- und Verordnungsgebern erlassen worden sind. Diese knüpfen an jeweils unterschiedliche Tatbestände an. Zumindest drei Regelungsebenen sind zu berücksichtigen:

- bereichsspezifische Datenschutzregelungen der *Telekommunikation*. Für sie ist der Bund zuständig. Sie sind derzeit im Fernmeldeanlagengesetz, im Post- und Telekommunikationsregulierungsgesetz und in den Telekommunikationsdatenschutzverordnungen zu finden. Sie werden durch die Regelungen des Telekommunikationsgesetzes (TKG)[1] und der Telekommunikations- und Informationsdienstunternehmens-Datenschutzverordnung[2] ersetzt. Sie sind einschlägig, soweit bei der Vermittlung und Übertragung von Business Television personenbezogene Daten erhoben, verarbeitet oder genutzt werden.

- bereichsspezifische Datenschutzregelungen der *Medienangebote*, für die derzeit noch die Mediengesetze der Länder Regelungen enthalten. Das Landesmediengesetz Baden-Württemberg (LMedienG) beispielsweise gilt nicht nur für Rundfunk, sondern auch für rundfunkähnliche Kommunikation. Hierunter fallen alle Angebote, die auf Zugriff oder auf Abruf bereitgehalten ("veranstaltet") werden. Die datenschutzrechtlichen Regelungen des LMedienG gelten sowohl für den Betrieb der technischen Einrichtungen, die für die Veranstaltung rundfunkähnlicher Kommunikation erforderlich sind (Multimedia-Server), als auch für die Business Television Veranstaltung selbst. Der Bund bereitet derzeit ein Gesetz über die Nutzung von Telediensten (Teledienstgesetz - TDG) vor. Ein Referentenentwurf wurde im Juli 1996 veröffentlicht. Dieses Gesetz soll für die individuelle Nutzung von multimedialen Telediensten dienen. Es dürfte für die meisten Anwendungen von Business Television die Regelungen der LMedienG verdrängen. Die übrigen der Allgemeinheit angebotenen Teledienste wie Video-on-Demand sollen in einem Länderstaatsvertrag ebenfalls neu geregelt werden.

- *allgemeine* Datenschutzregelungen, nach denen die Datenverarbeitung aufgrund einer individuellen Kommunikation zwischen einem Anbieter und einem Teilnehmer zu beurteilen ist. Diese sind für den behördlichen Bereich des Bundes und den gesamten privaten Bereich im Bundesdatenschutzgesetz (BDSG) und für den behördlichen Bereich der Länder in den Landesdatenschutzgesetzen (LDSG) zu finden.

Die folgende Darstellung orientiert sich an dem derzeit gültigen Recht der Bundesrepublik Deutschland und des Landes Baden-Württemberg. Soweit durch künftige Rechtsänderungen praxisrelevante Unterschiede hervorgerufen würden, wird auf diese am Ende des Beitrags hingewiesen. Die Darstellung beschränkt sich auf die Datenschutzregelungen, die für die Veranstalter von Business Television und die Betreiber von Multimedia-Servern relevant sind. Sie geht nicht auf die für die Telekommunikationsdienstleistungen geltenden Vorschriften ein.[3]

2 Anwendungsbeispiel: Telelernen

Die genannten Datenschutzregelungen betreffen allgemeine Sachverhalte und sind für die Anwendungen von Business Television zu konkretisieren. Um dies zu erleichtern, werden sie an einem Beispiel erläutert. Als solches soll Telelernen im unternehmensübergreifenden Bereich gewählt werden. Betriebs- oder unternehmensinterne Anwendungen erfordern zwar auch die Verarbeitung personenbezogener Daten. Die dadurch entstehenden Fragen des Datenschutzes werden aber durch Fragen des individuellen Arbeitsrechts und des Betriebsverfassungsrechts überlagert. Sie hier mitzubehandeln, würde den Rahmen des Kurzbeitrags sprengen. Die spezifische Datenschutzproblematik wird dagegen für das Beispiel einer unternehmensübergreifenden Anwendung deutlicher und kann auf unternehmensinterne Anwendungen im Rahmen der betrieblichen Mitbestimmung übertragen werden. Telelernen soll daher als Beispiel für viele andere Anwendungen von Business Television stehen, die die Grenzen des jeweiligen Unternehmens überschreiten.

Gehen wir also davon aus, eine Sprachschule bietet Sprachkurse an. Ein Unternehmen, das intensive Geschäftskontakte nach Südamerika unterhält, nutzt die Spanischkurse für seine Mitarbeiter. Ein Automobilhersteller, der ein neues Modell einführt, entwickelt Schulungskurse für seine Vertragswerkstätten. Ein Hersteller von Elektrogeräten will seine Vertragshändler über seine neuen Produkte und ihre Marketingstrategie informieren. Die Teilnehmer wählen das jeweilige Telelernangebot an ihrem Fernsehgerät aus und weisen ihre Empfangsberechtigung mit einer PIN oder Chipkarte nach. Sie können nicht nur die multimedialen Lernprogramme empfangen, sondern auch individuell beeinflussen. Sie können Schwierigkeitsgrade wählen, die Geschwindigkeit des Vorgehens bestimmen, Passagen überspringen oder wiederholen und Kontrollaufgaben lösen. Sie nutzen das Lernprogramm über den Rückkanal interaktiv. Diese Interaktion findet entweder mit dem Server eines Multimedia-Betreibers statt oder wird zum Veranstalter durchgeschaltet.

2.1 Organisationsmöglichkeiten

Für die technisch-organisatorische Einbindung solcher Dienstleistungen bestehen hohe Freiheitsgrade in der Systemgestaltung. Sie können auf unterschiedliche organisatorische Träger verteilt oder bei einem konzentriert werden. Zu vermuten ist, daß künftig einige Funktionen zusammengefaßt, aber in der Regel mehrere Akteure zusammenarbeiten und dabei auch personenbezogene Daten austauschen werden. Als notwendige Funktionen und Akteure sind anzusehen:

- Service-Provider für das Anbahnen und Abwickeln der Verträge für die Inanspruchnahme von Business Television Angeboten sowie für die Betreuung der Teilnehmer,

- Veranstalter, die ein Business Television Programm entweder selbst herstellen oder von einem darauf spezialisierten Vertragspartner erstellen lassen. Sie übermitteln ihre Angebote zum Verbreiten an einen Server-Betreiber oder treten selbst als ein solcher auf,

- Anbieter, die bestimmte zusätzliche Angebote, wie etwa Unterrichtsbroschüren oder CD-ROM, Lehrbücher, Lexika oder ähnliches im Rahmen von Business Television Programmen anbieten,

- Betreiber von Multimedia-Servern, die das Lernprogramm codieren, speichern und mit vielen anderen Angeboten zusammen zum Abruf bereithalten,

- Telekommunikationsdienstleister, die die Bewegtbildsignale vermitteln und übertragen,

- Inkasso-Betreiber, die die Business Television Angebote abrechnen,

- Sicherungsdienstleistungsinstanzen, die Identifikationsmittel und Berechtigungsträger wie PINs und Chipkarten ausgeben, ändern und verwalten.

Alle oder einige dieser Funktionen können organisatorisch zusammengefaßt sein. Dennoch kann es im Hinblick auf den spezifischen Zweck der Datenverarbeitung notwendig sein, diese Funktionen getrennt zu betrachten. Selbst wenn mehrere Funktionen zusammenfallen, kann es erforderlich sein, die funktionsspezifischen Datensammlungen getrennt zu halten und zu behandeln.

2.2 Personenbezogene Daten

Um jede der genannten Funktion erbringen zu können, werden in der Regel personenbezogene Daten verarbeitet. Während der Teilnehmer im einseitigen Kommunikationsprozeß des klassischen Rundfunks keine Datenspuren hinterläßt, sind sie in Business Television vielfältig und aussagekräftig.

- Die Betreiber und eventuell auch die Veranstalter müssen *Stammdaten* über die Teilnehmer, ihre Anschlüsse, ihre Bankverbindungen und die von ihnen genutzten Dienste und Angebote speichern. Für den Betrieb des Servers sind weitere Bestandsdaten notwendig wie Account-ID, User-ID, Zugangs- und Zugriffskontrolldaten oder der Kontostand des Teilnehmers.

- Für die technische Abwicklung der Verbindung ist die Verarbeitung der Teilnehmernummern und des genutzten Dienstes als *Verbindungsdaten* erforderlich. Als solche gelten auch die Nutzungsdaten über das bezogene Angebot, den Zeitpunkt, die Zeitdauer und andere leistungsbezogene Informationen. Zu ihnen gehören ebenfalls die Daten, die der Teilnehmer durch die interaktive Nutzung des Rückkanals erzeugt.

- Aus den Verbindungsdaten werden in mehreren weiteren Verarbeitungsschritten mit Hilfe von Tarif- und Servicedaten die *Abrechnungsdaten* erzeugt. Sie sind die Grundlage für die Rechnungserstellung. Für das Inkasso und dessen Durchsetzung müssen möglicherweise weitere Daten erfaßt werden.

2.3 Datenschutzrisiken

Zielsetzung des Datenschutzes ist es, das Recht auf informationelle Selbstbestimmung zu schützen. Die verfassungsrechtliche Grundlage des Datenschutzes bildet das Grundrecht des allgemeinen Persönlichkeitsrechts (Art. 2 Abs. 1 GG) in seiner speziellen Ausprägung als informationelles Selbstbestimmungsrecht. Nach den Feststellungen des BVerfG "gewährleistet" dieses Recht, "die Befugnis des einzelnen grundsätzlich selbst über die Preisgabe und Verwendung seiner persönlichen Daten zu bestimmen" (BVerfGE 65, 1 (43)).

Dieses Recht könnte gefährdet sein, wenn ohne Kenntnis und Zustimmung personenbezogene Daten des Teilnehmers erhoben, verarbeitet oder genutzt würden. Insbesondere wird befürchtet, daß durch die Datenverarbeitungen "sehr sensible *Datensammlungen*" entstehen können. Mit ihrer Hilfe könnten bisher anonym gebliebene Lebenssachverhalte individuell zugeordnet werden - wie etwa Lerneifer oder Lernfortschritte, Lernvermögen, Wissensdefizite oder Interessenlagen.

Als datenschutzrechtlich bedeutsam wird bei diesen Datensammlungen gesehen, daß sie nicht nur eine Vielzahl von für sich genommen möglicherweise harmlosen Einzelinformationen enthalten, sondern daß diese Daten ohne Schwierigkeiten personenbezogen zusammengefaßt werden können. Als größtes Problem gilt daher die Sammlung von Kommunikationsdaten und Nutzungsdaten und ihre Aufbereitung zu *Persönlichkeitsprofilen*. Die Landesbeauftragte für den Datenschutz in Baden-Württemberg befürchtet: "Da wäre dann penibel registriert, wer wann welche Programme auswählte, Filme abrief, Bücher aussuchte und Stadtpläne studierte. Feststellbar wäre z.B. auch, wer sich wann mit welchen Videospielen vergnügte, wer Bildungseifer zeigte und an einem Tele-Teaching teilnahm und wer wann sich welche Warenkataloge wie ansah und welche Bestellungen tätigte. Über jeden 'Datenautobahnfahrer' ließe sich auf diese Weise problemlos ein umfassendes Interessen- und Persönlichkeitsprofil erstellen, der gläserne Medienkonsument wäre perfekt."[4] Befürchtet werden nicht nur *explizite* Persönlichkeitsprofile in Form von Dateien. Zu verhindern sei auch der Aufbau *impliziter* Persönlichkeitsprofile durch Teilnehmer- und Interaktionsdaten, die im Gesamtsystem auf mehrere Akteure verteilt sind.

Eine weitere Befürchtung gilt der *Zweckentfremdung* personenbezogener Daten. Die Datensammlungen könnten über ihren ursprünglichen Zweck, für den sie erhoben und vom Teilnehmer bewußt bereitgestellt worden sind, hinaus für eine Vielzahl anderer Zwecke genutzt werden. Eine Form der Zweckentfremdung könnte die Vermarktung der gewonnenen Daten für Marketingzwecke oder die Weitergabe für privatwirtschaftliche Überwachungszwecke sein.

Insbesondere Auskunfteien könnten sich für die Daten interessieren. Diese werden nicht nur bei Kreditentscheidungen eingeschaltet, sondern geben zunehmend Daten an Arbeitgeber und Versicherungen weiter.

2.4 Datenschutzrechtliche Prinzipien

Um diese Risiken auszuschließen, müssen folgende prinzipiellen datenschutzrechtlichen Anforderungen gewährleistet werden:

- die Entscheidungsfreiheit der Betroffenen darüber, wer ihre personenbezogenen Daten zu welchem Zweck verarbeiten darf,

- die Transparenz über Art, Umfang und Zwecke der Verarbeitung seiner personenbezogenen Daten bei der datenverarbeitenden Stelle. Der Betroffene muß wissen können, wer seine Daten zu welchen Zwecken verarbeitet hat,

- die strikte Bindung personenbezogener Daten an einen bestimmten Verarbeitungszweck, der dem Betroffenen auch bekannt sein muß,

- die technisch-organisatorische Abschottung der Datenverarbeitung gegenüber anderen Verwendungszwecken (informationelle Gewaltenteilung),

- die Verhinderung der Speicherung personenbezogener Daten auf Vorrat und das Bilden von Persönlichkeitsprofilen,

- das 'Recht auf Vergessen' durch Vorschriften zur Löschung personenbezogener Daten,

- die technisch-organisatorische Absicherung der rechtlichen Anforderungen an den Schutz personenbezogener Daten und schließlich

- die Kontrolle der Datenverarbeitung durch unabhängige Stellen.

2.5 Datenschutzrechtliche Anforderungen an Telelernen

Nimmt ein Teilnehmer an einem Lernprogramm teil, müssen eventuell der Service-Provider, der Server-Betreiber und die Sicherungsinfrastrukturinstanz *Bestandsdaten* des Teilnehmers erheben und verarbeiten, um ihre Vertragspflichten erfüllen zu können. Dies ist nach § 28 BDSG, auf den auch § 82 LMedienG verweist, grundsätzlich zulässig. Nach dessen Abs. 1 Satz

1 dürfen die Teilnehmerdaten als Mittel für die Erfüllung eigener Geschäftszwecke gespeichert, verändert oder übermittelt werden

> "1. im Rahmen der Zweckbestimmung eines Vertragsverhältnisses oder vertragsähnlichen Vertrauensverhältnisses mit dem Betroffenen,
> 2. soweit es zur Wahrung berechtigter Interessen der speichernden Stelle erforderlich ist und kein Grund zu der Annahme besteht, daß das schutzwürdige Interesse des Betroffenen an dem Ausschluß der Verarbeitung oder Nutzung überwiegt, ...".

Bei den Beteiligten könnte Interesse bestehen, diese Daten außer zur Vertragserfüllung auch für Zwecke der Werbung oder der Markt- oder Meinungsforschung zu verwenden. Eine solche Zweckänderung ist nach § 28 Abs. 3 BDSG allerdings nur zulässig, solange ihr der Betroffene nicht widersprochen hat. Widerspricht der Teilnehmer dieser Verwendung beim Empfänger, so hat dieser die Daten zu sperren.

Für die Veranstalter gelten nach § 84 Abs. 3 LMedienG demgegenüber das datenschutzfreundlichere Einwilligungsprinzip. Als Maßnahme der Zweckbegrenzung dürfen von Teilnehmern personenbezogene Daten nur erhoben und gespeichert werden, soweit dies für das Erbringen der Leistung, den Abschluß und die Abwicklung eines Vertragsverhältnisses erforderlich ist. Sie dürfen auch nur zu diesem Zweck verarbeitet werden, es sei denn, der Betroffene willigt in eine darüber hinausgehende Verarbeitung ein. Zur Sicherung der Zweckbegrenzung darf die Nutzung einzelner Angebote aber nicht von der Einwilligung in eine zweckfremde Nutzung der entstehenden personenbezogenen Daten abhängig gemacht werden.

Verbindungsdaten sind nach § 82 Abs. 2 LMedienG die für den Abruf oder Zugriff auf Programmangebote erforderlichen personenbezogenen Daten. Sie darf der Server-Betreiber nach §§ 86, 84 Abs. 1 und 82 Abs. 2 LMedienG nur verarbeiten, "soweit und solange dies erforderlich ist, um den Abruf von Programmangeboten zu vermitteln". Wird das Lernprogramm allein auf dem Multimedia-Server gespeichert, von dort abgerufen und auch dort interaktiv über den Rückkanal gesteuert, sind die Daten über die konkrete Nutzung des Lernprogramms als Verbindungsdaten anzusehen. Denn sie ermöglichen, die Lerneinheit abzurufen und zu steuern. Personenbezogene Verbindungsdaten dürfen unter keinen Umständen an Dritte übermittelt werden. Eine Übermittlung - etwa für statistische Zwecke oder für Marketingzwecke ist nur möglich, wenn die Daten zuvor anonymisiert worden sind und deshalb keine personenbezogene Daten mehr darstellen.

Zwischen Server-Betreiber und Veranstalter herrscht informationelle Gewaltenteilung. Die Verbindungsdaten des Server-Betreibers dürfen dem Veranstalter grundsätzlich nicht übermittelt werden. Je nach Ausgestaltung des Lernprogramms kann es aber notwendig sein, den Rückkanal bis zum Veranstalter durchzuschalten. Dieser darf dann nach § 84 Abs. 3 LMedienG die dadurch bei ihm entstehenden Verbindungsdaten "erheben und speichern, soweit dies für das Erbringen der Leistung ... erforderlich ist". Die Verarbeitung von Daten, die notwendig sind, um ein Lernprogramm teilnehmerspezifisch anzubieten und fortzuführen, ist damit zulässig.

Telelernen insbesondere in Verbindung mit Shopping-Angeboten könnte aber auch das Interesse wecken, über diesen engen Zweck hinaus personenbezogene Daten der Teilnehmer über das Navigieren in elektronischen Katalogen, Bestellungen, Reklamationen und Zahlungsverhalten zu sammeln, und diese kundenspezifisch auszuwerten und zu gezielten Werbestrategien einzusetzen. Da diese Teilnehmerdaten aber weder für das Erbringen der Leistung noch für den Abschluß oder die Abwicklung eines Vertragsverhältnisses über die Inanspruchnahme eines Programmangebots erforderlich sind, ist ihre Verarbeitung und Nutzung unzulässig.

Eine über den Zweck, die vereinbarte Leistung zu ermöglichen, hinausgehende Verarbeitung, ist nur zulässig, wenn der Teilnehmer einwilligt. Zur Sicherung der Entscheidungsfreiheit ist der Teilnehmer in geeigneter Weise auf den Zweck der Speicherung und einer vorgesehenen Übermittlung hinzuweisen. Die Leistung, der Abschluß oder die Abwicklung eines Vertragsverhältnisses dürfen nicht davon abhängig gemacht werden, daß der Betroffene in diese Zweckerweiterung einwilligt. Wird die Einwilligung über den Rückkanal abgegeben, wird sie nur nach Bestätigung durch den Betroffenen wirksam.

Sowohl der Betreiber als auch der Veranstalter müssen nach § 85 LMedienG technisch sicherstellen, daß bei Verwendung des Rückkanals der Teilnehmer nur durch eine eindeutige und bewußte Handlung Daten übermitteln kann. Er muß seine Verbindung mit dem Veranstalter jederzeit abbrechen können. In diesem Fall sind alle bereits übermittelten Daten beim Veranstalter sofort zu löschen. Ansonsten müssen Betreiber und Veranstalter durch technische und organisatorische Maßnahmen nach § 85 Nr. 2 LMedienG sicherstellen, daß die Verbindungsdaten unmittelbar bei Beendigung der Verbindung gelöscht werden. Alle Nutzungsdaten sind damit grundsätzlich nach Abschluß der jeweiligen Lerneinheit zu löschen. Sollen bestimmte Daten über den Lernfortschritt oder andere für die Nutzung des Lernprogramms wichtige Daten festgehalten werden, ist dies über die Beendigung der Verbindung hinaus nur möglich, wenn der Teilnehmer hierzu eingewilligt hat.

Eine Datenverarbeitung durch den Anbieter von Waren im Rahmen von Business Television Programmen richtet sich allein nach den allgemeinen Vorschriften des BDSG. Denn für Bestellungen über den Rückkanal, die sich an den Anbieter richten, enthält das Medienrecht keine Bestimmungen. Die Bestellung einer Ware oder Dienstleistung über den Rückkanal ist kein Abruf eines Programmangebots, sondern als Einzelmitteilung Individualkommunikation, die hinsichtlich der Verarbeitung der Kundendaten durch den Anbieter nach §§ 28 BDSG zu beurteilen ist, dessen Inhalt bereits vorgestellt wurde.

Abrechnungsdaten dienen zur Abrechnung der Entgelte, die der Teilnehmer für die Inanspruchnahme der Programmangebote oder der technischen Einrichtungen zu entrichten hat. Das LMedienG sieht implizit vor, daß die Abrechnung allein der Betreiber vornimmt. Er darf daher nach § 82 Abs. 2 LMedienG die Daten verarbeiten, die zur Abrechnung der Entgelte erforderlich sind. Die Speicherung der Abrechnungsdaten darf nach § 82 Abs. 3 LMedienG allerdings Zeitpunkt, Dauer, Art, Inhalt und Häufigkeit der in Anspruch genommenen Programmangebote nicht erkennen lassen. Eine Ausnahme ist nur möglich, wenn der Teilnehmer eine nach einzelnen Programmangeboten aufgeschlüsselte Abrechnung der Entgelte schriftlich beantragt.

Der Betreiber hat die Abrechnungen selbst einzuziehen. Er darf nach § 82 Abs. 4 LMedienG dem Veranstalter Abrechnungsdaten nur übermitteln, wenn eine Forderung nach Mahnung vom Teilnehmer nicht beglichen wird. Von dieser einen Ausnahme abgesehen dürfen ansonsten Abrechnungsdaten nicht an Dritte weitergegeben werden.

Abrechnungsdaten sind nach § 82 Abs. 5 zu löschen, sobald sie für Zwecke der Abrechnung nicht mehr erforderlich sind. Dies ist durch technische und organisatorische Maßnahmen sicherzustellen.

Alle Datenverarbeiter haben nach §§ 9 BDSG, 81 und 85 LMedienG technische und organisatorische Sicherungsmaßnahmen nach dem jeweiligen Stand der Technik zu ergreifen, um den Mißbrauch personenbezogener Daten durch Unberechtigte zu verhindern und die Rechte der Betroffenen sicherzustellen. Insbesondere die zum Zwecke der Datensicherung vergebenen Codes müssen einen dem Stand der Technik entsprechenden Schutz vor unbefugter Verwendung bieten.

2.6 Rechte des Teilnehmers

Jeder Teilnehmer hat nach § 84 Abs. 4 LMedienG und §§ 34, 35 BDSG einen Anspruch auf *Auskunft* zu den über seine Person gespeicherten Daten. Er kann weiterhin *Berichtigung* unrichtiger Daten und *Sperrung* umstrittener Daten verlangen. Er kann außerdem ihre *Löschung* fordern, wenn sie unzulässig gespeichert werden oder nicht mehr erforderlich sind. Nach dem LMedienG kann der Teilnehmer insbesondere die Löschung der Verbindungsdaten bei Beendigung der jeweiligen Verbindung und die Löschung der Abrechnungsdaten verlangen, wenn sie für die Abrechnung nicht mehr gebraucht werden. Die Ansprüche des Betroffenen richten sich gegen den Veranstalter, soweit personenbezogene Daten den Inhalt von Sendungen betreffen oder vom Veranstalter gespeichert werden, im übrigen gegen den Betreiber.

2.7 Datenschutzkontrolle

Im Geltungsbereich des LMedienG ist für die Kontrolle der dort genannten Datenschutzbestimmungen bei privaten Veranstaltern das Innenministerium zuständig. Mit dieser Kompetenzzuweisung übernimmt das LMedienG die auch im BDSG verfolgte Zuständigkeitsverteilung. Jedoch beschränkt sich die Kontrollbefugnis des Innenministeriums hier nicht auf die Anlaßaufsicht, die ansonsten nach § 38 BDSG für die Aufsichtsbehörde gilt. Dieses kann vielmehr die Einhaltung der Datenschutzvorschriften umfassend überwachen. Allerdings kann das Innenministerium bei erkannten Verstößen zwar einen Bußgeldbescheid erlassen, aber sonst keine Anordnungen gegenüber den privaten Veranstaltern treffen. Es kann lediglich die Landesanstalt für Kommunikation über die Verstöße unterrichten. Diese hat dann zu prüfen, ob und welche rechtsaufsichtlichen Maßnahmen sie ergreift

3 Ausblick

3.1 Teledienstgesetz

Das Medienrecht, das derzeit noch vorrangig den Datenschutz regelt, stammt in seinen Grundstrukturen aus der Mitte der achtziger Jahre und ist an bestimmten technischen und organisatorischen Erscheinungen orientiert. Es enthält beispielsweise keine spezifische Regelung von Multimediadiensten, sondern erklärt in § 86 LMedienG für die "Ton- und Bewegtbilddienste auf Abruf" die Regelungen zum "Kabeltext" für entsprechend anwendbar. Auch seine organisatorischen Vorstellungen sind noch an damaligen Zuständen orientiert. Sie gehen davon aus, daß die unterschiedlichen Veranstalter ihre Angebote ausschließlich auf dem Server des Netzbetreibers und nicht auf eigenen offerieren. Die technischen Beschränkungen, die dies nahelegten, werden aber nicht auf Dauer so bestehen. Betreibt der Veranstalter in einem Breitbandvermittlungsnetz selbst einen Server würde die in § 82 Abs. 4 LMedienG angelegte und datenschutzrechtlich gebotene Zweckbindung und Trennung der Funktionen von Veranstaltung und Servertechnik praktisch leerlaufen.

An den bisherigen Datenschutzregelungen ist vor allem zu kritisieren, daß sie keine Möglichkeiten des Selbstschutzes bieten und kaum Regelungen des Systemdatenschutzes enthalten. In dieser Hinsicht dürfte das Teledienstgesetz eine zeitgemäßere Regelung bringen. In ihm werden weitgehend die datenschutzrechtlichen Anforderungen formuliert, die auch das LMedienG bereits fordert. Darüberhinaus enthält es aber hoffnungsvolle Ansätze des Selbst- und Systemdatenschutzes.

Zur Gewährleistung von Systemdatenschutz verpflichtet es die Diensteanbieter, sich für die Auswahl und Gestaltung ihrer technischen Einrichtungen an dem Ziel der Datenvermeidung und Datensparsamkeit auszurichten und ein hohes Datenschutzniveau zu gewährleisten. Um Selbstschutz zu ermöglichen, haben die Diensteanbieter im Rahmen ihrer Möglichkeiten anonyme oder pseudonyme Nutzungs- und Bezahlungsformen anzubieten. Sie müssen außerdem gewährleisten, daß die Teilnehmer Teledienste gegen die Kenntnisnahme Dritter in Anspruch nehmen können. Die Teilnehmer sind berechtigt, jederzeit die zu ihrer Person oder zu ihrem Pseudonym gespeicherten Daten auch elektronisch kostenlos beim Diensteanbieter einzusehen. Auch durch Verhaltenspflichten des Diensteanbieters wird der Datenschutz gestärkt. Der Diensteanbieter darf personenbezogene Daten für die Durchführung seiner Teledienste erheben und verarbeiten. Er hat den Teilnehmer vor der Erhebung über Art, Ort und Zwecke der Erhebung, Verarbeitung und Nutzung seiner personenbezogenen Daten zu unterrichten. Der Diensteanbieter darf die Daten für andere Zwecke nur verwenden, wenn der Teilnehmer eingewilligt hat. Die Erbringung von Telediensten darf nicht von der Einwilligung des Teilnehmers in eine Verarbeitung oder Nutzung seiner Daten für andere Zwecke abhängig gemacht werden. Die Einwilligung kann auch elektronisch erklärt werden, wenn hierfür ein sicheres Verfahren wie etwa digitale Signaturen verwendet wird. Nimmt der Teilnehmer verschiedene Teledienste in Anspruch, dürfen die anfallenden personenbezogenen Daten nicht zusammengeführt werden. Personenbezogene Nutzungsprofile sind mit Ausnahme der Verwendung von Pseudonymen unzulässig.

3.2 Frühzeitige Technikgestaltung

Im Bereich Business Television bestehen im Gegensatz etwa zum Internet gute Chancen, die Akzeptanz von Anwendungen durch einen ausreichenden Datenschutz zu unterstützen. Allerdings müssen die Anforderungen des Datenschutzes bereits in der Aufstellung und Realisierung von Konzepten Berücksichtigung finden. Werden Schwachstellen und Mißbrauchsmöglichkeiten nicht rechtzeitig bedacht, Umsetzungschancen nicht frühzeitig gesehen, können Maßnahmen des Selbst- und des Systemdatenschutzes nachträglich nicht mehr realisiert werden.

Business Television wird von einer überschaubaren Anzahl von Akteuren systematisch geplant und realisiert. Klare Zuständigkeiten und einheitliche Verfahren ermöglichen, von Anfang an Datenschutzanforderungen systematisch zu berücksichtigen. Werden jetzt bereits die richtigen Fragen gestellt und deren Lösungen gesucht, bestehen gute Chancen für Business Television ein hohes Maß an Datenschutz und Datensicherheit zu verwirklichen.

4 Literatur

Berliner Datenschutzbeauftragter (Hrsg.): Datenschutz bei Telekommunikation und Medien, Materialien zum Datenschutz, 3. Aufl. Berlin 1993.

Birkert, E.: Landesmediengesetz Baden-Württemberg, Kommentar, Stuttgart u.a. 1993.

Bullinger, M./Gödel, C.: Landesmediengesetz Baden-Württemberg - Kommentar, Baden-Baden 1986.

Bundesbeauftragter für den Datenschutz: Der Information Highway - die Datenautobahn der Zukunft, DuD 1995, 58.

Enquete-Kommission "Multimedia": Bericht und Empfehlungen, Landtag von Baden-Württemberg, Drs. 11/6400, Stuttgart 1995.

Garstka, H.: Datenschutz bei Telekommunikation und Medien, in: Kubicek, H./Müller, G./Neumann, K.-H./Raubold, E./Roßnagel, A. (Hrsg.), Jahrbuch Telekommunikation und Gesellschaft 1995: Schwerpunkt: Multimedia - Technik sucht Anwendung, Heidelberg 1995, 372.

Internationale Konferenz der Datenschutzbeauftragten: Beschluß der 12. Konferenz vom 19. September 1990 "Probleme öffentlicher Telekommunikationsnetze und des Kabelfernsehens", abgedruckt in: Berliner Datenschutzbeauftragter, Datenschutz bei Telekommunikation und Medien, Materialien zum Datenschutz, 3. Aufl. Berlin Juni 1993.

Landesbeauftragte für den Datenschutz in Baden-Württemberg: 15. Tätigkeitsbericht, Stuttgart 1994.

Landesregierung Baden-Württemberg: Bericht für die Enquetekommission des Landtags von Baden-Württemberg mit dem Untersuchungsauftrag "Entwicklung, Chancen und Auswirkungen neuer Informations- und Kommunikationstechnologie in Baden-Württemberg" (Multimedia-Enquete) zu Teil A des Untersuchungsauftrags (Landtagsdrucksache 11/5026), Stuttgart 15.2.1995.

Niemeyer, J.: Interaktives Fernsehen: Märkte, Technologien und Erfahrungen aus den Pilotversuchen, Office Management 6/1996, 10.

Ordemann, H.-J./Schomerus, R./Gola, P.: Bundesdatenschutzgesetz mit Erläuterungen, 5. Aufl. München 1992.

Pordesch, U.: Datenschutz und Multimedia - Technische und organisatorische Grundlagen. provet-AP 211, Darmstadt 1996.

Roßnagel/Bizer: Multimediadienste und Datenschutz, Gutachten für die Akademie für Technikfolgenabschätzung in Baden-Württemberg, Stuttgart 1995.

Roßnagel/Bizer: Multimediadienste und Datenschutz, DuD 1996, 209.

Scherer, J.: Rechtsprobleme des Datenschutzes bei "Neuen Medien", Düsseldorf 1988.

Simitis, S. / Dammann, U / Geiger, H. / Mallmann / Walz, S.: Kommentar zum Bundesdatenschutzgesetz, 4. Aufl. Loseblatt, 2. Ergänzungslieferung, Stand Juli 1994.

Wolsing, T.: Der Information-Highway als Einbahnstraße? - Der Verbraucher im Zeitalter der digitalen Kompression, in: Kubicek, H. /Müller, G. /Neumann, K.-H./Raubold, E./ Roßnagel, A. (Hrsg.), Jahrbuch Telekommunikation und Gesellschaft 1995: Schwerpunkt: Multimedia - Technik sucht Anwendung, Heidelberg 1995, 204.

Ziemer, A.: Multimedia - die Technik eilt dem Markt voraus? in: Kubicek, H. /Müller, G. /Neumann, K.-H./Raubold, E./ Roßnagel, A. (Hrsg.), Jahrbuch Telekommunikation und Gesellschaft 1995: Schwerpunkt: Multimedia - Technik sucht Anwendung, Heidelberg 1995, 180.

5 Anmerkungen

[1] Dieses tritt am Tag nach seiner Verkündung in Kraft.
[2] S. den Entwurf der TIDSV, Amtsblatt BMPT 16/1995, 1051 ff.
[3] S. hierzu die Ausführungen in Roßnagel/Bizer, Multimediadienste und Datenschutz, 1995, 63 ff.
[4] Die Landesbeauftragte für den Datenschutz Baden-Württemberg, 15. Tätigkeitsbericht, Stuttgart 1994

Teil 3: Marktanbieter

Seite

ANT - Bosch Telecom GmbH 143
Multimedia-Verteilung und BTV in einem integrierten PC-gestützten Satellitennetz
Peter Schüler

BTI Business TV International GmbH 155
Management by Television -Technische Herausforderungen von BTV -
Bettina Seibold, Peter Siebert

Deutsche Telekom AG 169
Vorsprung durch Fernsehen - Telekom setzt neue Maßstäbe in der interaktiven Kommunkation
Hans-Jörg Wehner

PictureTel GmbH 179
Videoconferencing: Interaktion per Bildschirm
Werner L. Kuhnert

ProSieben Digital Media 191
Der eigene Kanal für´s Unternehmen
Dieter Binder, Frank Borsetzky

SATCOM GEMINI GmbH 201
Business TV ist mehr als Fernsehen für Mitarbeiter
Ulrich Fieger

Spaceline Communication Services GmbH 213
Neue Unternehmenskommunikation unter Einsatz von BTV
Wolfhard Scherping

ANT - Bosch Telecom GmbH:

Multimedia-Verteilung und BTV in einem integrierten PC-gestützten Satellitennetz

Peter Schüler

Kontaktadresse:
Dr. Peter Schüler, Bosch Telecom GmbH, Postfach 3000, 71522 Backnang

Inhalt

1 **Einleitung**

2 **Multimedia-Verteilung und Business Television über Satellit**

2.1 Zwei grundlegende Szenarien

2.2 Netzanforderungen

2.3 Die Integration verschiedener Dienste in einem unternehmensinternen Netz

2.4 Multimedia-Verteilung und Business Television mit SKYPIPE Filegate256

2.5 Anwendungsbeispiele und Netzkonzepte

2.5.1 Verteilung von Werbespots im Einzelhandel

2.5.2 Kombination von Multimedia- und Hörfunkverteilung

2.5.3 Kombination von Mutlimedia-Verteilung und Business Television

2.6 Integration von dialogorientieter Datenkommunikation

3 **Zusammenfassung**

1 Einleitung

Satellitengestützte Kommunikationsnetze haben sich in Deutschland seit der Deregulierung der Satellitenkommunikation 1990 als ernstzunehmende Alternative zu leitungsgebundenen Diensten etabliert. Es gibt heute eine ganze Reihe von Anbietern dieser Dienstleistungen. Nahezu alle bieten ein weites Spektrum von verschiedenen Kommunikationsdienstleistungen an. In den Jahren 1990/1991 standen - im wesentlichen initiiert durch die deutsche Wiedervereinigung - dialogorientierte Satellitendienste für Sprach-, Fax- und Datenkommunikation im Vordergrund des Kundeninteresses. Terrestrische Leitungen gab es ja damals noch nicht zwischen Ost und West. Heute entwickelt sich ein weltweiter Markt für die Verteilung großer Informationsmengen von einer Unternehmenszentrale an viele Außenstellen.

Multimedia ist eine der Triebfedern, die diesen Markt entwickeln. Wurden die ersten unternehmensinternen satellitengestützten Verteilnetze im wesentlichen für die Verteilung von Daten mit geringen Übertragungsbandbreiten von z. B. 2,4 bis 9.6 kbit/s für Finanzinformationen oder aktuelle Nachrichten (Tickerdienste) genutzt, so wird heute durch die Einführung von Multimedia-Anwendungen der Bandbreitenbedarf immer größer. Neben ASCII-kodierten Informationen sind auch digitalisierte Bewegtbilder und Töne zu verteilen.

Neben diesen unternehmensinternen Anwendungen entwickelt sich der Entertainment-Markt für digitales TV. Angebote wie zum Beispiel Pay-TV, Video-on-Demand, Home-Shopping und Spartenprogramme sind die Dienste, bei denen der Endverbraucher noch in diesem Jahr damit rechnen kann, daß sie „On Air" gehen werden. Die dazu erforderlichen Konsumerreceiver ("Set-top-Boxen") werden vermutlich in der zweiten Jahreshälfte 1996 verfügbar sein.

Die Entwicklungen zu Multimedia und für das digitale Fernsehen veranlassen heute viele Unternehmen intensiv darüber nachzudenken, unternehmenseigene Kommunikationsnetze für das interne Training oder für die Verteilung von Produktinformationen, Werbespots etc. aufzubauen. Multimedia-Kioske, Shop-Television oder Business Television sind hier die Schlüsselworte, die heute die Runde machen. Zur Zeit laufen die ersten Tests an bzw. werden die ersten Netze installiert.

Die Verteilung von unternehmensinternen, breitbandigen Informationen über leitungsgebundene Netze ist - mit Ausnahme der BK-Netze - heute nur sehr begrenzt möglich. Die BK-Netze stehen aber für unternehmensinterne Anwendungen in der Regel nicht zur Verfügung. Sie werden im wesentlichen nur für das "Entertainment" bereitgestellt, auch aufgrund der Tatsache, daß die Ressource BK-Netz noch begrenzt ist. ISDN könnte eine Alternative sein, ist jedoch erstens noch nicht flächendeckend verfügbar, zweitens in der Bandbreite normalerweise auf 64 oder 128 kbit/s pro Teilnehmer begrenzt und bei der Verteilung großer Informationsmengen an sehr viele Empfänger zu teuer.

Die Satellitenkommunikation bietet bei der Verteilung von Informationen jeder Art folgende Vorteile: Die Übertragungskosten sind niedrig, innerhalb der Ausleuchtkonturen eines Satelliten kann jeder Standort in Deutschland, Europa oder weltweit problemlos erreicht werden. Die

Empfänger- und digitale Codiertechnik für die unterschiedlichen Anwendungen und Inhalte wie Daten, Audio oder Video ist verfügbar.

2 Multimedia-Verteilung und Business Television über Satellit

2.1 Zwei grundlegende Szenarien

Bei Multimedia-Anwendungen und Business Television kann man sich die folgenden zwei grundlegenden Szenarien vorstellen, die einen großen Einfluß auf die Netzauslegung haben:

Szenario „Typisches Business Television":

> Business Television wird in der Regel in Echtzeit produziert und über Satellit verteilt. In einem Sendestudio der Unternehmenszentrale wird eine Trainingseinheit, ein Expertengespräch oder eine Produktinformation produziert. In den Filialen des Unternehmens vefolgen Mitarbeiter des Unternehmens die Sendung "live" am TV-Gerät. Für Rückfragen an den Trainer, den Moderator oder die Experten nutzen sie einen Telefon- oder Video-Rückkanal.

Szenario „Typisches Multimedia":

> Multimedia-Anwendungen werden in einer dafür eingerichteten Multimedia-Redaktion in der Unternehmenszentrale oder bei einem Dienstleistungsanbieter vorproduziert. Diese Ton- und Bildinformationen werden mit Hilfe von standardisierten Codiersystemen digitalisiert. Textdaten, Graphiken, Animationen, Ton- und Bildinformationen werden mit Hilfe eines Multimedia-Autorensystems zu einer Multimedia-Anwendung zusammengestellt. Die Multimedia-Anwendung wird dann an die Filialen verteilt und stehen den Mitarbeitern für die eigene Weiterbildung oder als Informationsquelle zu bestimmten Themen zur Verfügung.

Es gibt auch anwendungsspezifische Abweichungen von diesen beiden Grundszenarien. Die Grenzen sind hier fließend. Aber die Szenarien zeigen den grundsätzlichen Unterschied zwischen Business Television und der Verteilung von Multimedia-Anwendungen auf:

- Business Television wird in der Regel in Echtzeit, also "live" übertragen. Die Wiedergabe von Business Television erfolgt mit Hilfe eines handelsüblichen Fernsehgeräts.
- Die Verteilung von Multimedia-Anwendungen ist ein Filetransfer von einer Zentrale an beliebig viele Außenstellen. Das Ausgabemedium für Multimedia-Anwendungen ist der Personal Computer.

Viele Multimedia-Anwendungen werden heute über optische Massenspeicher wie zum Beispiel CD-ROMs verteilt. Auch im Internet sind Multimedia-Dienste abrufbar, jedoch wegen der zur Zeit noch geringen leitungsgebundenen Bandbreiten mit relativ einfachen Strukturen (z. B.

ohne Bewegtbild). Business Television auf CD-ROM oder im Internet gibt es nicht, da die Verteilung mit diesen Verteilmedien nicht "live" erfolgen kann.

2.2 Netzanforderungen

Aus den genannten Unterschieden zwischen Business Television und Multimedia-Anwendungen resultieren eine ganze Reihe unterschiedlicher Anforderungen für unternehmensinterne Verteilnetze:

Netzanforderungen bei Business Television:

- Die Übertragungskapazität muß die Echtzeitverteilung der Inhalte ermöglichen. Bei MPEG-1 oder MPEG-2 codierten digitalen Videosignalen benötigt man dazu Übertragungsraten von 1,5 bis 8 Mbit/s je nach geforderter Bildqualität.
- Die Netzlaufzeiten müssen gering gehalten werden. Bei MPEG-codierten Videosignalen sorgt lediglich das Codieren/Decodieren des Signals für höhere Netzlaufzeiten (ca. 1 bis 1,5 s).
- Die verteilten Informationen werden in der Regel direkt "konsumiert". Eine Abspeicherung der Inhalte beim Empfänger muß nicht vorgesehen werden.
- Für Fragen an den Trainer, Moderator oder Experten muß von allen Empfängern ein Rückkanal zur Zentrale eingerichtet werden.

Netzanforderungen bei Multimedia-Anwendungen:

- Die Übertragungsrate muß nicht für Echtzeitbetrieb ausgelegt werden, da es sich um einen reinen Filetransfer handelt. Die Übertragungsrate im Verteilnetz legt lediglich die Zeit fest, die man benötigt, um einen File einer bestimmten Größe zu verteilen. Theoretisch könnte man den Inhalt einer CD-ROM (ca. 600 MByte) über einen 9,6-kbit/s-Kanal verteilen. Dies würde jedoch mehrere Tage dauern.
- Die Informationsverteilung muß zusätzlich fehlerfrei erfolgen. In einem Multimedia-File dürfen keine Datensegmente fehlerhaft sein. Eine fehlerhafter Block in einer Ton- oder Videosequenz wäre nicht so problematisch. Ein Fehler in einer Index-Datei, die den Zugriff auf bestimmte Multimedia-Inhalte steuert, macht die Anwendung in wesentlichen Teilen unbrauchbar.
- Multimedia-Anwendungen müssen beim Empfänger abgespeichert werden (z. B. auf einem Personal Computer), da der Nutzer erst nach Empfang der gesamten Anwendung Zugriff auf die Informationen hat.

Eine gemeinsame Netzanforderung ist z. B. die Verfügbarkeit eines zentralen Netzmanagementsystems zur Autorisierung der Empfänger im Netz, um gezielt Trainingseinheiten, Produktinformationen oder Multimedia-Anwendung exklusiv an ausgewählte Empfängergruppen innerhalb des Netzes zu verteilen.

2.3 Die Integration verschiedener Dienste in einem unternehmensinternen Netz

Für viele Unternehmen sind Business Television wie auch Multimedia-Anwendungen sinnvolle Werkzeuge, um Weiterbildung, Produktinformationen, Expertengespräche und andere unternehmensinternen Informationen an ihre Außenstellen zu verteilen.

Heute am Markt erhältliche Business-Television-Netze sind im wesentlichen für die Echtzeitverteilung von Videoinformationen ausgelegt. In das Videosignal kann zwar ein Datenkanal mit übertragen werden, dieser hat jedoch einige wesentliche Nachteile:

- Der Datenkanal hat nur eine begrenzte Übertragungsrate von 9,6 bis 64 kbit/s.
- Er steht nur während der Zeitdauer zur Verfügung, in der auch das Videosignal gesendet wird, was zu sehr hohen Übertragungskosten führt. Der Nutzer muß immer die ganze Videobandbreite bezahlen, obwohl er vielleicht nur eine Multimedia-Anwendung verteilen möchte.
- Es ist kein zusätzlicher Fehlerschutz in den Datenkanal implementiert, der eine fehlerfreie Verteilung von Multimedia-Anwendungen gewährleistet.

Ideal wäre ein Netz, in dem beide Anwendungsmöglichkeiten - Multimedia-Verteilung und Business Television - integriert und die unabhängig voneinander betrieben werden können, mit einer bedarfsweisen Zuordnung der für die jeweiligen Anwendung erforderlichen Übertragungskapazität (z. B. 256 kbit/s für Multimedia-Verteilung und 2 Mbit/s für Business Television).

2.4 Multimedia-Verteilung und Business Television mit SKYPIPE Filegate256

Zu Anfang des Jahres 1995 hat Bosch Telecom mit der Entwicklung eines satellitengestützten Verteilnetzes begonnen, mit dem Multimedia-Informationen und Business Television von einem zentralen Server-PC an beliebig viele PCs verteilt werden können.

Bosch Telecom bietet diesen Satellitendienst unter dem Namen SKYPIPE Filegate256 an. Kombiniert mit einem Satellitenverteilnetz können mit SKYPIPE Filegate256 digitale Files jeder Art (Daten-, Audio-, Video- oder Multimedia-Files) von einer Sendestation an viele Empfänger fehlergesichert und mit einer Übertragungsgeschwindigkeit von bis zu 256 kbit/s verteilt und direkt auf der Festplatte der Empfänger-PCs abgespeichert werden. Mit SKYPIPE Filegate läßt sich zum Beispiel der Inhalt einer CD-ROM (=600 MByte) innerhalb eines halben Tages an beliebig viele Empfänger europa- oder weltweit verteilen.

SKYPIPE Filegate256 unterstützt dabei alle Schritte der Übertragung vom einem File-Server des Kunden auf der Sendeseite über das Satellitennetz bis hin zur Abspeicherung der Informationen an Arbeitsplatzrechnern der Empfänger.

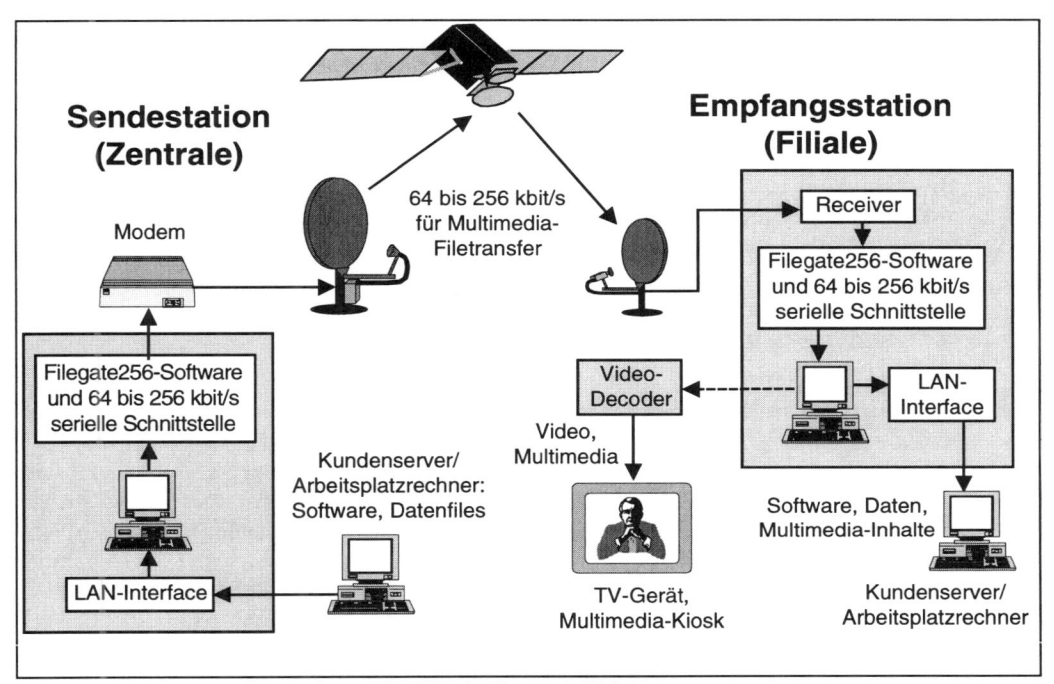

Schematische Darstellung eines SKYPIPE-Filegate256-Netzes

Um eine vollautomatische Informationsverteilung zu ermöglichen, können bei Filegate256 am Sendegateway der Sendestation alle für die Übertragung erforderlichen Parameter individuell vorkonfiguriert werden, z.B.:

- Verzeichnisse, in denen die zu verteilenden Files auf einem Kunden-Server abgespeichert sind,
- Zeitfenster für Verteilbetrieb (z. B. täglich von 10 bis 12 Uhr),
- Priorität der Übertragung verschiedener Filetypen,
- Verzögerungszeit bis zur Wiederholung einer Übertragung,
- Zielgruppe innerhalb des Kundennetzes.

Über eine standardmäßige LAN-Verbindung werden die Files dann vom zentralen Kunden-Server auf das Filegate256-Sendegateway umkopiert. Mit Hilfe einer schnellen seriellen Schnittstellenkarte (integriert im Sendegateway) werden die Files danach automatisch vom Sendegateway an das Satellitenmodem übergeben und über Satellit verteilt.

Auf der Empfangsseite ist eine kleine Satelliten-Empfangsantenne mit Durchmessern zwischen 0,8 und 1,2 m erforderlich. Die empfangenen Daten werden über einen Receiver und eine schnelle serielle Schnittstelle (PC-Einsteckkarte) an das Empfangsgateway übergeben. Alle Daten werden grundsätzlich mindestens zweimal übertragen. Die Anzahl der Wiederholungen und die Zeitdauer zwischen den Übertragungen sind am Sendegateway konfigurierbar. Das

Empfangsgateway überprüft die Autorisierung zum Empfang der Daten und führt eine Fehleranalyse aller empfangenen Datenblöcke durch. Bei vollständigem und fehlerfreiem Empfang eines Files wird dieser dann freigegeben und kann über eine standardmäßige LAN-Verbindung an einen Server oder Arbeitsplatzrechner weitergeleitet werden. Auf welchen Rechner das File übertragen wird, kann am Empfangsgateway über die Filegate256-Software ebenfalls frei konfiguriert werden. Somit ist bei Filegate256 der gesamte Übertragungsweg vom zentralen Server bis zum Arbeitsplatzrechner an allen Empfangsstandorten vorkonfiguriert. Der Verteilvorgang läuft dann vollautomatisch ab.

2.5 Anwendungsbeispiele und Netzkonzepte

2.5.1 Verteilung von Werbespots im Einzelhandel

Zu Ende des Jahres 1995 hat Bosch Telecom den Auftrag erhalten, für einen Dienstleistungsanbieter in Deutschland ein Filegate256-Verteilnetz aufzubauen, mit dem von einer Zentrale MPEG-codierte Video-Werbespots und Standbilder an Einzelhandelsgeschäfte verteilt werden.

In der Zentrale bereitet der Kunde Video-Werbespots und Standbilder mit Hilfe einer Multimedia-Redaktion auf und versieht sie mit einer Adressierung für bestimmte Einzelhandelsgeschäfte. Die Spots werden dann über ISDN zum Netzkontrollzentrum von Bosch Telecom übertragen und dort auf einem Filegate256-Server abgespeichert. In den Nachtstunden werden die Video-Files dann über Satellit mit 256 kbit/s an die vom System einzel adressierbaren Einzelhandelsgeschäfte verteilt. In diesen Geschäften werden die Files über die Filegate256-Schnittstelle mit einer Übertragungsgeschwindigkeit von 256 kbit/s auf die Festplatte eines handelsüblichen Personal Computers abgespeichert. Während der Ladenöffnungszeiten werden die Werbespots und Standbilder dann mit Hilfe einer speziell entwickelten Playersoftware und -datei in einer, in der Zentrale vordefinierten Reihenfolge über eine Video-Decoderkarte auf einem oder mehreren TV-Geräten angezeigt.

2.5.2 Kombination von Multimedia- und Hörfunkverteilung

SKYPIPE Filegate256 unterstützt Datenraten bis max. 256 kbit/s. Somit können auch Audio-Beiträge, die mit dieser Datenrate (z. B. mit ISO/MPEG MUSICAM Layer II oder III) codiert und digital aufgezeichnet wurden, in einer etwa der Beitragslänge entsprechenden Zeit im Fileformat übertragen werden.

Multimedia-Verteilung und BTV 151

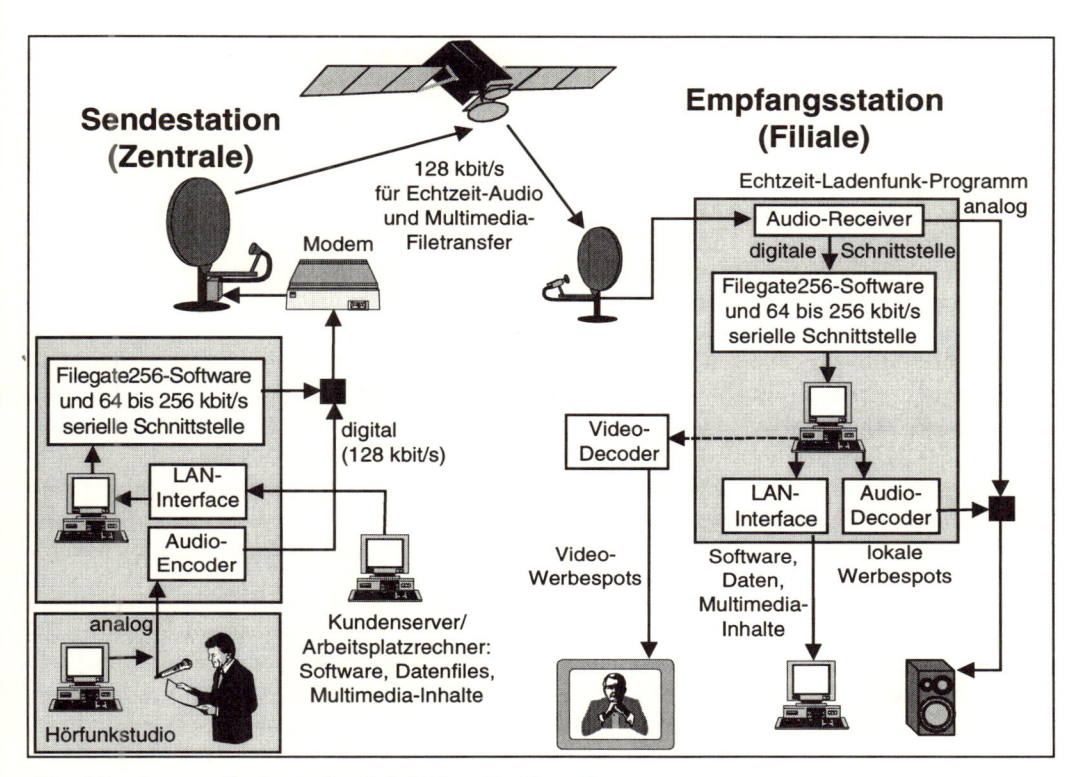

Kombination von Ladenfunk mit Multimedia-Verteilung

Ein mit Filegate256 kombiniertes digitales Echtzeit Audio-Verteilnetz kann somit für die Übertragung von digitalen Audio-Files (File-Transfer-Mode) und für die herkömmliche Echtzeit-Verteilung von Hörfunkprogrammen (Echtzeit-Mode) genutzt werden. Die Umschaltung zwischen den Modi erfolgt am Sendegateway wahlweise manuell oder automatisch zu vorgegebenen Zeiten. Damit ergibt sich zum Beispiel die Möglichkeit, Hörfunkbeiträge (Werbespots, O-Töne) in verschiedenen Ausgabeformaten (analog und/oder digital) zu verteilen oder ein Echtzeit-Ladenfunkprogramm mit aktuellen lokalen Werbespots, die mit dem Filegate256-System vorher an alle Filialen verteilt wurden, von der Sendezentrale aus vor Ort zu kombinieren und als Vollprogramm zu senden. Zusätzlich ergibt sich wie im vorherigen Anwendungsbeipiel die Möglichkeit, Videosequenzen zu verteilen, im PC vor Ort abzuspeichern und bei Bedarf auf TV-Geräten anzuzeigen.

2.5.3 Kombination von Multimedia-Verteilung und Business Television

Mit der Entwicklung einer PC-Schnittstellenkarte für 2-Mbit/s-Übertragung bei Filegate256 schafft Bosch Telecom die Voraussetzung zur Kombination von gesicherter Informationsverteilung und Echtzeit-Videoverteilung in einem Verteilnetz.

Ein solches Netz kann zum Beispiel im Regelbetrieb mit der für die Multimedia-Verteilung gewünschten Übertragungsrate von 64 bis 256 kbit/s betrieben werden und wird für den BTV-Echtzeitbetrieb von der Sendestation aus bedarfsweise und nur für die Dauer der Echtzeitverteilung auf 2 Mbit/s hochgeschaltet. Mit dieser bedarfsweisen Zuordnung der Übertragungskapazität wird zum einen die Übertragungskapazität optimal ausgenutzt und dem Kunden auch nur nutzungsabhängig berechnet.

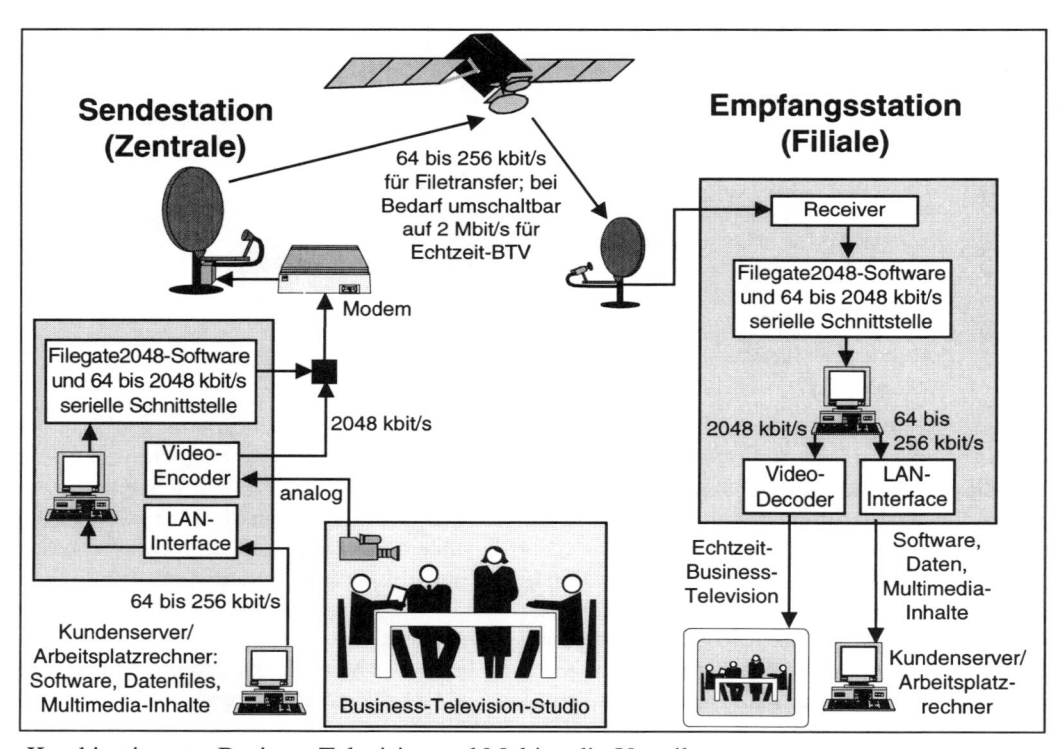

Kombination von Business Television und Multimedia-Verteilung

Die übertragenen Videosequenzen können an jedem Empfängerstandort entweder auf der Festplatte gespeichert und/oder an einem PC-Bildschirm bzw. auf einem handelsüblichen TV-Gerät ausgegeben werden. Auch die Weiterleitung des Echtzeit-Videos von einem zentralen Server-PC über ein LAN an mehrere Bildschirmarbeitsplätze ist problemlos möglich.

2.6 Integration von dialogorientierter Datenkommunikation

Mit einer 85-cm-Satellitenantenne lassen sich dialogorientierte Datenkommunikation mit Proto-kollemulation (z. B. X.25, SNA/SDLC oder TCP/IP) realisieren. Bosch Telecom betreibt seit einigen Jahren für mehrere Kunden einen solchen Dienst. In Deutschland sind bereits rund 1.000 dieser kleinen Sende- und Empfangsstationen installiert. Sie werden genutzt in Filialnetzen mit sternförmiger Topologie für Anwendungen wie zum Beispiel Electronic Cash, Kreditkartenverifizierung und Warenwirtschaft.

Somit ist es möglich, Anwendungen wie Multimedia- und Datenverteilung, Echtzeit Business Television und dialogorientierte Datenkommunikation in einem einzigen Satellitennetz zu integrieren, unter Verwendung einer einzigen kleinen Antenne in den Filialen oder Außenstellen eines Unternehmens.

3 Zusammenfassung

Multimedia und die Entwicklungen im digitalen TV veranlassen heute viele Unternehmen inten-siv darüber nachzudenken, unternehmenseigene Kommunikationsnetze für Multimedia-Anwen-dungen und Business Television für das interne Training oder für die Verteilung von Produktin-formationen, Werbespots etc. aufzubauen. Multimedia-Kioske, Shop-Television oder Business Television sind hierzu Schlüsselworte. 1996 laufen die ersten Tests an bzw. werden die ersten Netze installiert.

Bosch Telecom hat mit SKYPIPE Filegate256 eine Technik für Satellitennetze entwickelt, mit der sowohl Multimedia-Anwendungen als File-Transfer wie auch Echtzeit-Business-Television von einer Zentrale an viele Empfänger in Deutschland, europaweit oder weltweit verteilt werden können.

Eine der besonderen Eigenschaften dieses Netzes ist die Möglichkeit zum fehlergesicherten File-transfer mit hohen Geschwindigkeiten bis 256 kbit/s. Business Television wird digital mit einer Übertragungsrate von 2 Mbit/s verteilt und kann an den Empfängerstandorten ebenfalls auf ei-nem handelsüblichen Personal Computer abgespeichert werden. Auch die unternehmensinterne dialogorientierte Datenkommunikation zwischen der Unternehmenszentrale und den Außenstel-len bzw. Filialen kann in ein solches Netz modular integriert werden.

BTI Business TV International GmbH:

Technische Anforderungen an BTV-Anwendungen
- Management by Television
Bettina Seibold
Peter Siebert

Kontaktadresse:
Dipl.-Kauffrau Bettina Seibold,
Dipl.-Betriebswirt (FH) Peter Siebert,
BTI Business TV International GmbH, Mexikoring 27, 22297 Hamburg

Inhalt

1   Einleitung

2   Fernsehen als Instrument der betrieblichen Kommunikation

3   **Business TV - Die Technik**

3.1   Produktionstechnik

3.2   Sende- und Empfangstechnik

3.2.1   Uplink

3.2.2   Satellit

3.2.3   Downlink

3.3   Adressierung und Codierung

3.4   Datenübertragung

3.5   Interaktion der Empfänger mit dem Sender

4   **Organisatorische Konsequenzen der Implementierung eines Business TV-Netzes**

5   **Anwendungsspektrum**

5.1   Aus- und Fortbildung

5.2   Managementinformation

5.3   Motivation

5.4   Neuproduktpräsentation

5.5   Händlerinformation

5.6   Sonderanwendungsformen von Business TV

6   **Fazit**

1 Einleitung

Bei vielen neueren Managementkonzepten stehen Kunden- und Mitarbeiterorientierung im Mittelpunkt. Lean Management, Total Quality Management und Business Reengineering sind einige dieser Konzepte, die als Reaktion auf die verschärfte Wettbewerbssituation und die damit zunehmende Notwendigkeit nach tiefgreifenden Wandlungen in allen Unternehmensbereichen entstanden sind.

Ziel der Mitarbeiterorientierung ist es, die Kreativitäts- und Innovationspotentiale und das Know-how der Mitarbeiter für das Unternehmen zu nutzen, sowie deren Lernbereitschaft und Motivation zu erhöhen. Dies ist allerdings nur dann möglich, wenn zum einen ein Umfeld geschaffen wird, das diese Potentiale weckt und andererseits eine Kommunikationsinfrastruktur vorhanden ist, die schnellen Informationstransfer gewährleistet und Rückkopplung ermöglicht. Mitarbeiterorientierung ist wiederum die Grundvoraussetzung für die erfolgreiche Kundenorientierung, welche den Kundennutzen allen anderen Zielsetzungen voranstellt.

Eine entscheidende Rolle bei der Zielerreichung spielt hierbei die Umstrukturierung der betrieblichen Informationslogistik. Neue IuK-Technologien eröffnen den Unternehmen eine Vielzahl neuer Wege, um die gewünschten strukturellen Änderungen zu realisieren. Business TV ist ein vertikales Kommunikationsmedium, das es ermöglicht, durch seine nahezu unendliche Reichweite, Informationen in alle Unternehmensbereiche über alle Hierarchieebenen hinweg zeitgleich und ungefiltert zu transportieren. Hier ergibt sich ein großes Potential, um das Ziel der Mitarbeiterorientierung zu erreichen. Bedingt durch die Schnelligkeit und Einsatzvielfalt dieses Mediums lassen sich darüber hinaus die zentralen Aspekte der Kundenorientierung wirkungsvoll umsetzen.

2 Fernsehen als Instrument der betrieblichen Kommunikation

Mit der Einführung der Videokonferenztechnik haben erstmals Live-Bewegtbilder Einzug in die Geschäftsräume erhalten. Der Einsatz von Videokonferenzsystemen direkt am Arbeitsplatz ist dabei, die Teamarbeit zu revolutionieren. Während jedoch Videokonferenzen als bidirektionales Kommunikationsmedium ihr Hauptanwendungsgebiet in der Zusammenarbeit kleiner Gruppen finden, zielt Business TV auf eine Informationsverbreitung an einen großen Adressatenkreis.

Business TV - zu verstehen als firmeninternes Fernsehen mit Interaktionsmöglichkeiten - greift das Bedürfnis nach schnelleren Informationswegen, geringeren Datenverlusten, einer schnelleren Informationsdurchdringung und einer Erhöhung der Aufnahmebereitschaft des Empfängers auf. Als Mehrwertdienst sorgt Business TV nicht nur für eine Punkt-zu-Multipunkt-Verteilung von Video- und Audiosignalen, sondern auch von Datenströmen, z.B. für Datenbank-Updates. Darüber hinaus bietet die Satellitenkommunikation eine grenzüberschreitende, gleichbleibend hohe Übertragungsqualität mit einer nahezu unbegrenzten Reichweite. Der zeitgleiche und parallele Informationstransfer fördert die Homogenität des Wissensstandes bei allen Empfängern. Ausgehend von einer Zentrale werden beliebig viele Außenstellen (Filialen, Händler etc.) von diesem unternehmensspezifischen Programm erreicht. Die Interaktivität des Mediums ermöglicht es den Empfängern, sich über Rückkanäle aktiv an den Sendungen zu beteiligen.

Fernsehen als Kommunikationsmedium für betriebliche Belange zu nutzen, erscheint vielen vielleicht befremdlich - wird doch Fernsehen eher dem Freizeitbereich zugeordnet. Jedoch gerade diese Vorteile, die das Fernsehen im privaten Sektor zu dem größten Informationsträger gemacht haben, sprechen dafür, dieses Medium betrieblich einzusetzen. Einige Argumente sollen an dieser Stelle genannt werden:

- Fernsehen als vertrautes und beliebtes Medium stößt beim Mitarbeiter auf eine hohe Akzeptanz. D.h. Probleme, die sonst bei der Einführung von neuen Technologien im Unternehmen entstehen, entfallen bei Business TV weitestgehend.
- Fernsehen ist in der Lage zu motivieren und Identifikationsprozesse auszulösen.
- Fernsehen vermittelt in optimaler Weise die Gedanken der Corporate Identity.
- Die Ansprache von Mitarbeitern via Business TV ist wesentlich emotionaler und interessanter und somit persönlicher als das Versenden von Schriftstücken.
- Fernsehen kann sowohl für reine Sachinformationen als auch für Unternehmensportraits, Schulungseinheiten, Incentive-Beiträge oder auch für Live-Veranstaltungen (z.B. Messe) genutzt werden.
- Informationen können in einer völlig neuen Form vermittelt werden. Anders als bei gedruckten Informationen spricht dieses audiovisuelle Medium mehrere Sinne an und sichert somit einen höheren Erinnerungswert der Informationen.
- Informationsverluste, wie sie oft beim Weiterleiten der Informationen über Dritte oder auch beim Komprimieren der Informationen auf das geschriebene Wort entstehen, werden vermieden. Abläufe und Prozesse lassen sich mit bewegten Bildern wesentlich anschaulicher darstellen.
- Informationen können über alle Hierarchieebenen verteilt werden. Die Visualisierung der Fernsehbilder kann dabei auf einem Fernseher, einer Großbildleinwand (z.B. im Konferenzsaal) oder direkt am Arbeitsplatz auf einem Multimedia-PC stattfinden.
- Die Informationen können zeitgleich an alle Adressaten übertragen werden, d.h. ein Empfänger in Frankreich erhält sie zur gleichen Zeit wie der Empfänger in Frankfurt. Dabei können mehrere Sprachkanäle, z.B. simultan gedolmetschte Sendeinhalte, gleichzeitig übertragen werden.
- Ausgehend von einer Sendezentrale ist die Zahl der Empfangsstationen nahezu unbegrenzt. Dabei sind die Empfangsorte keiner regionalen Beschränkung unterworfen.
- Zeit- und energieaufwendige Reisen zu Schulungsstätten oder Veranstaltungen können kostenwirksam reduziert werden.

Es wird deutlich, daß das Medium Fernsehen ein breites Spektrum von Einsatzfeldern offeriert und viele positive Effekte hervorruft. Die Technik, die für den Einsatz von Fernsehen im Unternehmen benötigt wird, ist die gleiche bewährte Technik, wie sie beim herkömmlichen Fernsehen zum Einsatz kommt. Neue Entwicklungen in der IuK-Technologie ermöglichen darüber hinaus vielfältige Mehrwertdienste, die über das Business TV-Netzwerk genutzt werden können.

3 Business TV - Die Technik

Die zur Realisation von Business Television erforderliche Technik wird unterteilt in die Bereiche Produktionstechnik sowie Sende- und Empfangstechnik. Ein wichtiges Thema bei Business Television ist außerdem die Adressierung und Codierung der Signale. Dabei können über ein solches Netzwerk nicht nur Fernsehsignale, sondern auch alle Arten von Daten übertragen werden.

3.1 Produktionstechnik

Die Produktion einer Business TV-Sendung erfolgt teils im Studio und teils mittels mobiler Technik an beliebigen Außendrehorten.

Die Moderationen, aber auch z.B. Diskussionsrunden werden üblicherweise in einem Studio produziert. Dabei kann es sich, je nach der geplanten Sendehäufigkeit, um ein angemietetes, ein fest eingerichtetes Studio im Unternehmen oder um eine am Vortag der Sendung aufgebaute mobile Studiotechnik handeln. In jedem Fall wird für die Produktion, ob live oder als Aufzeichnung, Audio-, Video- und Lichttechnik benötigt.

Beiträge über aktuelle Themen in der Sendung, vorab aufgenommen und redaktionell bearbeitet, aber auch Liveberichterstattungen von beliebigen Standorten weltweit, werden mittels mobiler Fernsehtechnik produziert und gesendet.

3.2 Sende- und Empfangstechnik

Zur Zeit wird Business TV in der Regel per Satellit verteilt. Mit der Entwicklung neuer, leistungsfähigerer terrestrischer Netze sind für die Zukunft jedoch auch andere Möglichkeiten denkbar. Nachfolgend soll nun näher auf die Verbreitung mittels Satellit eingegangen werden. In einem Satellitennetzwerk durchläuft das TV-Signal die drei Komponenten Uplink, Satellit und Downlink.

3.2.1 Uplink

Die Sendeanlage, genannt Uplink, ist für das Aussenden des Fernsehsignals in Richtung des Satelliten zuständig. Der offensichtlichste Teil einer Sendeanlage ist die Satellitenantenne, die in der Regel einen Durchmesser von 2-4 Metern hat. Die Größe des Uplinks ist von verschiedenen Parametern abhängig. Dazu gehören Sendeleistung, Empfangsleistung, welcher Satellit verwendet und ob analog oder digital gesendet wird.

3.2.2 Satellit

Ein Satellit verfügt über mehrere Transponder. Über die Transponder wird ein Signal großflächig weitergeleitet (Footprint oder Ausleuchtungszone, siehe Grafik), so daß es, von einem beliebigen Punkt in Deutschland gesendet, bundesweit empfangen werden kann. Je nachdem welcher Satellit bzw. welche Satelliten genutzt werden, kann eine Sendung auch europaweit und sogar weltweit empfangen werden.

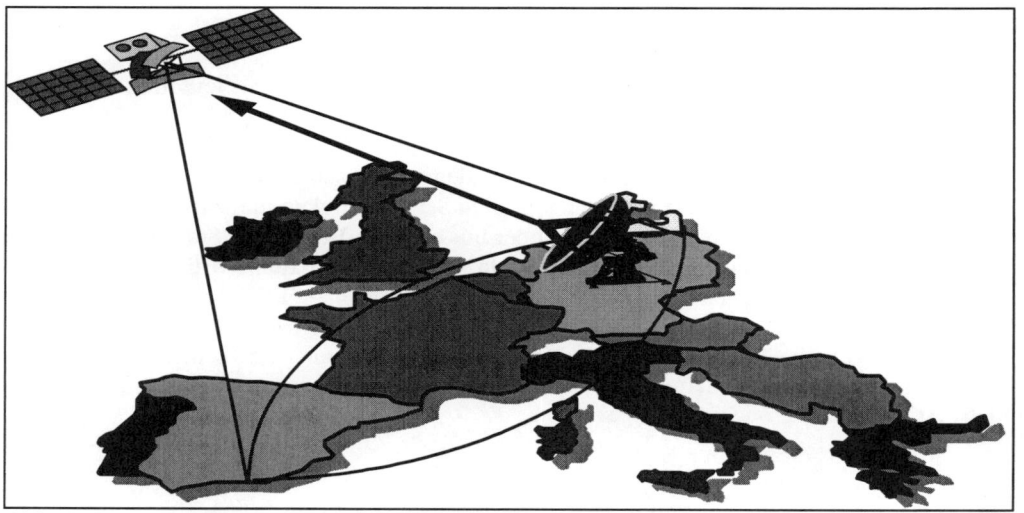

Abb. 1: Footprint eines Satelliten

Um eine Sendung über Satellit ausstrahlen zu können, wird das sogenannte „Raumsegment" bei dem jeweiligen Satellitenbetreiber angemietet. Dies bedeutet, daß im analogen Sendebetrieb für die Zeit der Sendung mindestens ein Halb-Transponder angemietet wird. Soll eine Sendung digital ausgestrahlt werden, wird nur ein kleiner Teil eines Transponders benötigt. Entsprechend reduzieren sich die Kosten für das Raumsegment.

3.2.3 Downlink

Der Downlink besteht aus einer Satellitenempfangsantenne mit einem Durchmesser von in der Regel 80 - 120 cm und einem Receiver. Bei beiden Geräten handelt es sich um handelsübliches Equipment, wie es zum Teil auch im Heimbereich genutzt wird.

3.3 Adressierung und Codierung

Das Fernsehsignal ist mit Hilfe verschiedener Verfahren codierbar und kann adressiert werden, so daß nur ein eingeschränkter, autorisierter Benutzerkreis in der Lage ist, eine Sendung zu empfangen. In diesem Fall werden Decoder zum Empfang einer Sendung benötigt. So wird der Empfang durch Unbefugte ausgeschlossen und es ist auch möglich, nur bestimmte Filialen oder Händler anzusprechen.

3.4 Datenübertragung

Mit Hilfe der Satellitentechnik können Daten auf schnelle und einfache Weise einem großen Nutzerkreis zur Verfügung gestellt werden. Diese Daten können Bilder, Filme, Software- oder Datenbankupdates, Musik oder einfach nur Texte sein. Sie werden von einem Satellitenmodem empfangen und an einen zentralen Server weitergeleitet. Dieser Rechner speichert die Daten. Über das firmeninterne Netzwerk können dann zum Beispiel die Texte an die Sekretärin, die Bilder an den Verkauf und die Filme an das Marketing weitergeleitet werden. Schulungsfilme, die über Nacht gesendet werden, können am nächsten Morgen von jedem Mitarbeiter individuell abgerufen und am PC gesehen werden. Bilder können sofort in ein Verkaufsgespräch einbezogen werden. Genauso ist es möglich, die Daten auch nur einzelnen Filialen zugänglich zu machen, da jede Filiale einzeln ansteuerbar ist.

3.5 Interaktion der Empfänger mit dem Sender

Seinen vollen Wirkungsgrad erreicht Business TV erst durch die Interaktion. Die Nutzung von Rückkanälen, gleich welcher Art, ermöglicht es dem Zuschauer, aktiv auf den Sendeablauf Einfluß zu nehmen. Er kann beispielsweise Fragen an die Anwesenden im Studio richten oder sich an Abstimmungen und Meinungsumfragen beteiligen.

Es gibt verschiedene Arten von Rückkanälen. Beispielsweise ist der Einsatz sogenannter TED-Systeme, wie sie auch aus dem herkömmlichen Fernsehen bekannt sind, möglich. Dem Zuschauer werden mehrere Wahlmöglichkeiten gegeben. Jeder dieser Wahlmöglichkeiten ist eine eindeutige Telefon-Rufnummer zugeordnet. Durch Anwählen der entsprechenden Rufnummer kann der Zuschauer seine Stimme abgeben. Die eingehenden Anrufe einer jeden Rufnummer werden gezählt und statistisch ausgewertet. Sekunden später liegen die Ergebnisse einer solchen Auswertung im Studio vor.

Ähnlich funktioniert die Datenrückleitung über das firmeninterne Netzwerk oder über ein VSAT-Satellitennetz. Der Zuschauer gibt über eine Tastatur seine Antworten zu Multiple-Choice-Befragungen ab. Die Auswertungen liegen ebenfalls sofort im Studio vor.

Einen Schritt weiter gehen jene Rückkanäle, die eine echte Meinungsäußerung der Zuschauer zulassen. Zum einen wäre dies die Partizipation per Fax, zum anderen die Einbindung der

Empfänger mittels Telefonleitung, entweder über eine Telefonzentrale, die die Anrufe entgegen nimmt und ins Studio weiterreicht, oder durch eine direkte Telefonleitung ins Studio.

Die intensivste aber auch aufwendigste kostenintensivste Form der Interaktion bietet die Videorückleitung. Dies ist am einfachsten mit Hilfe der Videokonferenztechnik zu lösen. Von einer Videokonferenzanlage am Empfangsstandort kann sich der Zuschauer direkt in die Sendung einwählen und ist dann, wenn auch mit eingeschränkter Bildqualität, für alle Zuschauer zu sehen und zu hören.

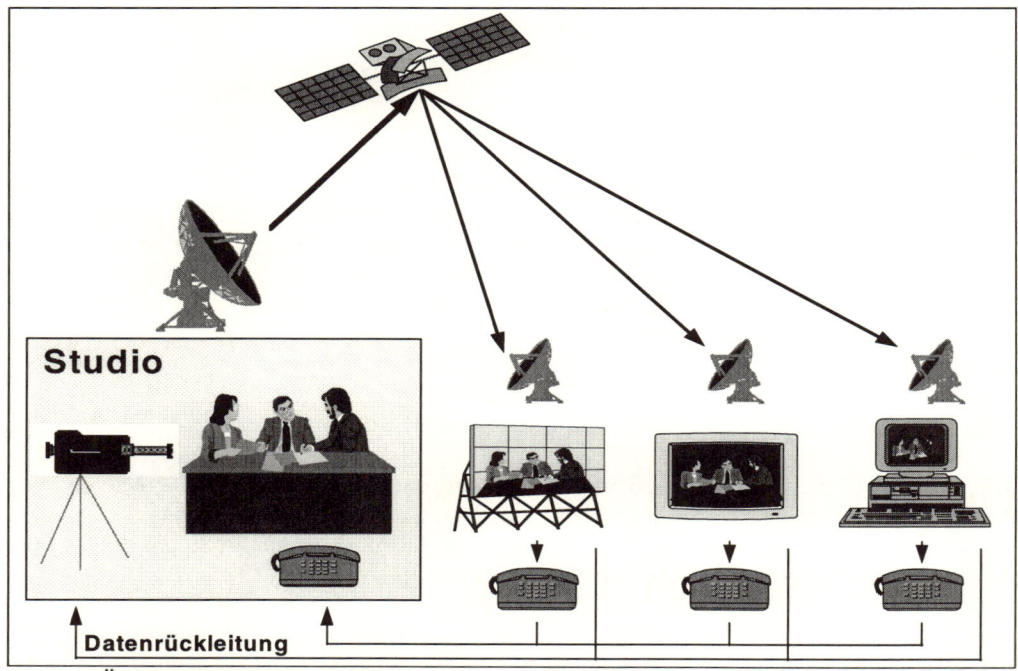

Abb. 2: Übertragung einer Business TV-Sendung (incl. Audio- und Datenrückleitungen)

4 Organisatorische Konsequenzen der Implementierung eines Business TV-Netzes

Der Aufbau und Einsatz eines Business TV-Netzwerkes in einem Unternehmen kann eine tiefgreifende Neuerung für die innerbetriebliche Kommunikation bedeuten. Mit dieser Neuerung sind in der Regel auch einige organisatorische Veränderungen durchzuführen.

Abhängig von der Sendehäufigkeit ist festzulegen, ob ein firmeneigenes Studio eingerichtet werden soll oder ein externes anzumieten ist. Entscheidet man sich für ein firmeneigenes Studio, ergeben sich zwangsläufig Anforderungen an die Räumlichkeiten. Raumgröße und -höhe,

Akustik, Klimatisierung und Stromversorgung sind nur einige der Aspekte, die berücksichtigt werden müssen. Ein Full-Service-Business TV-Dienstleister organisiert den kompletten Aufbau der Studiotechnik und der Studioarchitektur. Empfangsseitig besteht der Organisationsaufwand in der Installation der benötigten Empfangs- und Verteilanlagen und Endgeräte.

In der Implementierungsphase des Business TV-Netzwerkes ist es erforderlich, im Unternehmen einen Ansprechpartner zu benennen, der als Schnittstelle zwischen dem Unternehmen und dem Business TV-Dienstleister fungiert. Dieser Ansprechpartner übernimmt später in der Sendephase die Absprachen zwischen dem Unternehmen und der Redaktion.

Häufig ist es sinnvoll, daß der Moderator der Sendungen aus dem Unternehmen generiert wird, da auf diese Weise eine höhere Identifikation der Zuschauer mit den Sendeinhalten erzielt wird. Für diesen Moderator empfiehlt sich vorab ein Kameratraining, damit typische, anfängliche Unsicherheiten vermieden werden. Gleiches gilt für all jene Unternehmensangestellte, die häufiger vor die Kamera treten sollen (z.B. Vorstandsmitglieder, PR-Referenten).

Sollten die Übertragungen jeweils an einem zentrale Ort empfangen werden (großer Besprechungsraum o.ä.), so sollte dieser für alle Mitarbeiter gut erreichbar sein, um den zeitlichen Aufwand gering zu halten. Umbauten und technische Installationen erfordern eine sorgfältige Planung, damit die üblichen Geschäftsabläufe so wenig wie möglich behindert werden.

5 Anwendungsspektrum

Die im folgenden beschriebenen Anwendungsbeispiele sollen in einem kurzen Abriß das funktionale Spektrum der technischen Realisierung aufzeigen.

5.1 Aus- und Fortbildung

Mit Hilfe eines Business TV - Netzwerkes lassen sich verschiedenartigste Schulungsmaßnahmen sowohl zur Steigerung der unternehmensspezifischen als auch der generellen Qualifikation durchführen. Es können hunderte von Mitarbeitern von einem zentralen Punkt aus nach modernen audiovisuellen Konzepten "live" geschult werden, ohne daß Fragemöglichkeiten verloren gehen und ohne daß der sonst obligatorische, kostenintensive Reiseaufwand entsteht. Von Pädagogen wird unumstritten anerkannt, daß eine Liveübertragung einen wesentlich höheren Stellenwert bei Zuschauern besitzt als z.B. die Übertragung einer „Konserve" oder die Bereitstellung einer bespielten Kassette.

Geeignet ist Business TV insbesondere für Schulungsinhalte, die einer großen Anzahl von Mitarbeitern vermittelt werden müssen. Vor der Markteinführung eines neuen Produktes, z.B. eines Automobils, müssen innerhalb kürzester Zeit mehrere Tausend Vertriebsmitarbeiter, Servicekräfte etc. über das neue Produkt informiert werden. Eine solche Schulung kann sich mit herkömmlichen Methoden leicht über mehrere Monate erstrecken. Unter Einsatz von Business TV läßt sich dieser Zeitraum erheblich verkürzen.

5.2 Managementinformation

Aus einer schnellen Informationsübermittlung und einer schnellen Informationsdistribution in alle Bereiche eines Unternehmens entsteht ein Zuwachs an Flexibilität, der angesichts der verschärften Wettbewerbssituation als ein Postulat heutiger Unternehmen gelten muß. Die Interaktionsmöglichkeiten des Business TV - Netzes gewährleisten die Forderung nach kurzen Rückkopplungsschleifen, so daß beispielsweise flexibel auf einen Händlerbedarf und auf Verbesserungsvorschläge zur Ablaufoptimierung seitens der Mitarbeiter reagiert werden kann.

Ein Unternehmen ist mit Hilfe von Business TV in der Lage, das gesamte Management im In- und Ausland "live" und mit Dialogmöglichkeit über neueste Firmenentwicklungen zu informieren. Bei aktuellen Anlässen (z.B. Rückrufaktionen, Strategieänderungen) können auch weltweite Übertragungen mit nur geringem Vorlauf durchgeführt werden. Das Sprachproblem kann dabei sehr einfach gelöst werden. Durch Verwendung eines Tonunterträgerverfahrens können Mitarbeiter simultan gedolmetscht in ihrer jeweiligen Landessprache angesprochen werden.

Präsentationen und Abstimmungen können mit den gewohnten Hilfsmitteln (Folien, Graphiken, PC etc.) ebenso wie mit Einspielungen von Videos oder Live-Beiträgen in Broadcast-Qualität durchgeführt werden. Eine Versendung von Text- und Bildmaterial auf dem Postweg entfällt weitestgehend. Auch Daten werden über den gleichen Kanal übertragen. Reisen zu Meetings und damit verbundene Kosten und Ärgernisse (Reisekosten, Opportunitätskosten, unproduktive Reisezeiten, Streß) werden auf das tatsächlich notwendige Minimum reduziert. Der Manager steht dem Unternehmen zur Verfügung, die Effizienz des Managements steigt. Schnellere Entscheidungsfindungen auf Basis einer wettbewerbsfähigeren firmeninternen Kommunikation sind die Folge.

5.3 Motivation

Mitarbeitermotivation kann u.a dadurch hervorgerufen werden, daß der Mitarbeiter als ein Element des Gefüges „Unternehmen" ernst genommen wird. Seine Meinung, seine Verbesserungsvorschläge werden aufgenommen und verarbeitet. Der Arbeitnehmer wird sowohl über den aktuellen Unternehmensstatus im Wettbewerb als auch über seine Arbeit betreffende Belange rechtzeitig informiert.

Wie jüngst in dem Werbefachblatt W&V zu lesen war, belegt eine Untersuchung der Universität Augsburg unter 105 Unternehmen, daß „... große Mitarbeitergruppen ... sich ... aus dem eigenen Haus falsch, unzureichend oder zu spät informiert ..." fühlen. (Peter Weißenberg: Die Sprecher der neuen Generation, in: W&V werben und verkaufen, 21/96, S.64 - S.69) Der Handlungsbedarf im Bereich der innerbetrieblichen Kommunikation wird hier deutlich.

Über Business TV ist es möglich, nicht nur die obersten Hierarchiestufen zu informieren, sondern eine Informationsdurchdringung in jede Position der Wertschöpfungskette eines Unternehmens bis hin zu Niederlassungen und dem Handel zu gewährleisten. Interaktive Elemente erlauben eine Rückkopplung, die schneller zwischen Außenorganisation und Zentrale kaum sein kann.

Direkt auf die Motivation wirken auch Sendeelemente, die den Mitarbeiter zum Thema haben. Beispielsweise läßt sich über die Erwähnung von besonders guten Ideen aus dem innerbetrieblichen Vorschlagswesen oder von Ergebnissen der Arbeit in Qualitätszirkeln ein hoher Anreiz erzielen, sich zu engagieren. Motivationsfördernd ist zum Beispiel auch die Vorstellung eines besonders erfolgreichen Händlers oder Verkäufers während einer Business TV-Sendung.

5.4 Neuproduktpräsentation

Im Marketing ist Business TV besonders bei der Präsentation von neuen Produkten oder Produktvarianten einsetzbar. Häufig werden beispielsweise neue Fahrzeuge auf Messen den Messebesuchern oder in einer Art "Show" geladenen Gästen präsentiert. Die Zahl der Teilnehmer bzw. die Anzahl der angesprochenen Personen aus der Zielgruppe für das neue Produkt ist jedoch relativ gering.

Alternativ könnte eine Neuproduktpräsentation vom Messestand oder einem anderen Veranstaltungsort aus live in die Verkaufsräume des gesamten Händlernetzes übertragen werden. Geladene Gäste (aktuelle und potentielle Kunden) können die Präsentation dann auf einer Großbildprojektion oder an Monitoren bei ihrem Händler verfolgen. Eine äußerst interessante Anwendung ist auch die Präsentation von Großanlagen und -maschinen, die aufgrund ihrer mangelnden Transportfähigkeit sonst nur anhand von Prospekten vorgestellt werden konnten. Mit Business TV wird eine eindrucksvolle Präsentation "live" im Betriebszustand mit Hilfe einer Großbildprojektion auf dem Messestand möglich.

Besonders effektiv und einprägsam wird die Präsentation durch die interaktiven Elemente des Business TV. Potentielle Kunden werden dabei im Dialog vom Messestand oder aus dem Werk über Innovationen und technische Vorteile informiert. So kann bei der Präsentation flexibel auf Kundenwünsche eingegangen werden, die ungeteilte Aufmerksamkeit des Publikums ist dem Aussteller gewiß. Mittels Zuschauerbefragungen per TED-System kann der Hersteller in kürzester Zeit feststellen, wie das neue Modell beim Kunden oder Händler ankommt.

5.5 Händlerinformation

Eine häufig von den Unternehmen genutzte Möglichkeit der Informationsverbreitung ist die Versendung von bedrucktem Papier. Die Alltagsarbeit läßt ein konzentriertes Erarbeiten der Inhalte ausführlicher schriftlicher Mitteilungen jedoch kaum zu. Telefonate, Kundenkontakte, Termindruck etc. sorgen dafür, daß die regelmäßig eintreffenden gedruckten Mitteilungen immer wieder zur Seite geschoben werden, um dann schließlich im Ablagekorb zu landen. Gelesen und verinnerlicht wird erfahrungsgemäß relativ wenig. Zudem wurde wissenschaftlich nachgewiesen, daß nur 10% von dem, was gelesen wird, behalten wird.

Damit geht natürlich ein Großteil der Information verloren. Wenn mit großem Aufwand Händlerinformationen regelmäßig versendet werden und nur maximal 10% der Informationen vom Adressaten aufgenommen und erinnert werden, drängt sich die Forderung nach einer Erneuerung auf. Eine wirkungsvolle Alternative bietet Business TV, bei dem diese Daten und Informationen komprimiert aber einprägsam dargestellt werden können. Der Empfänger erhält damit die Möglichkeit, die Informationseinheiten audiovisuell aufzunehmen und nicht nur Worte sondern auch Bilder, Töne, Geräusche und Situationen kognitiv zu verankern. Es ist erwiesen, daß mindestens 50% von dem, was man hört und sieht auch behalten wird. Wird Business TV dazu eingesetzt, Händler, Außendienst- und Vertriebsmitarbeiter einheitlich und audiovisuell über Produkte zu informieren oder für Verkaufsgespräche zu schulen, so wird eine Homogenität des Wissensstandes erzielt. Im Sinne des Corporate Identity-Gedankens trägt diese Homogenität zu einer einheitlichen Unternehmensdarstellung nach außen bei.

Darüber hinaus bietet das Netz den weiteren Vorteil, daß sich mit Hilfe von Spontanabstimmungen Akzeptanzprüfungen auf Händlerseite für neue Produkte durchführen lassen. Ohne großen Schriftverkehr erhält die Unternehmenszentrale ein Meinungsbild des Händlernetzes und kann damit wesentlich schneller auf Marktentwicklungen reagieren. Daten über Verkaufstrends und Kundenwünsche sind ebenso übertragbar. Die Verwertung dieser Informationen trägt wiederum zur Kundenorientierung bei.

Auch im Bereich des After-Sales-Service kann Business TV wertvolle Unterstützung leisten. Der Kundendienst erhält stets die neuesten produkttechnischen Informationen und hat zudem die Möglichkeit, aktuelle Problemfälle mit Experten aus der Unternehmenszentrale zu diskutieren. Aus dem verbesserten Wissensstand der Kundendienstmitarbeiter resultiert ein optimierter Kundenservice.

5.6 Sonderanwendungsformen von Business TV

Nicht nur im Rahmen von fest installierten Netzwerken läßt sich Business TV sinnvoll einsetzen. Gerade auf Messen, Kongressen und Events lassen sich durch die Einbindung weiterer Standorte mittels Business TV besondere Veranstaltungshöhepunkte schaffen. So lassen sich beispielsweise ganze Industrieanlagen oder Großmaschinen auf einer Messe präsentieren, was sonst aufgrund von transport- und aufbautechnischen Einschränkungen gar nicht möglich gewesen wäre. Redner, Gratulanten, etc. aus aller Welt können sich an die Gäste wenden, ohne selbst anreisen zu müssen. Umgekehrt kann man solche Veranstaltungen mit Hilfe von Business TV einem weitaus größeren Publkikum zugänglich machen (z.B. durch Übertragung von Kongressen in Universitätshörsäle).

Auch die Medizin hat sich Business TV bereits zunutze gemacht. Neue Operationsmethoden werden mittels Business TV Ärzten und Medizinstudenten in aller Welt vorgestellt. Dabei ermöglichen Rückleitungen die direkte Kommunikation zwischen den Zuschauern und dem operierenden Arzt. Diese Art der Telemedizin wurde beispielsweise im Juni 1996 eingesetzt, um drei Tage lang verschiedene Methoden der Brustrekonstruktion aus dem Behandlungszentrum Vogtareuth in das BMW Forschungs- und Ingenieurzentrum nach München zu übertragen. Dort verfolgten 200 Mediziner das Programm auf einer Großbildleinwand und diskutierten mit den Chirurgen in Vogtareuth.

Die Nutzung von Satelliten ermöglicht jedoch auch die o.a. internationale Verbreitung von neuesten wissenschaftlichen Erkenntnissen. Das 7. Essen-Mayo-Mainz-Symposium - ein internationaler Kardiologen-Kongreß - wurde auf diese Weise an verschiedene Kliniken in ganz Europa gesendet. Von Stockholm bis Tel Aviv, von Lissabon bis Moskau konnte das Programm empfangen werden. Auch in diesem Fall fanden angeregte Diskussionen zwischen den angeschlossenen Medizinern und den Tagungsteilnehmern vor Ort statt.

6 Fazit

Business TV bietet all jenen dezentral organisierten, überregional operierenden Unternehmen echte Vorteile, die eine engere Verzahnung ihrer einzelnen Unternehmensbereiche erreichen wollen, die das Management effizienter gestalten wollen und die überzeugt sind, daß der Erfolg des einzelnen und des gesamten Unternehmens eng mit Kommunikation und Kooperation verbunden sind.

Was in Japan und den USA seit bereits über 10 Jahren sehr erfolgreich eingesetzt wird, ist heute dabei, den europäischen Markt zu erobern. Die ersten Netzwerke sind in Europa bereits installiert. Durch die frühe Liberalisierung seines Telekommunikationsmarktes begünstigt, hat insbesondere Großbritannien hierbei eine Vorreiterrolle übernommen. Da diese Entwicklung in Deutschland wesentlich später begann, steht hier Business TV erst jetzt vor dem Durchbruch. Viele der spannenden Erfahrungen, die in anderen Ländern schon mit diesem faszinierenden Medium gemacht wurden, stehen deutschen Firmen also erst noch bevor.

Deutsche Telekom AG:

Vorsprung durch Fernsehen - Telekom setzt neue Maßstäbe in der interaktiven Kommunikation
Hans-Jörg Wehner

Kontaktadresse:
Dipl.Ing.-Ök. Hans-Jörg Wehner,
Deutsche Telekom AG, Produktcenter Business Multimedia,
Postfach 6000, 79036 Freiburg im Breisgau

Inhalt

1 Einleitung

2 Vorsprung durch Business TV

2.1 Alles aus einer Hand

2.2 Dezentral und doch dabei

2.3 Von TeleMedizin bis TeleLearning

2.4 Ausbildung mit Stern

2.5 Von Partei bis Pink Floyd

3 Ausblick

1 Einleitung

Die Information ist in unserer Zeit neben Arbeit, Boden und Kapital zum vierten und vielleicht alles entscheidenden Produktionsfaktor geworden. So werden auch Produktzyklen immer kürzer und die Anforderungen des Marktes ändern sich beinahe täglich. Da verwundert es wenig, wenn unsere Gesellschaft von vielen Verantwortlichen in Politik und Wirtschaft mit dem Begriff 'Informationsgesellschaft' beschrieben wird. Diese sich ändernden Rahmenbedingungen in Wirtschaft und Gesellschaft stellen neue Herausforderungen, aber auch Ansprüche an uns, die wir erfolgreich am Marktgeschehen teilnehmen, Trends erkennen und umsetzen wollen. Informationen sind dabei allentscheidend und mehr noch die Geschwindigkeit, mit der diese Informationen bereitgestellt, verteilt und genutzt werden können, schafft Vorteile. So mag es für manchen noch Wunschdenken sein, eine Rede zu halten, die gleichzeitig in Berlin, Bonn, Hamburg und München gehört, zur gleichen Zeit in Paris, London, Madrid und Rom gesehen, aber auch in New York, Kapstadt, Tokio und Rio mitverfolgt werden kann – für die Deutsche Telekom bereits Realität.

2 Vorsprung durch Business TV

Mit ihrem Dienst Business TV bietet die Deutsche Telekom im Rahmen ihrer Multimedia Services schnelle und sichere Übertragung von Informationen in Bild und Ton – von einem Sender zu einem Empfänger oder von einem Sender zu unbegrenzt vielen Empfängern und das nicht nur innerhalb Deutschlands, sondern auch europa-, sogar weltweit. Die Schnelligkeit garantieren dabei die Übertragungswege der Bild- und Tondaten via Breitbandnetz, Richtfunk oder Satellit. Die Sicherheit wird gewährleistet durch die verschlüsselte Datenübertragung, oder um es anders auszudrücken: Es darf nur der zuschauen, der die Lizenz zum Sehen hat oder vielmehr den entsprechenden Decoder, um die verschlüsselten Fernsehbilder wiederum zu entschlüsseln.

Die Besonderheit beim Business TV ist jedoch die Interaktivität mittels Rückkanal. So werden Informationen nicht nur in eine Richtung verteilt. Die Informationsempfänger können Rückfragen stellen und ihre Meinung äußern. Dank der Satellitentechnik kann die Anzahl der Zuseher und Mitwirkenden beliebig groß sein.

- Geographisch entfernte Vertriebsteams können vor Ort gleichzeitig geschult werden. Raum, Zeit und Reisekosten werden so in Flexibilität, Informationsdichte und attraktive Informationsaufbereitung umgewandelt.
- Alle Serviceteams werden in kürzester Zeit auf den gleichen Trainingsstand gebracht, das neue Produkt kommt schneller auf den Markt.
- An der Grundsteinlegung einer neuen Filiale nehmen die Mitarbeiter der vorhandenen Niederlassungen per Business TV teil.
- Die Bilanzpressekonferenz eines Unternehmens wird aus der Zentrale in alle Filialen des Konzerns übertragen.

Diese Beispiele geben nur einen kleinen Einblick in die Möglichkeiten, die Business TV bietet. Eine Vielzahl weiterer ist machbar. Das interessierte Unternehmen muß dafür nicht sofort ein eigenes Business TV-Netz aufbauen. In einer Schnupperphase können nach Absprache vorhandene Einrichtungen genutzt, oder temporäre Technik aufgebaut werden. In einer weiteren Phase werden bis zu zehn Filialen probeweise mit Business TV-Technik ausgestattet, bevor das gesamte Unternehmen vernetzt wird. Auf diese Weise plant, projektiert und installiert die Deutsche Telekom AG für jeden Bedarf die individuelle Komplettlösung.

2.1 Alles aus einer Hand

Damit Studiotechnik, Präsentationstechnik und Übertragungstechnik optimal aufeinander abgestimmt werden und als Rundum-Service für den Kunden angeboten werden kann, koordiniert die Deutsche Telekom AG sämtliche Leistungen rund um das "Betriebsfernsehen". Gutes Bild und guter Ton sind eine Gemeinschaftsleistung der Deutschen Telekom mit ausgesuchten Spezialfirmen als Kooperationspartner. Alle tragen mit Ihrem Know-how zum Erfolg der Sendung bei. Beispielsweise um attraktive Schulungsunterlagen zu erstellen, Informationen zu visualisieren und didaktisch aufzubereiten oder die Ideen und Wünsche des Kunden in ein Event umzusetzen. Das gilt sowohl für die Produktion von der Kameraführung, über MAZ, Mischpult, Lichtsetzung und Tontechnik, bis hin zu Regie und Choreographie als auch für die optimale Darstellung und Präsentation mit Fernsehgeräten, Konferenztechnik und Audioanlagen.

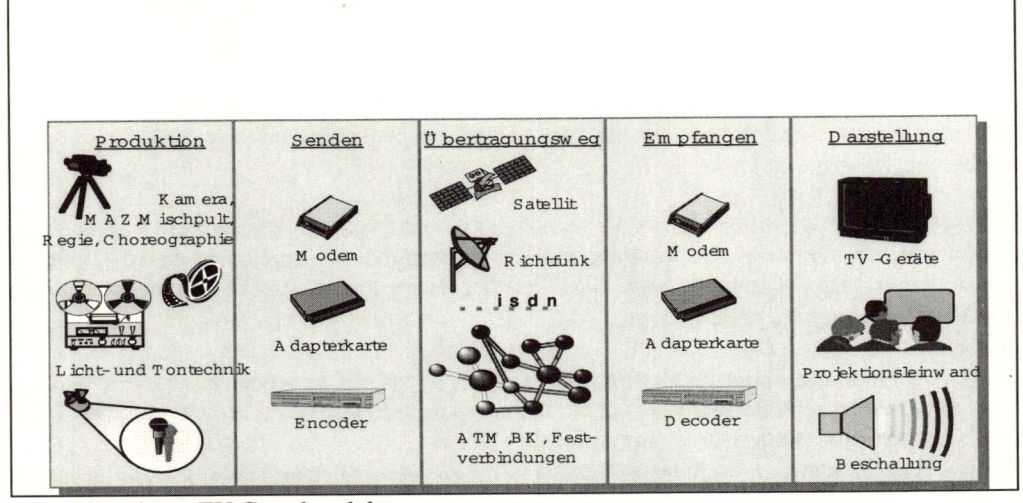

Abb. 1: Business TV Grundmodule

Dabei sind die originären Aufgaben der Deutschen Telekom nicht zu vergessen: die Kommunikation, die Übermittlung von Ton, Bild und Daten, das Senden und Empfangen der Video-, Audio- und Datensignale über Satellit, Richtfunk, ISDN (Integrated Services Digital Network) und andere Übertragungswege. Je nach Anspruch und Anforderung stehen verschiedene Qualitäts- und Sicherheitsstandards zur Verfügung, deren einzelne Module individuell zusammengestellt werden. Qualitätsstufen von Consumer-Qualität bis High Definition TV (HDTV) werden ergänzt durch verschiedene Stufen der Verschlüsselung, entsprechend dem Sicherheitsbedarf des Nutzers. Mit dem Modul "Closed User Group" können innerhalb eines Business TV-Netzes verschiedene Empfängerkreise festgelegt werden. So sind bei einer Sendung alle Empfangsstandorte autorisiert, für die nächste, spezielle Sendung nur ausgesuchte Filialen.

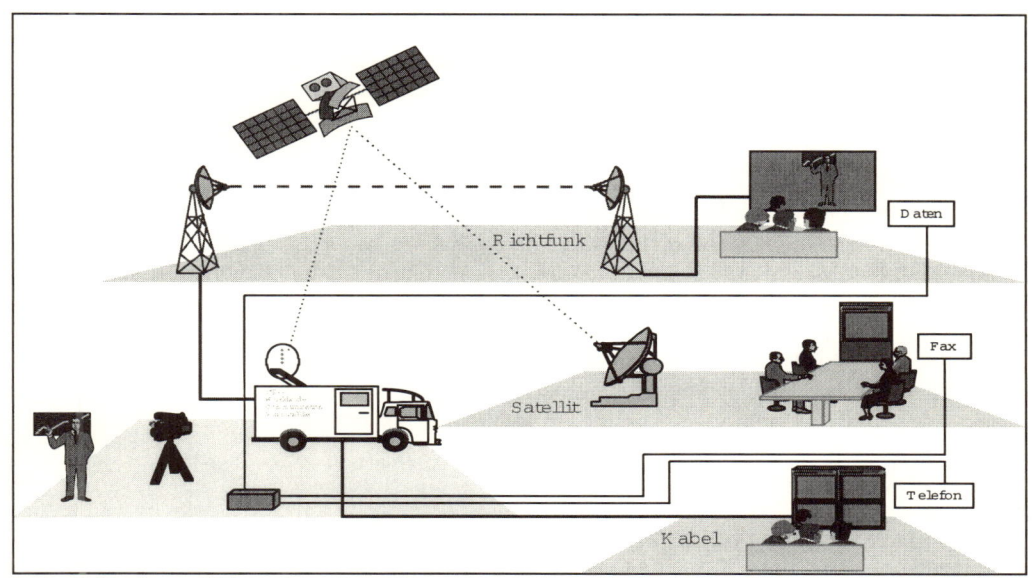

Abb. 2: Business TV Aufbau eines Networks

Speziell die Interaktivität macht Business TV interessant. Rückkanäle in verschiedenen Bandbreiten gewährleisten bei Serviceschulungen eine aktive Mitarbeit der Servicetechniker. Ist zum Beispiel die Reparatur eines Motors Gegenstand der Schulung, steht der Motorblock im Sendestudio und gleichzeitig in den angeschlossenen Schulungsräumen oder Werkstätten. Über Bild- und Tonrückkanal kann der Mitarbeiter dem Moderator im Sendestudio eine Frage stellen, die alle angeschlossenen Mitarbeiter wieder in Bild und Ton mitverfolgen können. Anhand des Motors wird die Frage anschaulich im Bild und nicht nur in Worten erfahren und anschließend vom Moderator beantwortet.

2.2 Dezentral und doch dabei

Business TV richtet sich vor allem an dezentral organisierte Unternehmen und Institutionen, deren Mitarbeiter an verstreuten Filialorten im In- und Ausland tätig sind, an Handels- und Dienstleistungsunternehmen, wie Banken, Versicherungen, Reiseveranstalter und Hotels, sowie an Industrieunternehmen der Automobil-, Elektro- oder Computerbranche. Darüber hinaus eignet sich Business TV im besonderen Maße für Universitäten, Forschungsinstitute oder für Spezialanbieter von geschäftlichen Informationen, etwa Börsen- und Nachrichtendienste, Kongreß- und Messeveranstalter, Fachverlage und Agenturen – Unternehmen, in denen Information nicht Produktionsfaktor, sondern auch Handelsware ist.

2.3 Von TeleMedizin bis TeleLearning

Doch wie läßt sich Business TV konkret anwenden?
Zum Beispiel das Mainz-Mayo-Symposium. Anläßlich des dreitägigen Herzspezialisten Kongresses in der rheinland-pfälzischen Landeshauptstadt wurden Livebilder von kardiologischen Eingriffen direkt aus dem Operationssaal der Medizinischen Fakultät der Johannes-Gutenberg-Universität in acht europäische Hauptstädte übertragen.

Oder die Messe ProChrist '93, die in Essen stattfand: Insgesamt acht Stunden lang wurden Predigten des amerikanischen Predigers Billy Graham aus der Essener Grugahalle in mehr als 50 europäische Länder übertragen. Somit vergrößerte sich die Teilnehmerzahl des Essener Kongresses um ein Vielfaches.

Doch nicht nur zu herausragenden Events läßt sich Business TV nutzen, sondern auch im täglichen Leben des Unternehmens, wie ein besonderes Beispiel zeigt:

2.4 Ausbildung mit Stern

Wer bei Mercedes-Benz die Schulbank drückt, sieht häufig fern: In bislang 17 Niederlassungen in Deutschland, den Niederlanden und Italien werden Kundendienstmitarbeiter interaktiv über das Telelearning-System Akubis® geschult. Akubis steht für **A**utomobil **Ku**ndenorientiertes **B**roadcast **I**nformations **S**ystem und basiert auf dem satellitengestützten Business TV-Dienst.
Seitdem Mercedes-Benz das System Akubis nutzt, erreichen die Stuttgarter mit ihrem Servicetraining in gleicher Zeit rund zwanzigmal mehr Mitarbeiter direkt als bislang. Konnten in der Vergangenheit nur 4000 Mitarbeitern innerhalb von fünf Monaten geschult werden, so wird jetzt die gleiche Anzahl von Kundendienstmitarbeitern innerhalb von etwa zwölf Arbeitstagen erreicht. Akubis macht das Anschauungsmodell in den einzelnen Niederlassungen noch nicht überflüssig, aber Akubis spart viel Reisezeit und -kosten. Und vom Dialog zwischen einem Teilnehmer in einer Außenstelle und dem Experten im Studio profitieren alle, die an die Übertragung angeschlossen sind. Den Dialog zwischen den Außenstellen und den Experten im Studio steuert dabei ein speziell von Deutscher Telekom in Zusammenarbeit mit Mercedes-Benz entwickelter, sogenannter Masterplatz. Er dient der Steuerung der interaktiven ISDN-Rückkanäle: Bei eingehenden Rückfragen erhält der Regisseur am Masterplatz im Sendestudio ein Signal. Von hier aus wird dann eine ISDN-Verbindung zwischen dem Studio und dem Fragenden aufgebaut. Die Frage wird gestellt und gleichzeitig in alle Außenstellen übertragen, so daß alle Teilnehmer diesen Dialog mitverfolgen können. Unmittelbar danach wird die Verbindung wieder getrennt, so daß Kosten für den ISDN-Dienst nur im Bedarfsfall entstehen. Vom Masterplatz aus wird auch der Einsatz unterschiedlichster Medien, Bewegtbild, Expertenmoderation, Computeranimation, eingespielte Filmsequenzen und Grafiken gesteuert.

Wer bei Akubis aber nur an Schule denkt, der irrt. Denn die Akubis-Technik wird auch für andere Anwendungen eingesetzt: Mobile Sendungen mit Übertragungswagen wie zum Beispiel anläßlich der Einweihung eines neuen Schulungszentrum bei Mercedes-Benz in Rom oder direkt von der Produktion des Transporters Vito im spanischen Vitoria. Ziel, ist die Vernetzung aller wichtigen Marktleistungszentren von Mercedes-Benz in Europa: So sollen 30-40 weitere Stationen in Deutschland und zehn Stationen im europäischen Ausland realisiert werden. In den kommenden Jahren ist dann die Anbindung von Niederlassungen in Wirtschaftsmetropolen in Übersee geplant. Mercedes-Benz kann dann seine Mitarbeiter weltweit aktuell mit den neuesten Informationen versorgen. Das globale Klassenzimmer ist mehr als nur eine Vision.

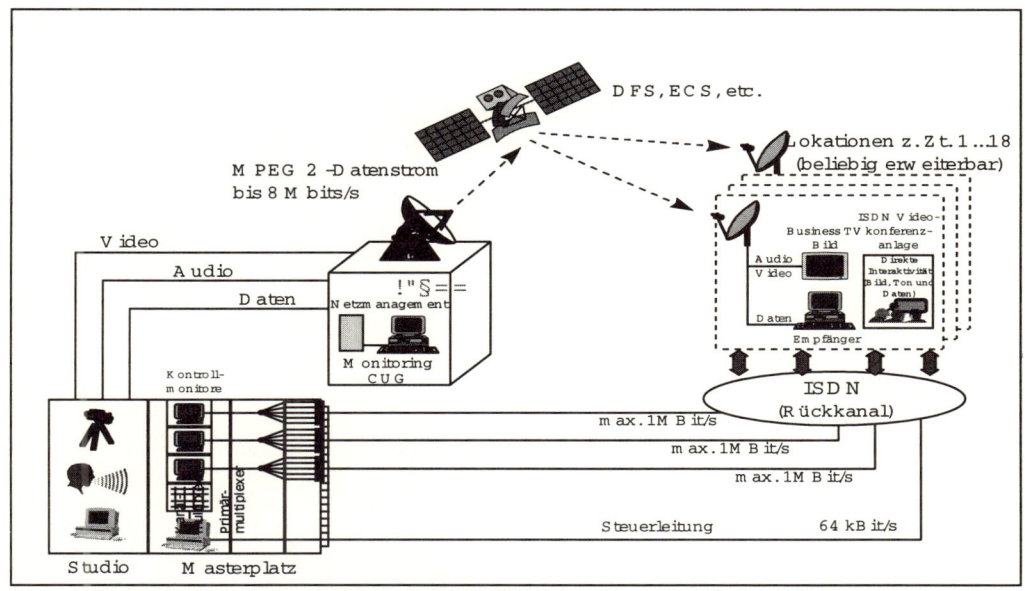

Abb. 3: Business TV: Internal Network "AKUBIS" der Mercedes Benz AG

2.5 Von Partei bis Pink Floyd

So nutzte im Frühjahr 1994 die Sozialdemokratische Partei Deutschlands ebenfalls Business TV um mehr als 10.000 Parteifunktionäre in 30 SPD-Unterbezirken über neue Parteistrategien zu informieren. Aus dem Bonner Erich-Ollenhauer-Haus wurde die Sendung an 30 Orte der Republik übertragen, gleichzeitig standen Fax-, Ton- und Bildrückkanäle zur Verfügung. Die SPD sparte so 60 regionale Funktionärstreffen und die Kosten beliefen sich auf nicht mal zwanzig Mark pro Teilnehmer.

Oder die Rockband Pink Floyd, die eine Pressekonferenz zur Präsentation einer neuen Schallplatte übertrug: Ausgangspunkt des musikalischen Multimedia-Ereignisses war die britische Hauptstadt London. Von dort wurde die Pressekonferenz an all die Orte in Deutschland übertragen, die Pink Floyd während ihrer Deutschlandtournee besuchen sollte, von Berlin bis Köln, von Hannover bis München.

Eine andere Anwendung des Business TVs zeigt sich allsonntäglich zwischen neun Uhr und 12:30 Uhr in der Neuapostolischen Kirche: Dann wird nämlich der Gottesdienst über acht Tonkanäle an rund 1500 Empfangsstellen in Deutschland übertragen.

Die Liste der Beispiele für eine Nutzung von Business TV ist eben so lang wie die Liste der Kunden, von der American Forces Network/American Forces Radio and Television Services (AFN) mit 104 Endstellen, über die Würth KG, bis hin zur Kaufhof AG, die an 161 Endstellen über neueste Produkte und Marken informiert.

Sie alle nutzen schon heute die Vorteile von Business TV: den direkten Know-how-Transfer, den bequemen Informationszugang für die Teilnehmer, die Einsparungen von Zeit und Reisekosten. Darüber hinaus bietet Business TV einen direkten Kontakt zwischen Mitarbeitern und Kunden und ermöglicht eine schnelle Reaktion auf Marktentwicklungen.

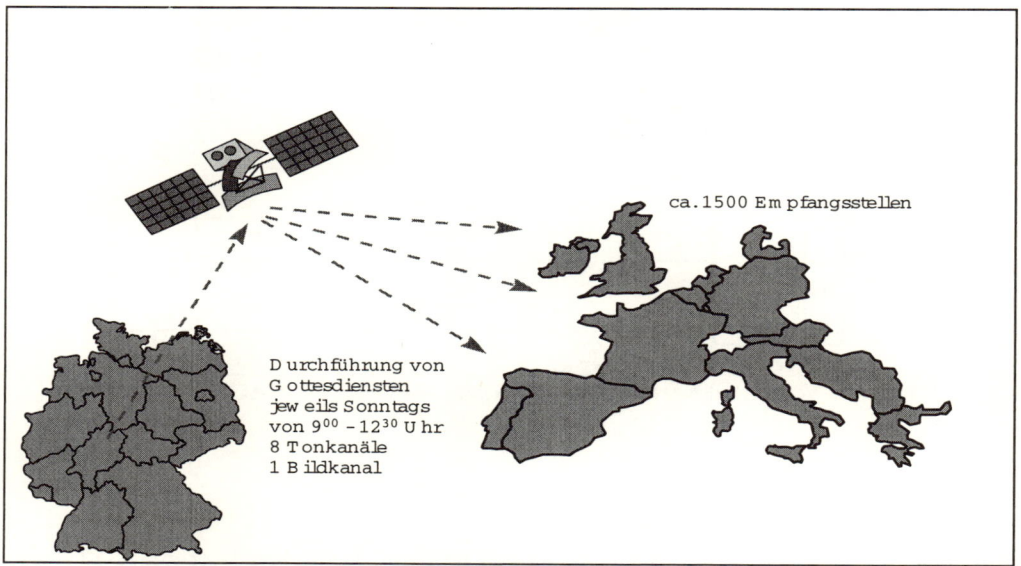

Abb. 4: Business TV Networks Neuapostolische Kirche

3 Ausblick

So dynamisch wie die technische Entwicklung heute fortschreitet, so flexibel gestaltet die Deutsche Telekom ihren Business TV-Dienst: Mit fortschreitender Technik wird Business TV preisgünstiger. Preissenkungen sind durch Digitalisierung der Übertragungsdaten bereits vollzogen. Verfahren, wie die Datenreduktion MPEG (Motion Picture Expert Group) und Datenkompression DVB (Digital Video Broadcasting) lassen Qualitäts- und Preisvorteile erwarten. Durch die Einführung des MPEG II Standards ist eine stufenlose Anpassung der Bildqualität möglich. Gleichzeitig können umfangreichere Rückkanalmöglichkeiten zur Verfügung gestellt werden, was eine flexiblere Interaktivität mit sich bringt. Durch die Weiterentwicklung der Technik können heute sogar dreidimensionale Bilder übertragen werden. Diese Anwendung ist besonders für medizinische Bereiche interessant.

PictureTel GmbH:

Videoconferencing: Interaktion per Bildschirm
Werner L. Kuhnert

Kontaktadresse:
Werner L. Kuhnert, PictureTel GmbH, Münchner Str. 12, 85774 Unterföhring

Inhalt

1 Marktsituation

1.1 Rückblick: Breitbandvideokonferenz in Spezialstudios

1.2 Videokonferenzen heute

1.3 Kosten- und Effektivitätsvorteile der Videokonferenz

1.4 Wie nutzen Videokonferenzanwender das Medium?

2 Künftig denkbare Applikationen

3 Desktop-Videokommunikation vom Arbeitsplatz aus

4 Audio ist der entscheidende Aspekt in der Videokonferenz

4.1 MeetingTools

4.2 Standards

5 Neue Videokonferenz-Dienstleistungen

1 Marktsituation

Videokonferenzen haben wenig mit Video zu tun, denn es werden keine gespeicherten Bilder gezeigt, sondern Live-Verbindungen zwischen räumlich getrennten Personen hergestellt. Mit dieser Technologie kann heute über große Entfernungen zusammengearbeitet werden, so als säße man im gleichen Raum. Viele alte Vorurteile gegenüber der Kommunikation über den Bildschirm sind heute hinfällig. Die moderne Videokonferenz hat nichts mehr mit dem aufwendigen Studio von einst gemeinsam. Videoconferencing ist auch keine Spielerei mehr, sondern wird von vielen Unternehmen täglich zur internen und externen Abstimmung eingesetzt. Es gibt bei Videokonferenzen kein Kompatibilitätsproblem mehr, die Preise sind inzwischen drastisch gesunken und Verbindungen sind aufgrund des ISDN-Netzes weltweit möglich. So wundert es nicht, daß die Videokommunikation per ISDN eines der Hauptthemen der CeBIT´96 war. Marktforschungsinstitute registrieren eine jährliche Wachstumsrate der installierten Basis von über 100%. Bereits heute existieren weit über 100.000 Systeme und in drei Jahren erwarten Marktforschungsunternehmen mehrere Millionen Videokonferenzeinrichtungen weltweit. Die Ursachen für dieses Wachstum liegen auf der Hand: Räumliche Trennung, Outsourcing, Spezialisierung und kürzere Produktlebenszyklen erfordern neue Informations- und Kommunikationstechnologien. Anstatt per Internet, E-mail, Fax, Telefon und Post eindimensional Informationen auszutauschen, nutzen immer mehr Unternehmen heute schon die Möglichkeiten, ihre Besprechungen und Arbeitssitzungen per Videokonferenz abzuhalten.

1.1 Rückblick: Breitbandvideokonferenz in Spezialstudios

Noch vor einigen Jahren war es erforderlich, speziell für Videokonferenzen eingerichtete Studios aufzusuchen, kostspielige Leitungen im sogenannten VBN-Breitbandnetz der Telekom langfristig zu reservieren, und die Konferenzteilnehmer zu einem festen Termin in dieses Studio zusammenzuführen. Die speziell eingerichteten Videokonferenzstudios waren extrem aufwendig gestaltet, riesige Monitorwände mit großen Spezialkameras und ausgetüftelten Beleuchtungseinrichtungen für ein bis zwei Millionen Mark waren keine Seltenheit. Entsprechend unflexibel und teuer waren die Videokonferenzen: eine einstündige Videokonferenz mit den USA kostete über 2.000,- DM an Verbindungsgebühren. Diese Form der Videokonferenz konnte sich nie so richtig durchsetzen und wurde oftmals zur Investitionsruine. Aus dieser Zeit resultieren viele Vorurteile der damaligen Nutzer.

1.2 Videokonferenzen heute

Basisnetz der Videokonferenz ist heute das flächendeckend verfügbare, digitale Telefonnetz ISDN. Jederzeit können über ISDN ohne Voranmeldung auch internationale Verbindungen wie beim Telefon von den Teilnehmern selbst gewählt werden. Die neuen Systeme von führenden Anbietern wie PictureTel benötigen keine speziell eingerichteten Räume oder Studios mehr. Leicht zu bedienende, flexible Videokonferenzeinheiten – per PC oder mobil in Rollwagen integriert– ermöglichen inzwischen Videokonferenzen aus den eigenen Büro- oder

Meetingräumen in die ganze Welt. Einzige Voraussetzung ist heute der vorhandene ISDN-Anschluß.

Ca. 40% der über 100.000 weltweit installierten Videokonferenzsysteme sind heute Desktopsysteme, die anderen 60% sind Raumkonferenzsysteme. Die Desktopsysteme werden aufgrund ihrer Preisgünstigkeit die größten Wachstumsraten erzielen. In Deutschland schätzt man die installierte Videokonferenzbasis auf ca. 5.000 bis 8.000 Systeme. Die Anbieter unterscheiden sich erstens durch ihre Erfahrung im Bereich Kompressionstechnik und damit durch die Audio- und Videoqualität ihrer Produkte, zweitens durch die Vielfalt ihres Produktsortiments und drittens durch die regionale oder überregionale Verfügbarkeit von Produkten und Services. Letzter Punkt ist gerade für überregional agierende Unternehmen von großer Bedeutung. Weltweit führende Videokonferenzanbieter sind PictureTel (51%), CLI (15%), V-Tel (11%), Sony (7%) und GPT (6%). Diese Angaben stammen von Dickinson & Associates und beziehen sich auf den Markt der Raumkonferenzsysteme. Im Desktopmarkt gibt es nur Schätzungen von Data Quest, die PictureTel leicht vor Intel sehen. Beide Unternehmen haben im Desktopmarkt zusammen rund 80% Marktanteil.

1.3 Kosten- und Effektivitätsvorteile der Videokonferenz

Mit der Einführung des ISDN-Netzes und dessen breiter Nutzung ist Videoconferencing sehr viel wirtschaftlicher geworden als über das VBN-Breitbandnetz. ISDN oder äquivalente Netze stehen heute allen Industrienationen zur Verfügung. Der einmalige ISDN-Anschluß kostet ca. 100,- DM, die monatliche Grundgebühr liegt bei ca. 50,- DM und die Verbindungskosten betragen normalerweise das Doppelte des vergleichbaren Telefongespräches. Der Grund: Videokommunikation nutzt zwei ISDN-Kanäle. Damit sind für eine einstündige Videokonferenz zwischen Deutschland und dem europäischen Ausland Gebühren von circa 100,- DM zu veranschlagen. Die Gesamtkosten für eine ISDN-Videokonferenz zwischen Deutschland und New York belaufen sich derzeit auf circa 160,- DM pro Stunde. Vollwertige Konferenzsysteme für Gruppenmeetings sind bereits ab 20.000,- DM erhältlich, und Videokommunikation von Arbeitsplatz zu Arbeitsplatz über den PC ermöglicht beispielsweise PictureTel bereits für unter 3.000,- DM.

Bei der Videokommunikation steht weniger die Einsparung von Reisekosten im Vordergrund, sondern vielmehr die Zeitersparnis, der umfassendere Informationsaustausch und damit eine optimale und schnelle Kommunikation. Ein Manager verliert bei einer Dienstreise innerhalb Deutschlands ca. 5-7 Stunden seiner Arbeitszeit. Videokonferenzen machen diese Zeit wieder produktiv verfügbar. Nach Erfahrungen zahlreicher Anwender können Videokonferenzen gerade in der täglichen Projektarbeit und bei Routinebesprechungen entscheidende Vorteile in der Abstimmung bewirken. Vor allem die Möglichkeit, per Videokommunikation gemeinsam in den gleichen Dokumenten im PC zu arbeiten und die einzelnen Arbeitsschritte gemeinsam über die Entfernung zu erreichen und mit dem Gegenüber zu besprechen, bringt bessere Arbeitsergebnisse und Zeitvorteile gegenüber der Konkurrenz.

1.4 Wie nutzen Videokonferenzanwender das Medium?

Anwendungsgebiete für Videoconferencing finden sich heute in allen horizontalen und vertikalen Märkten der Industrie – von der High-Tech Elektronikindustrie über den Maschinenbau und die Textilindustrie bis hin zu Dienstleistern. Vom Top Management über den Vertrieb und das Marketing bis hin zu Engineering und der Produktion. Das Nutzenspektrum reicht von Routinebesprechungen, Produktpräsentationen und Schulungen über Personalakquise bis hin zur multimedialen Kooperation zwischen räumlich getrennten Arbeitsgruppen. Überall dort, wo Distanzen zu überbrücken sind und eine schnelle, effiziente Kommunikation erforderlich ist, kann Videoconferencing die Lücke zwischen Telefon/Fax und der Geschäftsreise schließen.

Videokommunikation in der Industrie

Jeden Montag um 9.00 Uhr treffen sich beispielsweise die sieben regional getrennten Vertriebsleiter eines großen Sportartikelherstellers zu ihrem Wochenmeeting. Anstatt – wie bis vor zwei Jahren – um 6.00 Uhr mit dem Taxi zum Flughafen zu fahren und nach Frankfurt zu fliegen, kommen die Kollegen wie immer um halb neun in ihr Büro, nehmen ihre Unterlagen, bereiten die letzten Zahlen vor und wählen sich kurz vor neun in die Multipoint-Videokonferenz ein. Bereits nach knapp einer Stunde sind alle Planungen besprochen, die aktuellen Verkaufsergebnisse der letzten Woche diskutiert und es wurde sogar ein neues Produkt mit Hilfe der Objektkamera allen sieben Konferenzteilnehmern vorgestellt. Um 10 Uhr sitzen die Vertriebsleiter schon wieder am Schreibtisch und sind für ihre Kunden erreichbar.

Ähnlich wie diese Vertriebsleiter nutzen immer mehr Unternehmen zeitsparende Videokonferenzen. Agenturen stellen bspw. ihren Kunden die neuesten Werbefilme und Anzeigenentwürfe per Bildschirm vor und können Änderungswünsche direkt umsetzen; PR-Agenturen stimmen Pressetexte mit ihren Auftraggebern über den Bildschirm ab, Manager aus international tätigen Unternehmen diskutieren ihre Strategiepläne gleichzeitig mit Kollegen in Filialen in Asien, den USA oder Europa ohne einen Kilometer zu reisen; Produktionsleiter von dezentral produzierenden Unternehmen können über die Videokonferenz in kürzester Zeit Produktänderungen oder Produktionsprobleme besprechen und die Fehler gleich am Bildschirm analysieren und beheben. So hat man bei Ford für die Entwicklung des Modells Mondeo gleich mehrere internationale Forschungsteams per Videokonferenz verbunden. Neben den eingesparten Reisekosten wurde die Entwicklungszeit des neuen PKWs um die Hälfte reduziert und damit die Markteinführung schneller vollzogen. Auch bei Daimler setzt man weltweit auf Videokommunikation, und immer mehr Zulieferfirmen werden in Videokonferenznetze einbezogen. Bei Henkel sind Videokonferenzen in der internen Kommunikation ebenso alltäglich wie bei der R&V Versicherung und zahlreichen Banken.

Videokommunikation beim Fernsehen

Der Nachrichtensender n-tv hat die ISDN Videokonferenz für Korrespondenteneinspielungen entdeckt. Zur Wahl in Israel am 29. Mai 1996 hat erstmals ein deutscher Fernsehsender seinen Korrespondenten nicht wie üblich per Standbild oder Satelliten-Videokonferenz eingeblendet, sondern mit Hilfe eines ISDN-basierenden Videokonferenzsystems live zugeschaltet. N-tv-

Korrespondent Ulrich Sahm berichtet seit dem Wahltag in Israel regelmäßig per ISDN-Videokonferenz. Mit dieser noch jungen Technologie kann Ulrich Sahm Studio-unabhängig von jedem ISDN-Anschluß aus über herkömmliche Telefonleitungen Bewegtbilder und Ton über beliebige Entfernungen übertragen. Dabei fallen – im Gegensatz zur Satellitenkonferenz – lediglich die zweifachen Telefongebühren an. Ein weiterer Vorteil der ISDN-Videokonferenz ist der jederzeit mögliche Verbindungsaufbau wie bei einem Telefongespräch. Wird wie früher eine Satellitenkonferenz geschaltet, müssen dagegen die Räume und Leitungen zuvor reserviert werden. Bei Reportagen über aktuelle Ereignisse kann es daher zu Engpässen kommen, die mit der neuen ISDN-Technologie ausgeschlossen sind.

Fast zeitgleich setzt n-tv auch auf die Möglichkeit, sich von zuhause aus in die Talkshow "Bei Schweizer" per Videokonferenz einzuwählen. Damit können Zuschauer erstmals von Angesicht zu Angesicht mit Persönlichkeiten aus Politik, Wirtschaft oder Kultur über Videoverbindungen im Fernsehen diskutieren.

Videokommunikation in Medizin und Wissenschaft

Neben dem Einsatz von Videokonferenzen im Business entwickeln sich weitere Einsatzmöglichkeiten in anderen Bereichen, zum Beispiel im medizinischen und wissenschaftlichen Sektor. So ist das Space Shuttle Columbia erstmals in der Geschichte der Raumfahrt mit einem Videokonferenzsystem ausgestattet, mit dem Astronauten und NASA-Personal visuell kommunizieren.

Dart-Fern-Meisterschaften per Videokonferenz

Das Augsburger Unternehmen Harlekin organisierte die ersten Fern-Dart-Meisterschaften zwischen Deutschland und den USA. Per Videokonferenzschaltung von PictureTel traten die Konkurrenten in Chicago und Augsburg gegeneinander an. Der jeweilige Darttreffer wurde durch eine Computerübertragung am anderen Standort angezeigt, während die Teilnehmer in der Videoschaltung ihren Gegenüber beim Wurf beobachten konnten. Inzwischen plant das Unternehmen auch eine Fern-Tauziehen-Meisterschaft, die per Videokonferenz übertragen werden soll.

Otto mit Bildkommunikation

Otto Waalkes hat PictureTel Systeme in seinen Häusern in Norddeutschland und in Florida. Auf diese Weise kann er jederzeit mit Produzenten, Agenturen und Fernsehsendern neue Projekte planen, Videoclips begutachten und Werbematerial besprechen.

Boehringer Ingelheim verbindet fünf Kontinente per Videokonferenz

Im Rahmen seines Corporate Identity Programmes organisierte die Boehringer Ingelheim GmbH am 8. November einen Innovationstag, der alle weltweit angesiedelten Mitarbeiter live zusammenführte. Das Treffen der Kollegen wurde zu einem virtuellen High-Tech-Meeting, denn erstmals in der Geschichte des Unternehmens fand die Mitarbeiterveranstaltung über alle fünf Kontinente mit Hilfe modernster Videokonferenztechnologie statt.

Agentur-Pitch per Videokonferenz

PictureTel nutzte als Hersteller von Videokonferenzsystemen seine Produkte, um eine Entscheidung für eine PR-Agentur zu fällen. Fünf Agenturen durften in einer Multipoint-Videokonferenz aus München ihr Konzept der Konzernspitze in Danvers/USA, dem Europa-Headquarter in London und dem in Düsseldorf weilenden Deutschland-Geschäftsführer live präsentieren. Nach den Präsentationen setzten sich die Entscheider per Videokonferenz zusammen und entschieden sich für eine Agentur.

Virtuelle Party

Das Organisationsforum Wirtschaftskongress (OFW), Köln, organisiert eine Party in den Städten Frankfurt, Düsseldorf und Krefeld, die per Videokonferenzschaltung miteinander verbunden werden.

SAP R/3-Service per Videoschaltung

Das SAP-Systemhaus Comgroup bietet seinen SAP-Kunden einen Live-Service per Videokonferenz an. Das Unternehmen hat das Desktop-Videokommunikationssystem von PictureTel in die SAP R/3 Software integriert. Wann immer ein Kunde technische Fragen hat, kann er aus der laufenden SAP-Anwendung heraus seinen Berater bei Comgroup anwählen. Dieser erscheint auf dem Kunden-PC in einem separaten Fenster und kann aus der Ferne alle Funktionen des Kunden-PC fernbedienen, Fehler auffinden, Arbeitsschritte vorführen oder Ratschläge für die Bedienung geben.

2 Künftig denkbare Applikationen

Taubstumme nutzen erstmals Telekommunikation

Taubstumme, die aufgrund ihrer Behinderung noch nie ein Telefon benutzen konnten, verständigen sich erstmals per Zeichensprache über ein Videokonferenzsystem über große Entfernungen mit ihrer Umwelt.

Altenseelsorge per Videokonferenz

Wenn der Pflegenotstand sich weiter verschärft und dadurch nicht immer alle seelischen Beistandswünsche sofort erfüllt werden können, wäre Videokommunikation eine Ergänzung in der Betreuung von z.B. Heimbewohnern. Jederzeit könnten sie wie beim Telefon ihren Seelsorger anwählen und dann von Angesicht zu Angesicht mit ihm ihre Sorgen und Nöte besprechen. Natürlich ist die persönliche Betreuung durch nichts zu ersetzen, aber in ländlichen Gebieten, in denen täglich große Entfernungen vom Betreuungspersonal zu überbrücken sind, könnte die Versorgung so verbessert werden.

Zeugenvernahme im Gericht per Videokonferenz

Diese Applikation wird zur Zeit bereits diskutiert. Gerade in Prozessen mit Kindern könnten viele Ängste genommen werden, wenn Kinder ihre Aussage in einem separaten Raum ohne Zuschauer und ohne Prozeßbeteiligte vor der Kamera machten, und diese Aussagen ins Gericht live übertragen würden.

3 Desktop-Videokommunikation vom Arbeitsplatz aus

Wer vor zwei Jahren beim Stichwort Videokonferenz noch an aufwendige Studios dachte, wird heute bereits mit den relativ kleinen Desktopsystemen konfrontiert. Einfache Erweiterungspakete wie das Live200p von PictureTel machen aus jedem herkömmlichen PC ein Videoconferencing-Terminal. PC-gestützte Videokommunikation ist kein Science Fiction mehr – sie ist Realität, jetzt und heute. Desktop-Videokommunikation wird in den kommenden Jahren einer der am stärksten wachsenden Märkte in der Informationstechnologie sein. Bis 1998 werden von Marktbeobachtern jährlich dreistellige Zuwachsraten erwartet. Solche Systeme bieten sowohl Videokommunikation (Bewegtbild- und Tonübertragung) als auch Datenkonferenz-Funktionen. Sogenanntes 'Joint Working' durch Datenkonferenzen ermöglicht Anwendern, weltweit gleichzeitig dasselbe Dokument am PC zu bearbeiten – so als befänden sich die Partner in einem Raum. Über weite Entfernungen können so Projektpläne gemeinsam entwickelt, Präsentationen überarbeitet, Finanztabellen abgestimmt oder auch Texte korrigiert werden. Mit der Remote Control Funktion ist es möglich, sich bspw. von Zuhause oder von Geschäftsreisen aus in den PC des eigenen Unternehmens einzuwählen und aus der Ferne am Unternehmens-PC zu arbeiten, so als säße man im heimischen Büro. Alle Dokumente können z. B. in den Laptop auf dem Hotelzimmer oder in den PC der Geschäftspartner transferiert und dort gespeichert oder ausgedruckt werden. Zusätzlich kann auf gemeinsamen Whiteboards interaktiv geschrieben oder gezeichnet, können Filetransfers durchgeführt und Programme des Konferenzpartners genutzt werden, ohne selbst das Programm auf dem PC installiert zu haben. Parallel zur Datenbearbeitung diskutieren die Partner ihre Arbeit von Angesicht zu Angesicht über ein separates Fenster und die Freisprecheinrichtung.

Folgende Joint Working Funktionen sind entscheidend:

Application Sharing ist die wichtigste Funktion. Die gemeinsam bearbeiteten Applikationen erscheinen in beiden Fenstern auf jedem PC. Veränderungen können von den Konferenzpartnern gleichzeitig vorgenommen werden und alle Änderungen sind sofort in beiden Fenstern sichtbar. Dabei benötigt nur ein Partner das jeweilige Programm.

Mit der **Remote Control** Funktion ist es möglich, sich bspw. von zuhause oder von Geschäftsreisen aus in den PC des eigenen Unternehmens einzuwählen und aus der Ferne am Unternehmens-PC zu arbeiten, so als säße man im Büro. Alle Dokumente können z. B. in den Laptop auf dem Hotelzimmer oder in den PC der Geschäftspartner transferiert und dort gespeichert oder ausgedruckt werden.

Whiteboard Sharing wird wie in herkömmlichen Meetings genutzt. Beide Partner haben die Möglichkeit in einem separaten Whiteboardfenster zu schreiben, zu zeichnen, Notizen zu speichern oder Graphiken zu importieren .

Durch **File Transfer** können alle Arten von Dateien zwischen den PCs ausgetauscht werden. Mit einem einfachen drag-and-drop Befehl werden Files aus dem Dateimanager in das Sendefenster kopiert.

Clipboard Sharing wird während des gemeinsamen Arbeitens genutzt, um Informationen in einem separaten Fenster auszutauschen.

Das **Massaging Window** dient der Kommunikation zwischen den Partnern. Abwechselnd können Texte, Kommentare oder andere Mitteilungen in das interaktive Fenster geschrieben werden.

Videokonferenzen zwischen Gruppen

Bei allen Vorzügen dieser Desktop-Technologie – wie Face-to-face-Kommunikation vom Schreibtisch aus, Filetransfer oder Datenkonferenzen – haben Desktopsysteme den Nachteil, daß sie aufgrund der Bildschirmgröße und der geringen Erweiterungsmöglichkeiten keine Gruppenbesprechungen ermöglichen. Gruppenbesprechungen sind aber die häufigste Form des Geschäftsmeetings. Wenn beispielsweise Vertriebsmanager mit ihren Zentralen regelmäßige Besprechungen führen, größere Auditorien einem Live-Vortrag per Videokonferenzsystem folgen oder wenn räumlich getrennte Entwicklungsteams in Projekten zusammenarbeiten, werden höhere Ansprüche an die Technik gestellt. Bei den meisten Unternehmen setzt man deshalb auch auf Videokonferenzsysteme mit größeren Bildschirmen, flexiblen Kameras, Hochleistungsmikrophonen und mit der Möglichkeit der Einbindung diverser Peripherieeinrichtungen. Nur mit ihnen läuft eine Videokonferenz so natürlich wie eine persönliche Besprechung ab. Mit derartigen Videokonferenzsystemen ist zum Teil schon wie beim Concorde 4500 von PictureTel eine Bildwiederholrate von 30 Bildern/Sek. möglich. Damit erreicht man eine Bildqualität, die auch bei schnellen Bewegungen dem Fernsehbild entspricht. Eine wichtige Funktion kommt den Kameras der Videokonferenzsysteme zu. Die Fachpublikation PC Magazin (Ausgabe 22.2.95) beschreibt die Leistungsfähigkeit der professionellen Systeme: "Ihre Kameras können sowohl einen einzelnen Redner formatfüllend abbilden, als auch eine große Personengruppe oder eine Zeichnung auf einem Flipchart erfassen. Durch Voreinstellungen sind einzelne Kamerapositionen speicherbar und jederzeit abrufbar. Auf Knopfdruck schwenkt die Kamera in die gewünschte Position und bietet sofort die richtige Schärfe und Zoomeinstellung. Außerdem ist es möglich, daß ein Partner die Kamera der Gegenstelle fernbedient. Das neueste sind PictureTels sogenannte "Look-at-me-button". Sie lassen sich beliebig im Raum plazieren und bringen auf Knopfdruck die Kamera in die Position, an der sich der Sprecher befindet."

4 Audio ist der entscheidende Aspekt in der Videokonferenz

Sowohl das Bild als auch der Ton werden in Form von komprimierten Signalen auf separaten Kanälen einer ISDN-Leitung übertragen. Dabei ist die Gesamtbandbreite im ISDN auf typischerweise 128 kbit/s festgelegt. Herkömmliche Tonkomprimierungsverfahren nehmen hierbei bis zu 64 kbit/s (also 50% der Gesamtbandbreite) in Anspruch. Dadurch wird der verfügbare Platz für die Bildübertragung stark eingeschränkt und damit die Bildqualität verschlechtert. Neuere Komprimierungsverfahren ermöglichen zwar eine Reduzierung des Audioanteils auf 16 kbit/s, stellen dabei jedoch nur eine eingeschränkte Audiobandbreite von 3 kHz – wie beim herkömmlichen Telefon – zur Verfügung. PictureTel hat daher das Audio-Komprimierungsverfahren PT724 entwickelt. Dieser neue Algorithmus ermöglicht eine deutlich verbesserte Tonübertragung mit 7 kHz (doppelte Telefonqualität!) bei einer Inanspruchnahme von nur noch 24kbit/s der Gesamtbandbreite. Dadurch stellt das neue Verfahren bis zu 30 % mehr Bandbreite für das Bildsignal zur Verfügung und steigert neben der Tonqualität auch die Bildqualität. Sowohl Konferenz- als auch Desktopsysteme von PictureTel arbeiten im H.320-Modus mit dieser neuen Technologie: Eine Vollduplex-Tonübertragung ermöglicht das gleichzeitige Sprechen und Verstehen mehrerer Konferenzstandorte und kommt damit der natürlichen Gesprächsatmosphäre sehr nahe. Auch wenn sich die Teilnehmer gegenseitig unterbrechen, sind alle Sprechenden zu verstehen. Ohne Vollduplex würde nur ein Gesprächspartner zu verstehen sein, während die anderen Teilnehmer stumm geschaltet würden. Durch die dynamische 'Echo Cancellation' passen sich die PictureTel-Desktop- und Konferenzsysteme den ständig wechselnden Akustikgegebenheiten in einem Videomeeting vollautomatisch an, indem sie die auftretenden Störgeräusche ausgleichen oder ausfiltern: Eine Rauschunterdrückung (noise compression) blendet z.B. Ventilatorgeräusche von Projektoren oder andere konstante Geräusche aus und die automatische Verstärkungsregelung (gain control) verändert nach Bedarf die Mikrofonempfindlichkeit. Spezielle, elektronisch gesteuerte Hochleistungs-Mikrofone mit einem 360° Wirkungskreis stellen sich automatisch auf die Teilnehmer ein, unabhängig von Winkel und Abstand des Sprechenden zum Mikrofon. Dadurch können die Teilnehmer während des Videomeetings aufstehen und im Raum umherlaufen, ohne daß sich die Tonqualität verändert.

4.1 MeetingTools

Videokonferenzen sind nicht nur dazu da, den Partner zu sehen und mit ihm zu sprechen. Wichtiger Bestandteil einer Videokonferenz ist für die meisten Anwender eine für alle Teilnehmer gleichzeitige Visualisierung der zur Diskussion stehenden Overheadfolien, Präsentationen, Charts oder auch von dreidimensionalen Objekten. Dies ermöglichen spezielle Dokumentenkameras, die auch kleinste Bauteile einer Leiterplatte detailgenau zeigen. Mit GroupView stellt PictureTel den ersten digitalen Overheadprojektor für Präsentationen in einer Videokonferenz vor. Zwei GroupView-Systeme werden über das Videokonferenzsystem oder über einen analogen Telefonanschluß miteinander verbunden und ermöglichen dann die digitalisierte Übertragung von jeglichen Vorlagen wie Folien, Papierdokumenten oder auch dreidimensionalen Objekten. Die übertragenen Bilder oder Daten werden bei den Gegenstellen live auf der Präsentationsleinwand (nicht auf dem Videokonferenzbildschirm) gezeigt und können von allen Seiten über große Entfernungen bearbeitet, verändert oder mit Notizen versehen und anschließend gespeichert oder ausgedruckt werden. Viele Videokonferenznutzer bemängelten bisher die fehlende Möglichkeit, PC-Daten in einer Gruppenvideokonferenz interaktiv zu bearbeiten. Dieses Problem gibt es seit kurzem nicht mehr. Mit PictureTels GroupShare-Software sind Datenkonferenzen und alle vom Desktopsystem her bekannten Funktionen auch zwischen großen Konferenzsystemen möglich. Nach Verbindung des Videokonferenzsystems mit einem Standard-Windows-PC oder einem Laptop können Windows-Dokumente und -Programme weltweit gemeinsam genutzt werden. Texte, Grafiken oder Tabellen können auf dem Bildschirm des Videokonferenzsystems von allen Konferenzorten aus betrachtet, diskutiert, bearbeitet und verändert werden. Die Konferenzpartner haben die Möglichkeit untereinander die Daten auszutauschen, per Videokonferenz zu präsentieren und auch bei den Gesprächspartnern auszudrucken. Zusätzlich kann man mit mobilen, elektronischen Fotoapparaten, den 'Still Video Cameras', extern Videofilme bzw. Fotos aufnehmen, speichern und später in die Konferenz einspielen, zum Beispiel Aufnahmen von Maschinenteilen in Werkstätten oder Fabrikhallen, von Schadensfällen bei Versicherungen und von anderen immobilen Objekten und Außenaufnahmen.

4.2 Standards

Letztendlich ausschlaggebend für die Akzeptanz von Videokommunikation ist zweifelsohne die Erfüllung von Standards für herstellerübergreifende Videokonferenzen. Zwei Standards haben sich herauskristallisiert: Der Standard H.320 regelt die Übertragung der Video- und Audiosignale zwischen verschiedenen Systemen und wurde von allen renommierten Herstellern implementiert. Seine Einhaltung wird von einem unabhängigen Testlabor geprüft und durch die Vergabe des "H.320 conform" Siegels dokumentiert. Der neue Multimedia-Standard T.120 ist kürzlich ratifiziert worden. Er regelt den Datenaustausch sowie die Übertragung von graphischen Informationen – wie beim Application Sharing – zwischen Systemen unterschiedlicher Hersteller. Durch ihn können auch wichtige Peripherieeinrichtungen wie elektronische Whiteboards, Videokameras, Overheadprojektoren, Diaprojektoren oder Videorecorder in Videokonferenzen eingebunden werden. Außerdem ist durch T.120 Application-Sharing auch in Multipointkonferenzen möglich.

5 Neue Videokonferenz-Dienstleistung

Videokonferenzsysteme können Sie kaufen, leasen, kurzzeitig über einen Vor-Ort-Service oder im Studio mieten (MoViCom GmbH). Außerdem gibt es zahlreiche PictureTel Partner, die ihre Systeme für Konferenzen zur Verfügung stellen. Das nächste Videokonferenzsystem ist in Deutschland von beinahe jedem Standort in nur 1/2 Stunde Autofahrt erreichbar.

"Call a Videomeeting" und Studioservice

Das Geschäft mit der Videokonferenz schafft neue, intelligente Dienstleistungen.

Unternehmen, die keine eigenen Systeme kaufen oder zunächst den Umgang mit der Videokommunikation erproben wollen, können nun schon tageweise eine Videokonferenz für die eigenen Räumen mieten – und auch gleich ein System beim gewünschten Gesprächspartner installieren lassen. Die Frankfurter Mobile VideoCommunication Service GmbH (MoViCom) ist über den kostenfreien Zentralruf 0130 - 828682 erreichbar. Zur vereinbarten Zeit sind die Konferenzsysteme betriebsbereit beim Kunden angeschlossen, so daß dieser sofort mit der Besprechung beginnen kann. Nach Ende des Videomeetings werden die Systeme von den MoViCom-Partnern wieder abgeholt. Zusätzlich verfügt MoViCom über ein weltweites Netz an eigenen und an Partner-Videokonferenzstudios, die vermietet werden. Weltweit vermittelt MoViCom Videokonferenzstudios in über 50 Ländern, so daß auch der gewünschte Gesprächspartner ohne eigene Systeme ein Studio vermittelt bekommen kann.

Leasing statt Kauf eröffnet einen günstigen Einstieg in die Videowelt.

Die ATC Systems Leasing in Kronberg ist Deutschlands erster Anbieter für Videokonferenzleasing **(06173-95650)**. Gerade die größeren Systeme ab 40.000,- DM werden so für Mittelständler erschwinglich und technische Neuerungen lassen sich jederzeit nachrüsten.

ProSieben Digital Media:

Der eigene Kanal für´s Unternehmen
Dieter Binder, Frank Borsetzky

Kontaktadresse:
Dieter Binder,
Frank Borsetzky,
ProSieben Digital Media, Gutenbergstr. 1, 85774 Unterföhring

Inhalt

1 Business TV - Der eigene Kanal für´s Unternehmen

2 Business TV - Fernsehen für Profis

2.1 Was macht Busines TV so stark?

2.2 Wofür eignet sich Business TV besonders?

3 Business TV - Fernsehen von Profis

3.1 Programmentwicklung

3.2 Programmgestaltung

3.3 Programmproduktion

4 Wie funktioniert ein Business TV-Netz?

5 Zusammenfassung und Ausblick

1 Business TV - Der eigene Kanal für's Unternehmen

Die Einführung des digitalen Fernsehens in 1996 ist der Startschuß für die breite Nutzung von Business TV in Europa. Der digitale Datentransport reduziert die Verbreitungskosten erheblich und erlaubt die sichere Verschlüsselung und Adressierung von Informationen. Business TV vereint die Vorteile des klassischen Fernsehens mit den Möglichkeiten der digitalen Zukunft - für den spezifischen Kommunikationsbedarf jedes Unternehmens!

Die bislang umfangreichste Untersuchung zur Nutzung satellitengestützter Firmenkommunikation stammt aus den USA, wo mittlerweile rund 120 Business TV-Netze betrieben werden *(Business Television, Graphically Speaking, by Stuart Chimes, in: Via Satellit, 1996, page 34-36)*. 54 Unternehmen berichten über ihre Erfahrungen mit Business TV. Die wichtigsten Ergebnisse:

- 98 % der befragten Führungskräfte sind mit Business TV "sehr zufrieden" oder "zufrieden".
- 79 % beurteilen die Kosten für Business TV mit "sehr zufrieden" oder "zufrieden".
- 94 % der Unternehmen verfügen über ein eigenes TV-Studio.
- 98 % der Unternehmen wollen die Zahl der Business TV-Übertragungen weiter ausbauen.

2 Business TV - Fernsehen für Profis

Informationsmanagement entscheidet mehr denn je über Wettbewerbsvorteile. Die Globalisierung der Märkte, kürzere Produktlebenszyklen und schärferer Wettbewerb zwingen Unternehmen, ihre Informationslogistik zu optimieren. Von besonderer Bedeutung sind dabei die gezielte Aufbereitung von Informationen, ein ungehinderter und schneller Informationsfluß sowie effiziente Aus- und Weiterbildung. Hier leistet Business TV einen wesentlichen Beitrag.

2.1 Was macht Business TV so stark?

⇒ *Mit Business TV sind Mitarbeiter besser informiert*

Business TV bietet den Vorteil der schnellen, hochqualitativen und gezielten Information an eine beliebig große Anzahl von Mitarbeitern im In- und Ausland. Nachweislich führt die Darstellung von Ton und Bild zu fünffach besseren Behaltensleistungen bei den Empfängern im Vergleich zu gelesenen Informationen. Durch diese effizientere Kommunikation kann die Produktivität in allen Unternehmensbereichen gesteigert werden. Veränderungen in Produkt oder Technik und Lösungen bei aktuellen Fragestellungen können via Business TV auch kurzfristig übermittelt werden. Die Verteilung der Information geschieht gleichzeitig und flächendeckend.

⇒ *Business TV motiviert*

Business TV wirkt besonders motivierend, weil es Wissen und Information lehrreich und gleichzeitig unterhaltsam vermittelt. Selbst komplexe Sachverhalte können anschaulich und verständlich dargestellt werden. Da Business TV nicht nur die obersten, sondern alle Hierarchiestufen informiert, macht es das Unternehmen für den einzelnen transparenter. Dies fördert Identifikation und Zusammengehörigkeitsgefühl.

⇒ *Business TV verringert Kommunikationskosten*
Bereits einen Monat nach Sendebeginn hatte Hewlett-Packard die Kosten für sein Business TV-Netz wieder eingefahren: Mit einer einzigen Business TV basierten Schulung von 700 Technikern in ganz Nordamerika konnten gegenüber einer herkömmlichen Schulung fünf Millionen Dollar eingespart werden (*Quelle: infosat 5/96, S. 137*).

Business TV bringt enorme Kosten- und Zeitvorteile, indem es Informationen schnell und gezielt an eine große, geographisch verteilte Zielgruppe verbreitet. Ausfalltage am Arbeitsplatz werden reduziert, aufwendige Reisen zu Meetings, Messen oder anderen Veranstaltungsorten können deutlich eingeschränkt werden.

⇒ *Business TV zur effizienten Aus- und Weiterbildung*
Business TV ist die ideale Plattform für effiziente Aus- und Weiterbildung, weil es als audiovisuelles Verteilmedium Inhalte wirksam und kostengünstig vermittelt. Beliebig viele und geografisch verteilte Nutzer können gleichzeitig, einheitlich und mit modernster Lehrtechnik erreicht werden. Rückkanäle ermöglichen die direkte Interaktionen zwischen Trainern und Schülern und erlauben eine ständige und individuelle Ausbildungskontrolle.

Das macht Business TV so stark!
- Faszination des Mediums Fernsehen
- Komplexe Themen kreativ und lebendig gestalten
- Hohe Emotionalität durch die Kombination von Bild und Ton
- Schnell und gleichzeitig informieren
- Weniger Informationsverluste durch direkte Kommunikation
- Einsparungen bei gedruckten und kopierten Informationen
- Reduzierung von Reise- und Opportunitätskosten
- Imagetransfer aus dem Wachstumsmarkt der Zukunft
- Positionierung als innovatives Unternehmen
- Pflege von Unternehmenskultur
- Persönliche Ansprache eines jeden Mitarbeiters
- Direkte Interaktion mit den Zuschauern
- Hohe Kommunikationssicherheit durch Conditional-Access-Systeme

2.2 Wofür eignet sich Business TV besonders?

Business TV eröffnet eine breite Palette faszinierender Kommunikationsperspektiven: Von satellitengestützer Datenübertragung (Data Broadcast) und unternehmensinternen Informations- und Schulungsprogrammen bis hin zum unternehmensexternen Händler- und Kundenfernsehen.

> **Data Broadcast**
>
> Business TV transportiert digitalisierte Daten jeglicher Art: Text-, Sprach- und Bilddateien ebenso wie Software und Programme. Als satellitengestütztes Verteilmedium ermöglicht Business TV die schnelle und gezielte Verbreitung großer Datenmengen. Business TV-Netze sind Hochleistungsnetze für den kostengünstigen Datentransport eines Unternehmens.

Nicht alles, was technisch möglich ist, ist gleichermaßen für jedes Unternehmen geeignet. Unternehmensinterne wie -externe Rahmenbedingungen für Business TV-Lösungen sind von Unternehmen zu Unternehmen verschieden. Um geeignete Einsatzfelder von Business TV zu ermitteln, muß der gegenwärtige und künftige Kommunikationsbedarf eines Unternehmens genau analysiert werden. Welche Medien werden bislang für welche Kommunikationsziele genutzt? Wo könnte Business TV vorhandene Instrumente sinnvoll ergänzen oder ersetzen?

Kommunikationsmatrix
Analyse-Instrument zur Ermittlung von Business TV-Einsatzfeldern

Empfänger Inhalt	**intern**				**extern**	
	Vorstand	Mitarbeiter	Außendienst	Zulieferer	Händler	Kunden
Information	MIS Videokonferenz E-Mail	Meetings Mailings **Business TV**	Rundschreiben Broschüren Zeitschriften **Business TV**	Rundschreiben Meetings	Mailings Broschüren **Business TV**	Werbung Mailings **Kunden TV**
Motivation	----	**Business TV**	Incentives **Business TV**	----	**Business TV**	----
Schulung	Externe Führungs- trainings	Interne Seminare Trainings **Ausbildungs TV**	Seminare **Ausbildungs TV**	----	Seminare **Business TV**	----

Eine interessante Einsatzmöglichkeit von Business TV ist die Schulung der Außendienstmitarbeiter. Im Vergleich zu mehrtägigen Seminaren und Videos ermöglicht ein eigenes Ausbildungs TV enorme Kosteneinsparungen und größere Lernerfolge. Erste Erfahrungen aus dem Bereich Aus- und Weiterbildung zeigen, daß sich rund die Hälfte aller Schulungen hervorragend für den Einsatz von Business TV eignen.

Mögliche Themen und Inhalte von Business TV-Sendungen

Unternehmen	Vertrieb und Marketing
Unternehmenspolitische Aktivitäten	Statement Vertriebs- und Marketingvorstand
Medienberichterstattung	Berichte aus den einzelnen Abteilungen
Konzernentwicklungen	Wettbewerbs- und Marktbeobachtung
Rechtliche Änderungen	Vertriebspolitische Aktivitäten
Aktuelle Aktionen	Aktuelle Produkteinführungen
Messeberichte	Werbeaktivitäten
Forschung und Entwicklung	**Sport und Events**
Statements aus dem Vorstandsbereich	Livestyle-Themen rund ums Produkt
Allgemeine Forschungsaktivitäten	Vertragssport & Sport-Sponsoring
Schulung von Ingenieuren	Jubiläen und sonstige Feiern
Technische Neuerungen	Tickethotline
Informationspolitik	Incentives

Alle Einsatzgebiete von Business TV sollten genau beschrieben und definiert werden. Nötig ist eine klare Aufgabenverteilung zwischen Business TV, Printmedien und persönlicher Kommunikation. Beispielsweise sollte festgelegt werden, welche Schulungsseminare für den Außendienst via Business TV veranstaltet werden und welche vorläufig nicht ersetzt werden können. Auch der Einsatz herkömmlicher Printmedien wie Rundschreiben, Broschüren und Zeitschriften muß überdacht werden. So kann Business TV beispielsweise die Firmenzeitung ersetzen.

Fazit: Professionelle Informationslogistik entscheidet mehr denn je über Wettbewerbsvorteile. Business TV ist ein starkes Medium zur Information und Motivation von Mitarbeitern. Mit Hilfe von Business TV lassen sich Kommunikationskosten optimieren. Business TV ist Fernsehen für Profis.

3 Business TV - Fernsehen von Profis

Konzeption, Produktion und Verbreitung von Business TV gehören in professionelle Hände! Erfahrene Spezialisten aus der täglichen Fernseharbeit können reibungslose und vor allem effiziente Kommunikation garantieren. Herzstück von Business TV ist das Programm. Das Programm ist Träger der Inhalte, Programmkompetenz ist die Kernkompetenz für Business TV. Die Realisierung von Business TV-Sendungen läßt sich in drei Phasen gliedern:

1. Programmentwicklung
2. Programmgestaltung
3. Programmproduktion

3.1 Programmentwicklung

Intensive Kommunikation zwischen Business TV-Anbieter und Auftraggeber entscheidet über den Erfolg jeder einzelnen Sendung. Denn nur wenn die Kommunikationsziele gemeinsam erarbeitet und definiert werden, lassen sich die vorhandenen Ressourcen optimal einsetzen. Die Wirkung von Business TV kann gemessen werden: sie drückt sich im Verhalten der Zielgruppe, bzw. deren Veränderung aus. So können höhere Abschlußquoten des Außendienstes oder eine Belebung des betrieblichen Vorschlagswesens die Effizienz von Business TV dokumentieren. Kontext, Zielgruppe und Botschaft der Sendung müssen daher klar und einfach dargestellt werden. Beispiele:

Dieses Programm gibt Argumentationshilfen für den Verkauf!
Dieses Programm stellt den Vertragshändlern unser neues Modell vor!

Zur Programmentwicklung wird ein erfahrenes Projektteam eingesetzt, daß exklusiv für den Kunden Business TV realisiert. Das Team deckt mindestens die folgenden drei Funktionen ab:

Programmredaktion: In enger Kooperation mit dem Kunden entwickelt der Programmredakteur die aktuellen Themen und erstellt den inhaltlichen Sendeablauf.
Produktion: Der Produzent bringt das notwendige Know-how ein, um die Inhalte fernsehgerecht und kosteneffizient darzustellen.
Sendetechnik: Der Sendetechniker koordiniert den gesamten Ablauf der Sendetechnik, also Aufnahme, Uplink, Transponder und Downlink.

3.2 Programmgestaltung

Professionelle Programmgestaltung nutzt erlernte Sehgewohnheiten der Zuschauer, indem sie die Identifikation des Zuschauers mit dem vertrauten Medium Fernsehen fördert. Der gezielte Einsatz unterschiedlichster Programmelemente verleiht den Inhalten ihre passende Form und lockert die Sendung auf.

⇒ Grafiken und Animationen
Elektronische Grafiken und Animationen unterstützen nicht nur die Präsentation komplexer Inhalte, sondern verleihen der Sendung auch ihre eigene Corporate Identity. Dies gilt insbesondere für die "Visitenkarten" einer Sendung: Logos, Opener, Closer, Trailer und Trenner. Sie geben der Sendung Namen und Gesicht. Da auch gegenüber eigenen Mitarbeitern ein starker optischer Auftritt selbstverständlich sein sollte, erfordert die Gestaltung von Grafiken und Animationen kompetentes TV-Design und kreative On-Air-Promotion.

⇒ Vorproduzierte Videosequenzen
Vorproduzierte Videosequenzen dienen der Einführung oder Illustration wichtiger Sachverhalte. Sie unterstützen das Programm und tragen zur lebendigen, abwechslungsreichen Gestaltung bei. Die didaktisch sinnvolle und fernsehgerechte Umsetzung der Inhalte setzt ein hohes Maß an journalistischer Kompetenz voraus.

⇒ Moderationen

Der Moderator ist Navigator des Zuschauers, indem er ihn sicher durch die Sendung steuert. Der Moderator stellt die einzelnen Mitwirkenden vor, leitet die Sendung ein, sorgt für weiche Übergänge zwischen den Sequenzen und verabschiedet das Publikum am Ende des Programms.

⇒ Diskussionsrunden und Interviews

Diskussionsrunden und Interviews lockern die Sendung auf und ermöglichen einen guten Übergang zur Interaktion mit den Zuschauern. Sie eignen sich zur Durchdringung komplexer Sachverhalte und vertiefen wichtige Themen aus unterschiedlichen Perspektiven. Den Mitwirkenden stehen bei Bedarf erfahrene Fernsehtrainer zur Seite (Fernseh-Coaching).

⇒ Vor-Ort-Sendungen

Zu bestimmten aktuellen Anlässen ist es sinnvoll, Live-Sendungen am Ort des Geschehens zu produzieren. Neuprodukt-Präsentationen etwa können direkt vom Messestand oder einem anderen Veranstaltungsort (Werkshalle) live in die Verkaufsräume des gesamten Vertriebsnetzes übertragen werden. Den reibungslosen Ablauf der Vor-Ort-Sendungen realisiert ein Live-erfahrenes Team von Regisseuren, Redakteuren und Technikern.

3.3 Programmproduktion

Ein detaillierter Zeitplan zum Ablauf der Sendung beinhaltet neben den Programmteilen auch die Länge von An- und Abmoderation, die Länge der Übergänge zwischen den Sequenzen und die Zeit für Fragen und Antworten.

Für jede Art von Sendung bietet sich eine Generalprobe an. Gerade für Mitwirkende des Unternehmens ist dies eine gute Gelegenheit, sich mit den Besonderheiten des Studios und dem Agieren vor der Kamera vertraut zu machen. Nach professioneller Programmentwicklung, Programmgestaltung und Generalprobe steht einer erfolgreichen Ausstrahlung nichts mehr im Wege.

4 Wie funktioniert ein Business TV-Netz?

Die technische Infrastruktur eines Business TV-Netzes besteht aus folgenden Komponenten:

⇒ Studio

Im Studio werden Moderationen, Interviews und Diskussionsrunden aufgezeichnet. Handelt es sich um Live-Sendungen, werden vorproduzierte Grafiken und Zuspieler direkt eingespielt und gesendet. Je nach Kommunikationsbedarf und -ziel kann ein firmeneigenes Studio, ein Mietstudio oder auch eine Werkhalle benutzt werden.

Ein eigenes Studio kann gegenüber einem Mietstudio äußerst flexibel gestaltet und eingesetzt werden. Je häufiger Business TV-Sendungen produziert werden, desto eher zahlen sich die Investitionskosten aus. Darüber hinaus gibt es Refinanzierungsmöglichkeiten - etwa durch Vermietung an weitere Business TV-Anwender oder TV-Produktionen. Zur Live-Übertragung von besonderen Events wie Messen, Werkseröffnungen oder Sportereignissen werden mobile Übertragungswagen eingesetzt.

⇒ Digitale Verbreitung
Die TV-Signale werden über ein digitales Playout Center an einen Fernseh-Satelliten mit digitalen Transponder-Kapazitäten gesendet. Der Satellit verbreitet die Signale über seine gesamte Ausleuchtzone. Signale der ASTRA-Satelliten können in ganz Europa empfangen werden. Digitale Audiokanäle ermöglichen die gleichzeitig mehrsprachige Ausstrahlung des Programms.

> ASTRA bietet gegenüber anderen Satellitensystemen den Vorteil starker Marktpräsenz. Rund 90 % aller Satellitenempfangs-Haushalte im deutschsprachigen Raum nutzen ausschließlich das ASTRA-Satellitensystem. ASTRA erreicht damit bereits mehr als jeden vierten TV-Haushalt direkt. Häufig kann beim Aufbau des Business TV-Netzes also bereits auf vorhandene Empfangstechnik zurückgegriffen werden. Aufgrund seiner hohen Verbreitung bietet nur ASTRA die Möglichkeit, das Business TV-Netz zu einem eigenen, frei zugänglichen Kunden-Fernsehen auszubauen.

Die Verbreitung digitalisierter Daten via Satellit an große, geografisch verteilte Nutzergruppen ist die unkomplizierteste und wirtschaftlichste Lösung. Ein Datentransport über bestehende Kabelnetze scheidet bereits aus Kostengründen aus. Darüber hinaus erschweren Kapazitätsengpässe im Kabel die Konstruktion einer sinnvollen Netzstruktur.

⇒ Empfangstechnik
Zum Empfang von Business TV muß jede Außenstelle lediglich mit einer handelsüblichen Satellitenantenne (inklusive Universal LNB), einer Settop-Box sowie einem Bildschirm (TV oder PC) ausgestattet werden.

> Mit der d-box steht jedem Unternehmen ein leistungsfähiger, multimedial nutzbarer Decoder zur Verfügung. Neben digitalem Fernsehen umfaßt die d-box die Integration von bisher computergestützten interaktiven Diensten (Online-Zugang, E-Mail, Video-CD, Foto-CD), Verwendungsmöglichkeiten für die gewerbliche Wirtschaft und den Einsatz für Ausbildungs- und Schulungszwecke. Die d-box ist ein hochentwickeltes Consumer-Produkt mit den Vorteilen eines günstigen Preises und einfacher Bedienung

⇒ Rückkanäle
Rückkanäle via Telefon, Bildtelefon oder Internet ermöglichen eine direkte Interaktivität zwischen Sendestudio und Zuschauern. Fragen und Meinungen der Außenstellen lassen sich so direkt ins Studio einspielen.

⇒ Verschlüsselung und Adressierung
Business TV-Informationen sind vertrauliche Informationen. Die digitale Übertragungstechnik ermöglicht eine wirksame Verschlüsselung der ausgestrahlten Sendungen. Darüber hinaus lassen sich die digitalen Programme individuell an bestimmte Empfänger oder Personengruppen adressieren: Vertriebsinformationen an den Außendienst, Schulungen an Techniker, Managementtraining an die Führungsebene.

5 Zusammenfassung und Ausblick

Gezielt aufbereitete Informationen, ein schneller und ungehinderter Informationsfluß sowie effiziente Aus- und Weiterbildung entscheiden mehr denn je über Wettbewerbsvorteile. Mit Hilfe von Business TV können Unternehmen ihre Informationslogistik wesentlich effizienter gestalten. Denn Business TV vereint die Vorteile des klassischen Fernsehens mit den Möglichkeiten der digitalen Zukunft:

- Schnelle, gezielte und gleichzeitige Informationsübermittlung
- Enorme Kostenvorteile
- Effiziente Aus- und Weiterbildung

Business TV ist Fernsehen für Profis - von Profis. Die technische Infrastruktur und das Programm müssen auf die spezifischen Bedürfnisse des Unternehmens zugeschnitten werden.

Das Programm ist Träger der Inhalte, Programmkompetenz ist die Kernkompetenz für die Produktion von Business TV. Erfahrene Spezialisten in Design, Redaktion, Produktion und Sendetechnik garantieren reibungslose und vor allem effiziente Kommunikation.

Digitale ASTRA-Transponder und d-box sind die Schlüsselkomponenten des Business TV-Netzes. Ihr Einsatz gewährleistet den sicheren, gezielten und effizienten Transport der Daten. Aufgrund seiner hohen Verbreitung bietet nur ASTRA die Möglichkeit, das Business TV-Netz zu einem eigenen, frei zugänglichen Kunden-Fernsehen auszubauen. Die d-box ist ein hochentwickeltes Consumer-Produkt mit den Vorteilen eines günstigen Preises und einfacher Bedienung.

Mit Hilfe des digitalen Fernsehens etabliert sich Business TV auch in Europa als effizientes Kommunikationsmedium. Darüber hinaus revolutioniert digitales Fernsehen die unternehmensexterne Kommunikation. Niedrige Transportkosten und nahezu grenzenlose Übertragungskapazitäten bringen neue Instrumente der Kundenansprache und Kundenbindung hervor. Erstmals in der Geschichte der elektronischen Medien ist es Unternehmen möglich, ihre Kunden(potentiale) über einen eigenen TV-Kanal zu erreichen. Stoff genug für ein weiteres Buch: „Marketing by Television".

SATCOM GEMINI GmbH:

Business-TV ist mehr als Fernsehen für Mitarbeiter
Ulrich Fieger

Kontaktadresse:
Dr. Ulrich Fieger, SATCOM GEMINI GmbH Business TV and Informationsystems
Panoramastraße 31, 70174 Stuttgart

Inhalt

1   Einleitung

2   Zielsetzung der Untersuchung

2.1   Deskription und Bewertung der medienspezifischen Dimension: Bild

2.2   Deskription und Bewertung der medienspezifischen Dimension: Bild und Ton

2.3   Deskription und Bewertung der medienspezifischen Dimension: Strukturierung, Gliederung, Aufbau der Sendung

2.4   Deskription und Bewertung der medienspezifischen Dimension: Arbeit des Moderators bzw. Trainers

3   Analyse des Lehr- und Lernprozesses

1 Einleitung

Als wir 1989 zusammen mit einem großen deutschen Automobilkonzern begannen, ein Sendekonzept für einen interaktiven, hausinternen Fernsehsender zu entwickeln, wußten wir noch nicht, daß wir zu den Pionieren einer völlig neuen Art des Informationsmanagements für Industrieunternehmen gehörten. Heute, nach mehreren tausend Sendestunden für verschiedene Unternehmen aus unterschiedlichen Branchen, liegen uns Erfahrungen vor, die uns deutlich von unseren Wettbewerbern auf dem Business Television Markt unterscheiden. Die Erfahrungen mit Teleteaching, Telelearning und Teleinformation münden in unseren programmatischen Ansatz:
BUSINESS TELEVISION IST MEHR ALS FERNSEHEN FÜR MITARBEITER.

Business Television wird nicht durch Einschaltquoten oder Reichweiten bestimmt, sondern durch Informationstransfer und Lernerfolg. Die Akzeptanz von Business Television beim Mitarbeiter liegt im konkreten Nutzen der Informationen für das Alltagsgeschäft. Deshalb sind uns Zielgruppen genauso wichtig, wie die technische Perfektion und die gestalterische Wirkung unserer Sendungen. Gerade mit dem Begriff der Wirkung haben wir uns intensiv auseinandergesetzt. Für uns gilt, daß das, was wir innerhalb von Tele-Informations-Sendungen „verkaufen" müssen, als Ware zu behandeln ist. Information als Ware? Jawohl, denn unsere Ware wird nur dann verkauft, wenn sie einen bestimmten Wert für den Käufer verkörpert. Sicherlich, die Verpackung der Ware spielt auch eine Rolle. Doch: wer schaut sich schon eine Sendung an, die lustig, unterhaltend und schön aufgemacht ist, wenn Probleme quälen, die Zeit drängt und harte Facts gefragt sind. Deshalb meinen wir, daß Business TV wirklich mehr können muß, als das, was sich auf deutschen Bildschirmen abspielt. Um dem Geheimnis des Erfolges, sprich Akzeptanz, von Business TV auf die Spuren zu kommen, haben wir mehrere wissenschaftliche Untersuchungen unternommen. Die Ergebnisse einer Rezipientenorientierten Medienwirkungsanalyse stellen wir in diesem Beitrag vor.

2 Zielsetzung der Untersuchung

Um zu verdeutlichen, worum es in dieser Untersuchung geht, zunächst zwei Hinweise:

> Es gibt keine „Nicht-Gestaltung" - diese interessante Parallele zu Watzlawicks Aussage, daß es in sozialen Situationen kein Nicht-Verhalten gibt, verweist darauf, daß jeder Filmemacher dadurch, wie er den Film gestaltet, Einflüsse - bewußt oder unbewußt - auf die Informationsaufnahme beim Rezipienten nimmt (vgl. Graebe 1988, S. 62). Wichtig ist dabei, daß nicht allein die Auswahl der Inhalte, sondern auch gestalterische und filmtechnische Elemente von entscheidender Bedeutung sein können.

> Es gibt eine Fülle von Ergebnissen aus Kognitionspsychologie, Medienforschung usw. für die Gestaltung von Informationssendungen. Diese sind aber - wie verschiedene Untersuchungen aus dem Bereich der Fernseh- und Nachrichtenforschung belegen - in der Praxis der Fernsehmacher häufig folgenlos geblieben.

Theoretische Grundlagen des Qualitätsrasters und Ableitung einzelner Fragestellungen sowie Operationalisierung und Indikatorenbildung zur Qualitätsbeurteilung

Im folgenden sollen Befunde aus Kognitionswissenschaft, Lernpsychologie und Didaktik sowie Kommunikationswissenschaft - hier insbesondere der Nachrichtenforschung und der Forschung zur rezipientenfreundlichen Mediendramaturgie - und Medienpsychologie dargestellt werden, die für die Beurteilung relevant sind.

2.1 Deskription und Bewertung der medienspezifischen Dimension: Bild

<u>Grundlagen</u>

Von Film- und Fernsehproduzenten wird Bildern meist eine Leitfunktion gegenüber dem Text zugesprochen. Man nimmt an, daß, wenn dem Rezipienten Bild - und Toninformationen angeboten werden, die Bildinformation dominiert. Bilder - insbesondere bewegte Bilder - haben darüber hinaus eine stimulierende und motivierende Funktion, wodurch eine Steigerung und Sicherung der Aufmerksamkeitszuwendung erreicht werden kann (vgl. Straßner 1982, S.237ff.).

Die Kamera nimmt als technisches Aufnahmegerät, zunächst inhaltlich betrachtet, nur einen bestimmten Ausschnitt der möglichen Bildinhalte auf. Der Regisseur und/oder Kameramann trifft eine Vorauswahl über die Inhalte, die an den Rezipienten weitergegeben werden, nimmt damit den Zuschauerblick vorweg, lenkt ihn durch die Wahl des Ausschnitts auf bestimmte Details. Unvermeidlich für den Filmproduzenten übt das Medium Film über die Bestimmung der Inhalte hinaus durch seine spezifischen Gestaltungsformen einen notwendigen „Zwang zur Subjektivität" aus: „Indem man sich auf das Medium einläßt, unterwirft man sich diesen Zwängen, auszuschneiden, Perspektiven zu wählen, Details oder Zusammenhänge zu verschweigen, Proportionen im Schnitt herzustellen, neue Wirkungen zu montieren" (Graebe 1988, S. 63). Wie bereits erwähnt, gibt es kein „Nicht-Gestalten" beim Film, das heißt, die Gestaltung des Bildausschnitts, die Einstellungsinhalte, -längen und -übergänge beeinflussen die Informationsaufnahme in jedem Fall - wenngleich nicht unbedingt in erwünschter Weise.

<u>Filmtechnische Merkmale: Einstellung, Einstellungsgrößen und Kamerabewegung, Einstellungslängen, Übergänge zwischen den Einstellungen</u>

Definition des Begriffes „Einstellung"
    Grundlegende Variablen für die Analyse der formellen Eigenheiten der filmischen Präsentation sind Kameraführung, Einstellungsgrößen, Sequenzierung, Schnittraten und Schnittregeln (vgl. Straßner 1982, S. 237ff.). Die hier ausgeführten Kategorien sind ursprünglich produktionstechnische Kategorien. Produktionstechnisch gesehen, ist eine Einstellung „eine Aufnahme, die durch das An- und Abschalten der Kamera begrenzt wird. Rezeptionsbezogen ist eine Einstellung das, was zwischen zwei Schnitten zu sehen ist..." (Hickethier 1983, S. 20).

Einstellungsgrößen und Kameraführung
Die Einstellungsgröße - Detail/groß, nah/halbnah, Halbtotale, Totale - bestimmt die Nähe, bzw. die Entfernung des Rezipienten zum jeweiligen Bildinhalt. Die Kamerabewegung - Schwenk, Zoom oder beides - ist ebenfalls ein filmisches Gestaltungsmittel.

Einstellungslängen
„Unproblematisch und trotzdem aussagekräftig ist die Auszählung der Einstellungslängen in den Informationsfilmen. Unabhängig vom gezeigten Inhalt lassen sich hier Aussagen darüber machen, ob sie dem Rezipienten entgegenkommen oder eine halbwegs vollständige Auswertung des Filmmaterials durch den Rezipienten verhindern" (Straßner 1982, S. 240). In Untersuchungen zum Einfluß der Schnittfrequenz wurde festgestellt, daß Versionen mit häufigeren Schnitten höhere geistige Anstrengungen beim Zuschauer erfordern als nicht unterbrochene Filmeinstellungen. Übereinstimmend wird von Wissenschaftlern, die Nachrichten- und Filmanalysen durchgeführt haben, eine Einstellungslänge von unter 6 Sekunden als problematisch angesehen. Die Begründung liefert die Wahrnehmungspsychologie:,,Wenn man berücksichtigt, daß pro Sekunde durchschnittlich 3,5 Augenfixationen stattfinden, dann wird klar, daß diese kurzen Einstellungen sicher nicht vollständig durchmustert d.h. decodiert werden können" (Straßner 1982, S. 241). Ein Augensprung dauert je nach Länge 20 bis maximal 120 msec. Während dieser Zeit ist das Bild wie bei einem Reißschwenk verwischt, und es können keine Informationen entnommen werden. Die Fixationen sind von unterschiedlicher Dauer, meist betragen sie 200 bis 400 msec. Das bedeutet, daß in einer Sekunde etwa 3 bis 4 Areale fixiert werden können. Während der Fixation wird das Ziel für den nächsten Sprung festgelegt, dies geschieht über die globale Orientierung in der Peripherie (vgl. Ballstaedt 1990, S. 30). „Das Ausmaß der Verarbeitungstiefe hängt auch von der Zeit ab, die für die Betrachtung des Bildes bzw. der Einstellung eingeräumt wird. Da pro Sekunde nur wenige Areale fixiert werden können, sind sehr kurze Einstellungen - zumindest in Informationsfilmen - unsinnig.

Je komplexer ein Bild inhaltlich ist, desto länger sollten es die Zuschauer auswerten können" (Ballstaedt 1990, S.41). In diesem Zusammenhang spielen auch Kamerabewegungen eine Rolle, denn starke Kamerabewegungen innerhalb einer Einstellung stellen weitere Anforderungen an die Decodierungsleistung des Zuschauers. Wird der Rezipient von zu vielen Eindrücken in zu kurzer Zeit überfordert, dann kann diese Reizflut zu einer generellen Abschaltung von einem der „Eingangskanäle" führen. Auf diesen Punkt richtet sich die Kritik an der Fernsehgestaltung: Sie „mißbraucht den Orientierungsreflex. Das Wahrnehmungsangebot im Fernsehen ist geprägt von schnellem Wechsel. Schnitte, Schwenks, Zooms konfrontieren den Zuschauer mit einer fortwährenden Orientierungsreaktion, die in eine Orientierungsstarre übergeht. ... Wo das aufmerksame Sehen von visuellen Orientierungsrekorden abgelöst wird, bricht die geistige Verarbeitung zusammen" (Graebe 1988, S. 130).

Einstellungsvariationen
Daraus ist in der Konsequenz nicht zu schließen, daß der beste Informationsfilm der sein kann, der keine Schnitte und keine Einstellungswechsel ausweist. Eine gewisse Variation

der Einstellungsgrößen, der Einsatz von Kamerabewegungen und der Wechsel der Bildinhalte ist für Aufmerksamkeitslenkung und Motivation der Zuschauer unerläßlich.

Übergänge zwischen den Einstellungen
Neben der Dauer der einzelnen Einstellungen spielt die Gestaltung der Übergänge zwischen den einzelnen Einstellungen eine entscheidende Rolle. Die einzelnen Einstellungen müssen über die Einzelauswertung hinaus auch kognitiv miteinander verbunden werden. Dazu müssen die einzelnen Bilder erkannt werden, d.h. die im vorhergehenden Abschnitt beschriebenen Bedingungen zur Codierung müssen erfüllt sein. Ein Schnitt, d.h. der Übergang von einer zur anderen Einstellung, ist zunächst durchaus mit Vorgängen der natürlichen Wahrnehmung vergleichbar, ein Blick von einem Objekt zum anderen geschieht nämlich nicht durch einen Schwenk, sondern durch eine schnelle Augenbewegung; wobei in der Übergangsphase so gut wie nichts wahrgenommen wird (vgl. Graebe 1988, S. 60).

Trotzdem kann die Gestaltung der Übergänge zwischen Einstellungen in Filmen die Informationsaufnahme sehr stark beeinflußen, im Extremfall auch verhindern. Hertha Sturm hat dies in ihren Forschungen zum rezeptientenorientierten Ansatz anschaulich beschrieben: „Sein Ausgangspunkt ist, daß etwa Wahrnehmungspsychologie, Entwicklungs- und Lernpsychologie Emotions- und Sozialisationsforschung, ebenso Teile der Sozialpsychologie, eine Reihe von wiederholt bestätigten Ergebnissen bereithalten, die sich anbieten, unter Medienbedingungen überprüft zu werden. Es geht bei diesem Ansatz um die Art des medienspezifischen Transports von Inhalten, um das „Wie der Präsentation" und deren Erfassung, also um Abhängigkeit des Inhalts von Schnitten, Schwenks, Zooms, von Mikrofon- und Kamerawechsel, Um- und Überblendungen; beim Fernsehen zusätzlich um die Ursprünge von Bild auf Wort.... Im Vergleich zum realen Leben sind diese „Umsprünge" durchgängig zu kurz: Es ist also vom Rezipienten ein Anpassungs-/Abwehrverhalten verlangt, das mit seinen realen Erfahrungen nicht übereinstimmt. Bei lebensrealen Wahrnehmungen stehen ein paar Halbsekunden Zeit zur Verfügung zum Einbringen eigener Erfahrungen und Erwartungen. Bei Fernseh- und Videodarbietungen sind solche Halbsekunden zum Einbringen eigener Erfahrungen und Erwartungen zumeist nicht gegeben: da läßt sich zumeist nicht vorhersagen, was das nächste Bild sein wird, auf das man sich wahrnehmungsmäßig einzulassen hat. (Dies) bedeutet zugleich den Verlust einer möglichen Kategorisierung in eigene Bezugssysteme" (Sturm 1987, S. 34ff). Diese innere Verbalisierung, das Begleiten des Geschehens mit innerer Benennung ist aber als deutliches Merkmal der Zuschaueraktivität zu interpretieren. Als Konsequenz empfiehlt sie das Einfügen von überleitenden Halbsekunden bei rasanten Szenenwechseln (Beispiele: langsam abgeblendetes Schlußbild, länger stehendes Anfangsbild, eine Geste, die Übergänge andeutet).

Daß auch hier ein angemessener Mittelweg zwischen Überforderung und Anregung gefunden werden muß, zeigt Sturms Experiment mit drei Gruppen mit jeweils unterschiedlich langen Pausen: Das Nachstecken einer im Film vorgeführten Schaltung gelang der Gruppe mit 1,5 sec langen Übergangspausen besser als der Gruppe, die eine pausenlose Darbietung gesehen hatte, aber auch besser als der Gruppe, deren Film 4 sec Pausen nach je 4 Aufgaben enthielt. Sie wertet dies als ersten klaren Befund für die Bedeutung der Halbsekunde für Lernen und Verständnis (vgl. Sturm 1987, S. 39f.).

2.2 Deskription und Bewertung der medienspezifischen Dimension: Bild und Ton

Die Möglichkeit audiovisueller Präsentation bedeutet ohne Zweifel eine Erweiterung der Kommunikations- und Lernmöglichkeiten. Bewegte Bilder motivieren und erhöhen die Aufmerksamkeit. Es bestehen aber unterschiedliche Einschätzungen über die kognitiven Auswirkungen der audiovisuellen Medien (vgl. Ballstaedt 1990, S. 29, Straßner 1982, S. 55, Sturm 1989, S. 50). Die Summationstheorie besagt, daß der Lernerfolg um so größer sein wird, je mehr Hinweisreize der Mensch aufnimmt. Dagegen sieht die Selektionstheorie eine begrenzte Aufnahmefähigkeit, wobei es bei zu hoher Informationsdichte, bei Überforderung des Rezipienten zu Ausfällen kommt. Zwar bricht der mentale Apparat nicht zusammen, aber es wird zu einer Selektion kommen, eventuell wird ein Kanal völlig ausgeblendet. Sturm (1989, S. 50) weist nach, daß der Rezipient bei Überforderung zumeist nach dem Prinzip des geringsten Aufwandes verfährt und bei der laufbildgesteuerten Schiene verbleibt. Ballstaedt (1989, S. 43) umschreibt dies treffend: „Hören und Sehen vergeht dem Rezipienten eigentlich nie, aber je mehr Information man in Text und Bild anbietet, desto weniger kann man beeinflussen, was von ihnen in welcher Weise bearbeitet wird."

Natürlich ist die audiovisuelle Integration für das informationsverarbeitende System nichts Ungewohntes; der Mensch verarbeitet ständig Informationen, die über eine Vielzahl von Kanälen einlaufen. Allerdings sind bei der Gestaltung der eingesetzten Medien bestimmte Regeln zu beachten, damit es nicht zu der oben beschriebenen selektiven oder oberflächlichen Verarbeitung kommt:

- sprachliche und bildliche Beiträge müssen klar sein. Befunde aus der Nachrichtenforschung zeigen, daß die Sprache in den Medien, „speziell bei Informationsfilmen wie z.B. Nachrichten oder Dokumentationen, ... oft komplexer und komplizierter als die Alltagssprache ausfällt. Das liegt einmal daran, daß vorformulierte Texte meist anspruchsvoller formuliert werden als frei gesprochene, und daß sie darüber hinaus häufig schneller verlesen werden" (Ballstaedt 1990, S. 30).

- Text und Bild müssen aufeinander bezogen sein, dürfen nicht auseinanderklaffen (vgl. Straßner 1982, S. 55). Sie sollten komplementär gestaltet sein, das heißt sich ergänzen: „Was die Beziehung zwischen beiden Informationsquellen betrifft, so scheint der goldene Mittelweg in einer weitgehend komplementären Gestaltung zu bestehen, die eine konzeptuelle Auswertung von Text und Bild nahelegt. Reine Redundanz ist oft nicht möglich und auch bald langweilig, wie meines Erachtens die mediendidaktischen Versuche von Wember zeigen. Eine Text-Bild-Schere, die Inferenzen schließen sollte, kann Rezipienten bei fehlendem Vorwissen überfordern" (Ballstaedt 1990, S.43). Hier ist ein wichtiger Punkt angesprochen: Das Vorwissen der Rezipienten ist ein ganz entscheidender Faktor für die Beurteilung, ob bestimmte Informationen den Rezipienten überfordern oder nicht. Eine vom Vorwissen der Teilnehmer unabhängige Bewertung der Informationsdichte ist nicht möglich, die umfassende Bewertung dieses Aspekts erfordert daher eine Einbeziehung der Teilnehmer z.B. durch Befragung.

2.2 Deskription und Bewertung der medienspezifischen Dimension: Strukturierung, Gliederung, Aufbau der Sendung

Die Deskription des Sendeaufbaus soll die Frage klären, ob über die reine Übertragung der Moderatoren und Teilnehmeraktivitäten hinaus eine Strukturierung des gesamten Sendeablaufes hinaus erkennbar wird. Für den Rezipienten wären bestimmte Hinweisreize wie Trailereinspielungen wichtige Strukturierungshilfen. Gleichzeitig unterstützen diese filmischen Mittel Motivation und Aufmerksamkeit. Aufmerksamkeit wiederum ist eine wichtige Voraussetzung für die Informationsaufnahme. Aufmerksamkeit muß während der gesamten Sendung aufrechterhalten werden. Unerwartete, neuartige, überraschende Reize sind für die Erregung und Aufrechterhaltung von Aufmerksamkeit von Bedeutung; sie verursachen beim Rezipienten eine Orientierungsreaktion, die durch ein Zuwendungsverhalten (erhöhte Reizsensibilität, Intensivierung der Zunahme der Handlungsbereitschaft) gekennzeichnet ist (vgl. Block 1990, S. 74). Ausgelöst werden kann eine solche Reaktion durch:

→ den Inhalt einer Botschaft, die Relevanz des Themas für den Rezipienten, Ausgangspunkt der Planung des Unterrichts/der Sendung sollte Erfahrungen und Informationsbedürfnisse der Teilnehmer/Rezipienten sein (vgl. Block 1990, S. 74ff.).
→ medienspezifische Gestaltungsfaktoren (Kameraschwenks, Zooms, sonstige überraschende Bildeffekte).
→ Wechsel von Lernstoff und unterhaltenden Elementen, der Einbau unterhaltender Elemente kann die Informationsaufnahme und Informationsverarbeitung verbessern.

2.4 Deskription und Bewertung der medienspezifischen Dimension: Arbeit des Moderators bzw. Trainers

Aus der vorhandenen Literatur aus den Bereichen Erwachsenenbildung, Lernpsychologie und Didaktik lassen sich folgende „Essentials" für den Unterricht mit Erwachsenen herausarbeiten:

- Strukturierung des Unterrichts
  Die Strukturierung des Unterrichts hinsichtlich verschiedener Aspekte ist die Grundlage für sinnvolles Lernen. „Diese Unterrichtsstrukturierung ist verwiesen auf die abwechslungsreiche Realisierung dreier Merkmale:

  → die Abfolge zeitlich adäquater Lernphasen,
  → den Wechsel der Lern- und Sozialformen,
  → den Einsatz unterrichtlicher Medien" (Döring 1992, S. 132).

- Abfolge von Lehr- und Lernphasen: der Einstieg
  Wichtig für den Einstieg ist die Herstellung und Vermittlung eines Lerngerüsts, in das sich der jeweilige aktuelle Unterricht eingliedert. Andere Autoren bezeichnen dies als „kognitive Landschaft", die zu erstellen ist und in der „grundlegende Merkmale des Lerngegenstands bereits vorher markiert" werden (Döring 1992, S. 115) oder als

Strukturierung mittels „advanced organizer" (Graebe 1988, S. 38). Gemeint sind kurze vorangestellte Darstellungen übergeordneter Konzepte, eine Aufzählung der behandelten Themen und der Vorgehensweisen oder eine kurze Zusammenfassung der wichtigsten Aussagen (vgl. Döring 1992, S. 115; Bock 1989, S. 77; Apel 1989, S. 73; Nitschke 1992, S. 58). Ein solcher Einstieg erleichert die Informationsaufnahme und begünstigt die Verankerung und Verknüpfung, somit Organisation, nachfolgender neuer Informationen durch Eingliederung in eine bestimmte Struktur.

- Abfolge von Lehr- und Lernphasen: der Hauptteil
  Der Hauptteil sollte eine Struktur aufweisen, die durch logische Abfolge bestimmter Sequenzen/Informationen gekennzeichnet ist. Dies zu beurteilen ist ohne Einbeziehung der Teilnehmer nicht möglich, daher wird diese Frage hier nur in Ansätzen in die Bewertung einbezogen.

- Abfolge von Lehr- und Lernphasen: der Abschluß
  Vergleichbar mit der Struktur des Unterrichtseinstiegs ist der Unterrichtsabschluß: er sollte Abrundung, Zusammenfassung, Konsequenzen und Perspektiven bieten (auch charakterisiert mit „post organisation" (Graebe 1988, S. 39)).

- Abfolge von Lehr- und Lernphasen: Wechsel der Lehr- und Sozialformen
  Zunächst sollte beschrieben werden, welche Lehr- und Sozialformen eingesetzt werden. Dabei ist die Frage nach den Aktivitäten der Teilnehmer methodenbedingt sehr gering. Einer einfallsreichen und anregenden Aufbereitung des Unterrichtsstoffes - beispielsweise durch vielfältigen Medieneinsatz - kommt beim Vortrag eine besondere Bedeutung zu. Fragen und Einleitung einer Diskussion wären möglich und wünschenswert, um das aktive Lernen bei den Teilnehmern zu fördern (vgl. Nitschke 1992, S. 90). Weitere Möglichkeiten sind beispielsweise das Lehrgespräch oder die Gruppenarbeit.

- Aktives Lernen
  „Aktives Lernen fördert die Informationsverarbeitung" (Apel 1989, S. 73). In der Konsequenz bedeutet dieser Grundsatz für Erwachsenenbildner und Instruktoren die Aktivität der Lernenden zu ermöglichen und zu fördern und stärker lernaktive Methoden anzuwenden. Am intensivsten und nachhaltigsten wird die Lernerfahrung durch „die tätige Auseinandersetzung mit der Umwelt in äußeren und inneren Handlungen. Damit kommt im Lehrgeschehen der Schaffung von Situationen, in denen sich die Teilnehmer aktiv auseinandersetzen können, größte Bedeutung zu. Die aktive Auseinandersetzung schließt soziale Kommunikation und Interaktion (= teilnehmerzentrierte Verfahren) ebenso ein wie eine aktivierende Sachauseinandersetzung des Einzelnen mit dem Gegenstand des Unterrichts" (Döring 1992, S. 115).

- Medieneinsatz
  Ein Gerät oder Apparat wird zum Medium durch die „Übertragung oder Speicherung von didaktischen Funktionen wie Motivierung, Informationsvermittlung, Übung, An-

wendung, Lernkontrolle und Rückmeldung" (Issing 1988, S. 533). Mit dieser Definition sind auch die Gründe für einen vielfältigen Medieneinsatz genannt.

1. „Medien als unterrichtliche Hilfsmittel sind effektive Instrumentarien zur Verbesserung der Lernbedingungen des Unterrichts. Eine professionelle Lehrtätigkeit kann ohne sie nicht ausgeübt werden.
2. Medien sind keine bloßen Zusätze zum Unterricht, sondern können in zentrale Lehr- und Steuerungsprozesse eingreifen, das Lernen mithin wesentlich beeinflussen. Sie sind in der Lage, vielfältige didaktische Funktionen zu übernehmen.
3. Medien als unterrichtliche Hilfsmittel können den Lehrer/Dozenten in seiner Arbeit zwar unterstützen, entlasten, punktuell gar ersetzen, sie machen ihn aber keinesfalls überflüssig. Im Gegenteil: Wie sich gezeigt hat, erreichen unterrichtliche Hilfsmittel ihre volle Wirksamkeit erst, wenn der Lehrer/Dozent sie zum integralen Bestandteil seiner Unterrichtsplanung macht" (Döring 1992, S. 236)

Für einen möglichst vielfältigen Medieneinsatz sprechen mehrere Aspekte: Die Lernpsychologie unterscheidet verschiedene Lerntypen: den visuellen Typ (=Sehtyp), den auditiven Typ (=Hörtyp), den haptischen Typ (=Fühltyp) und den verbalen Typ (=Sprech- oder Gesprächstyp). Natürlich bestehen darüber hinaus Mischformen dieser Grundtypen. Mit der Vielfalt der Kanäle steigt die Wahrscheinlichkeit, alle verschiedenen Lerntypen anzusprechen (vgl. Döring 1992, S. 236). Gleichzeitig steigt mit der Zunahme der Eingangskanäle die Anschaulichkeit und die Wahrscheinlichkeit, „einen Sachverhalt fest in die kognitive Struktur zu integrieren (multiple Codierung)" (Apel 1989, S. 73).

- Praxisbezug
  Wichtig für das Lernen Erwachsener ist der Praxisbezug. Dieser sollte Ausgangspunkt, Grundlage und Zielsetzung sein. Zum einen sichert der Praxisbezug die Motivation der Teilnehmer, denn der Sinn wird deutlich und der „Gewinn" für die eigene Arbeit erkennbar. Es sollten daher Beispiele, Fälle, Übungen (einzeln, in Partner- und Gruppenarbeit), Simulationen und vieles mehr eingesetzt werden (vgl. Döring 1992, S. 132). Der Aspekt Praxisbezug kann ohne Einbeziehung der Teilnehmer nicht bewertet werden und bleibt deshalb trotz seiner Bedeutung für die Erwachsenenbildung in der Beurteilung unberücksichtigt.

- Verständlichkeit (Sprache, eingesetzte Medien)
  Gute Verständlichkeit ist die Voraussetzung für Informationsaufnahme und auch für die Aufrechterhaltung von Interesse, Motivation und Lernbereitschaft. Die Bewertung der Verständlichkeit bezieht sich auf Sprache und eingesetzte Unterrichtsmedien. Diese Bewertung kann ohne Einbeziehung der Teilnehmer nur sehr eingeschränkt vorgenommen werden, hier wird die rein akustische und optische Verständlichkeit bewertet sowie die Sprache des Instruktors z.B. freie Rede vs. Vor- oder Ablesen, Langweiligkeit vs. Stimulans (vgl. Döring 1992, S. 274).

3 Analyse des Lehr- und Lernprozesses

Lernziele sowie Lehr- und Lernmethoden müssen adäquat aufeinander abgestimmt sein. Dazu Auszüge aus einer Tabelle, die für vorliegende Sendemitschnitte von Relevanz sind (nach Sparkes, Kaye & Hitchcock 1992, S. 51).

Lehren & Lernen	Quellen	Prozeß	Erfassung des Erfolgs
deklaratives Wissen	bestmögliche Informationsaufbereitung (Belehrungen, Datenbasis, Videoeinspielungen, Seminarunterlagen etc.)	Aufzeigen der Relevanz der vermittelten Informationen. Vermittlung von Lernmethoden (Lernen lernen), Einsatz von Methoden des forschenden Lernens	Erfassung des Wissens z.B. durch Fragebögen
prozedurales Wissen	bestmögliche Informationsaufbereitung (Laborarbeit, Computereinsatz, Projektgruppenarbeit etc.)	Demonstration der Vorgänge und Schaffung von Voraussetzungen zur Eigenaktivität der Teilnehmer, teilweise unter Supervision	Aufgabenorientierte Übungen

Für die Lernebene „deklaratives Wissen" sind für die Lehrmethoden die Aspekte gute Informationsaufbereitung und das Aufzeigen der Relevanz der vermittelten Informationen von Bedeutung. Geht es auf der Lernebene um „prozedurales Wissen", um die Vermittlung bestimmter Fähigkeiten und Fertigkeiten, sollten Demonstrationen der Vorgänge zum Einsatz kommen, und den Teilnehmern sollten Möglichkeiten zu eigener Aktivität geboten werden. Indikatoren, die dazu beitragen, das Sozialklima und den Teilnehmerumgang sicherzustellen, sind beispielsweise:

→ Bezugnahme auf Voraussetzungen, Vorwissen und Interessen der Teilnehmer
→ Augenkontakt bzw. medienvermittelt = Blick in die Kamera
→ namentliche Anrede
→ Eingehen auf Fragen
→ Teilnehmeraktivierung
→ Gesprächsinhalte auch über den zu vermittelten Stoff hinaus

Die Ergebnisse, der hier vorgestellten Untersuchung, stellen bei SATCOM GEMINI den Ausgangspunkt der redaktionellen und produktionstechnischen Überlegungen zur Gestaltung von Business TV Programmen dar. Die Akzeptanz unserer Sendungen ist bei allen unseren Kunden gemessen worden. Wir blicken sehr optimistisch in die Zukunft!

SPACELINE COMMUNICATION SERVICES GmbH:

Neue Unternehmenskommunikation unter Einsatz von BTV
Wolfhard Scherping

Kontaktadresse:
Dipl.-Ing. Wolfhard Scherping,
SPACELINE COMMUNICATION SERVICES GMBH,
Thyssen Trade Center, Hans-Günther-Sohl-Str. 1, 40235 Düsseldorf

Inhalt:

1   Einleitung

2   Altes Medium, neue Ansätze? Was BTV in jüngster Zeit so attraktiv macht.

3   Von der Idee zum Netzwerk

3.1   Sendesstation beim Nutzer

3.2   Senden mit einem mobilen Sendefahrzeug

3.3   Nutzung der SPACELINE-Sendestation

3.4   Vom analogen zum digitalen TV

3.5   Satellitenübertragung

3.6   Netzbetrieb

4   BTV interaktiv

5   Zusammenfassung

6   Bibliographie

1 Einleitung

Dieser Artikel beschäftigt sich weniger mit den schon an anderer Stelle vorgetragenen Vorteilen und Chancen des firmeninternen Fernsehens. Hier sollen vielmehr die technischen Probleme bei der Realisierung und ihre möglichen Lösungen angefangen bei der Planung eines Netzwerkes bis hin zum alltäglichen Sendebetrieb besprochen werden. Nicht der Unterhaltungsansatz der TV-Industrie sondern die Umsetzung der Ansprüche von BTV wie Flexibilität, Reichweite und Wirtschaftlichkeit im Kontext der jeweiligen Unternehmenskommunikation dienen als Maßstab.

Eines sollte jedoch immer wieder betont werden. Die Erarbeitung eines ansprechenden Kommunikatioskonzeptes und eine hochwertige Produktion bestimmen mittelfristig entscheidend über den Erfolg und die Akzeptanz von BTV mit. Dabei spielt natürlich auch die Intergration einer leistungsfähigen Technikplattform, die vom einem erfahrenen Satellitennetzwerkbetreiber bedient wird, eine wichtige Rolle. Denn die perfekteste technische Plattform ist immernoch die, die keiner bemerkt.

2 Altes Medium, neue Ansätze?
Was BTV in jüngster Zeit so attraktiv macht.

Die jüngste Entwicklung der wirtschaftlichen Situation erfordert vielfach auch die Formulierung neuer Ansätze der firmeninternen Kommunikation.

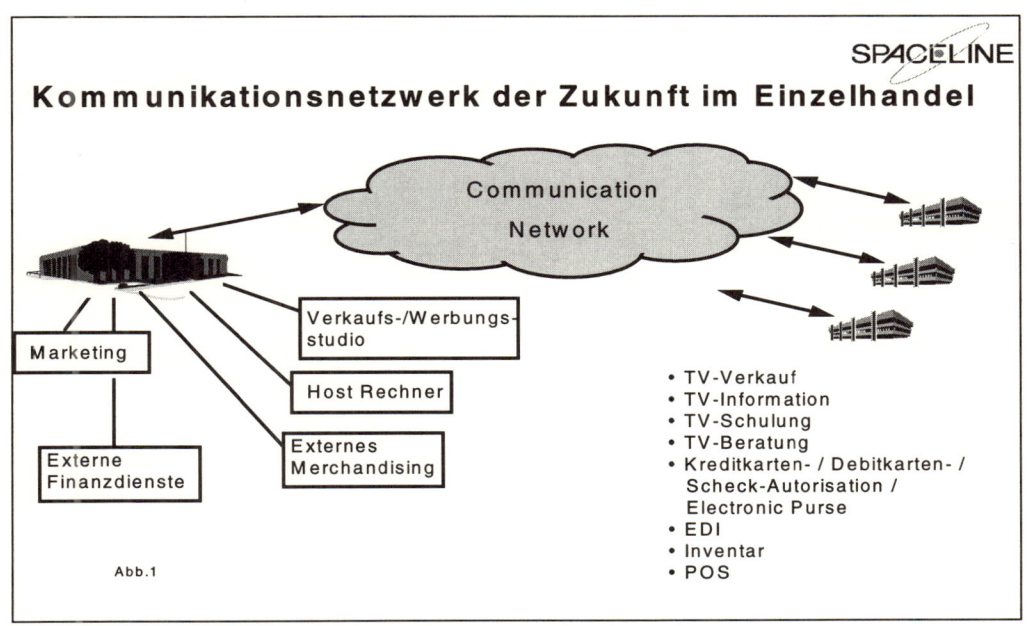

Abb.1: Kommunikationsnetzwerk der Zukunft im Einzelhandel

Flachere Hierachien, höhere Anforderungen an die Leistungsfähigeit der Mitarbeiter, die Notwendigkeit auf immer neue Situationen schnell und zuverlässig reagieren zu müssen erfordert ein verändertes Kommunkationsverhalten und eine verbesserte Kommunikationsumgebung. Kombinierte Daten- und Videonetzwerke - seien es Broadcast oder auch interaktive Netzwerke - entstehen. Sie basiern auf der Nutzung der Vorteile von satelitengestützten Netzen, beziehen aber ggf. auch terrestrische Verbindungen wie ISDN ein. Anhand der Abb. 1 werden mögliche Kombinationen verschiedener Dienste am Beispiel eines Netzes für den Einzelhandel dargestellt.

Weite Teile dieser Anforderungen finden sich in einem TV-ähnlichen Umfeld wieder. Ein Umdenken zum Thema Arbeiten am Bildschirm mit Hilfe neuer Konzepte, CBT, interaktive Dienste, sei es Online oder Offline, haben ein Umdenken eingeleitet. Multimedia macht´s möglich. Das digitales Fernsehen der Zukunft präsentiert sich als geradezu ideale Plattform zur Intergration derartiger Anwendungen.

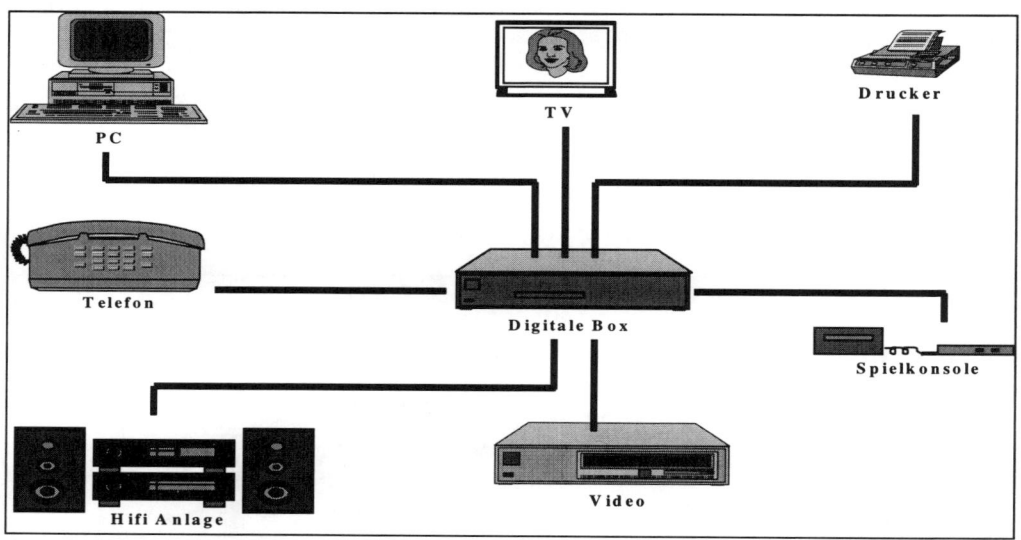

Abb. 2: Set Top Box Dienstangebot

Abb. 2 zeigt eine Übersicht über verschiedene mögliche Dienste einer Set Top Box. Hier wird durch die TV-Anbieter ganz nebenbei für die Unterkommunikation eine Plattform geschaffen, die viele der Wünsche aus Abb. 1 erfüllt. Davon profitiert naturgemäß auch BTV.

3 Von der Idee zum Netzwerk

Der Schwerpunkt der folgenden Betrachtungen liegt wesentlich auf der Errichtung einer technisch angemessenen Infrastruktur für ein BTV-Netzwerk. Zunächst müssen u.a. die folgenden Parameter geklärt werden:

- Wird Live übertragen oder werden vornehmlich vorproduzierte Beiträge abgespielt?
- Wieviel Stunden pro Monat werden voraussichtlich übertragen?
- Mit welcher Vorlaufzeit werden die Sendetermine festgelegt?
- Wo werden die Empfangstellen liegen?
- Welche Form der interaktiven Kommunikation wird gewünscht?
- Ist eine Kombination mit anderen Diensten geplant?

Anhand der vorgenannten Fragen läßt sich ein erstes grobes Netzdesign durchführen. Abb. 3 zeigt die Komponenten eines BTV-Netzes. Im Folgenden werden die wesentlichen technischen Fragen näher erläutert:

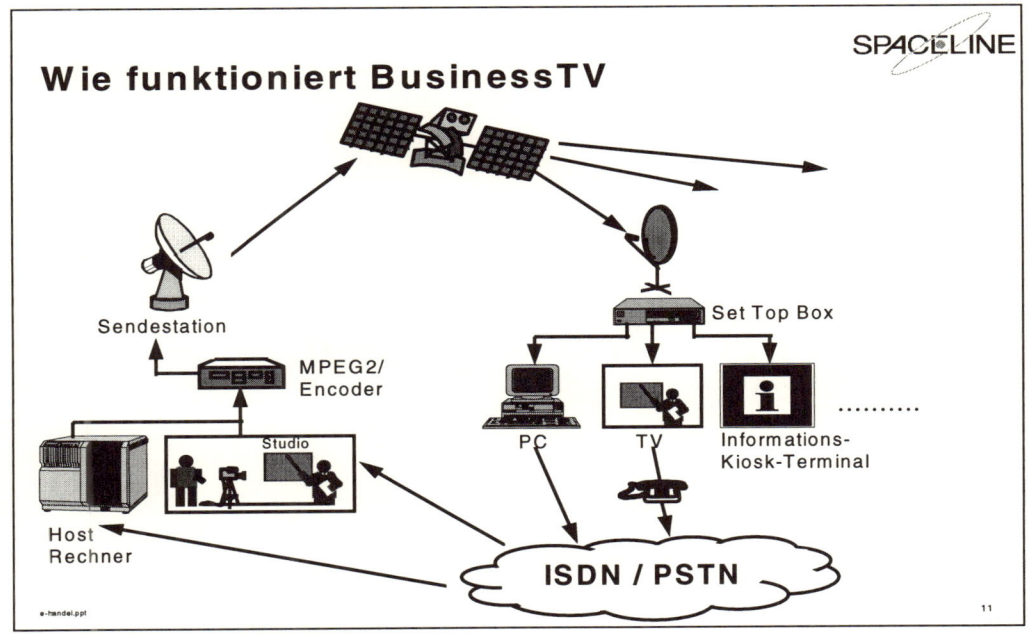

Abb. 3: Komponenten eines BTV-Netzes

Das sendefertige BTV-Programm wird entweder durch eine eigens beim Nutzer installierte Satellitensendestation (Uplink), durch den Einsatz eines mobilen Satellitensendefahrzeugs oder durch die zentrale Station von SPACELINE in Düsseldorf zum Satelliten geschickt. Letzteres setzt eine terrestrische Zuführung des Videosignals voraus. Die Entscheidung basiert auf einer

Abwägung zwischen der zu erwartenden Ausnutzung der Sendestation und der Anforderung des Nutzers, zeitlich völlig frei über den Einsatz der Sendestation zu verfügen.

3.1 Sendestation beim Nutzer

Eine beim Nutzer direkt installierte Sendestation besteht aus zwei Einheiten. Da ist zunächst die Inneneinheit, die das Sendesignal in ein digitales Fernsehsignal umwandelt und es anschließend der Standardisierung entsprechend für die Verteilung über Satellit aufbereitet. Über einen kurzen Kabelweg wird es der Außeneinheit zugeführt, die die Abstrahlung auf den Satelliten übernimmt.

3.2 Senden mit einem mobilen Sendefahrzeug

Ist eine direkt beim Nutzer installierte Sendeanlage nicht vorgesehen, dann besteht die Möglichkeit die Sendung vor Ort mit Hilfe eines mobilen Sendefahrzeugs zum Satelliten zu bringen. Dieses wird auf Anforderung des Nutzers direkt am BTV-Studio angeschlossen. Das Fahrzeug erfüllt alle technischen Voraussetzungen ebenso wie fester Uplink.

3.3 Nutzung der SPACELINE-Sendestation

SPACELINE verfügt über mehrere leistungsfähige Sendeantennen, so daß auf jeden Fall der für die jeweilige Anwendung günstigste Satellit ausgewählt werden kann. Das Videosignal muß jedoch vom Standort des Nutzers nach Düsseldorf zugeführt werden. Die derzeitige Situation bietet allerdings wenig Auswahl - einzig ISDN ist flächendeckend verfügbar und dazu noch im Selbstwähldienst zu schalten. Allerdings sind Qualitätseinbußen unvermeidlich, da ISDN nur relativ schmalbandig ist und der wirtschaftliche Vorteil der externen Zuführung nur dann genutzt werden kann, wenn die eigentliche MPEG-Kodierung erst in Düsseldorf erfolgt. Die Rückwandlung des Ausgangssignals in analoge Form nach Durchlaufen der ISDN-Verbindung ist daher unerläßlich.

3.4 Vom analogen zum digitalen TV

Die Inneneinheit stellt das Herzstück jeder Sendestation dar. Sie dient der Aufbereitung des digitalen TV-Signals. Sie besteht aus dem Video / Audio MPEG2-Encoder, Datenkanaleinheit, einem Conditional Access, einem Multiplexer und einem Satellitenmodem.

Der MPEG2-Encoder verarbeitet ein FBAS-Signal und ein Audiosignal und setzt sie in ein Digitales Signal um, das den Festlegungen der DVB entspricht. Über die Dateneinheit lassen sich zusätzliche Informationen parallel zum Video übertragen. Durch den Conditional Access läßt sich jeder einzelne Empfänger individuell ansteuern. Nur von der Sendestation aus ist es möglich, die Empfänger für den Empfang freizuschalten.

Die einzelnen Datenströme werden vom Multiplexer zu einem Signal zusammen gefügt. Die Datenrate des Multiplexer beeinflußt wesentlich die Videoqualität der Übertragungsstrecke. Die folgende Tabelle gibt einen Überblick über die verfügbaren Datenraten und die Videoqualität (in PAL):

5 - 15 MBit/s	704 x 576 Zeilen
3,5 - 6 MBit/s	544 x 576 Zeilen
2,5 - 4 MBit/s	352 x 576 Zeilen
1,5 - 3 MBit/s	480 x 288 Zeilen

Letztlich muß sich aber der Nutzer im Rahmen von Testübertragungen davon überzeugen, daß die Bildqualität der von ihm gewählten Datenrate seinen Vorstellungen entspricht.

3.5 Satellitenübertragung

Die Außeneinheit besteht in der Regel aus einer 2,4 m Antenne, die mit leistungfähigen Hochfrequenzverstärker in Halbleiterbauweise bestückt ist. Diese Geräte haben sich vielfach bewährt und zeichnen sich durch eine besonders hohe Zuverlässigkeit aus.

Die Satellitenbodenstation sendet das Signal zu einem geeigneten Satelliten. Maßgeblich für die Auswahl des Satelliten ist in erster Linie dessen geographische Ausleuchtzone, also der Bereich, in dem der Satellit gut empfangbar ist.

Jeder Standort ist mit einer reiner Empfangsanlage (TVRO) ausgestattet. Die Empfangsstationen bestehen aus einer 90 cm oder 120 cm Antenne, an die ein integrierter Empfänger/Decoder angeschlossen wird. Dieser liefert nach Freischaltung von der Sendestation aus das entschlüsselte TV-Signal und den entschlüsselten Ton.

Alle Geräte bieten einen äußerst zuverlässigen Schutz durch den Conditional Access gegen unbefugten Zugriff Dritter auf die verteilten Informationen.

Um die Kommunikation wirklich effektiv zu gestalten, kann ein terrestrischer Rückkanal vom Zuhörer zum Moderator vorgesehen werden. Je nach Anwendung werden dabei unterschiedliche Konzepte verfolgt, die unter der Überschrift BTV interaktiv näher erläutert werden.

3.6 Netzbetrieb

Kernstück des gesamten Netzwerkes ist das Network Management System (NMS). SPACE-LINE steuert alle seine Satelliennetzwerke - unabhängig von der Anwendung - aus seinem Network Control Center (NCC) in Düsseldorf. Das im NCC integrierte NMS für BTV-Anwendungen gibt Auskunft über den technischen Gesamtzustand des BTV-Netzwerkes. Von hieraus besteht Zugriff auf jede einzelne Funktion des Netzwerkes und von hier erfolgt die Freischaltung jedes einzelnen Decoders. Die Netzwerküberwachung geschieht entweder direkt beim Nutzer oder vom SPACELINE Netzwerkkontrollzentrum aus. Das NCC ist mit seiner 24 Std.-Hotline die Schnittstelle zum Nutzer. Hier kümmert man sich sowohl um den Betrieb des Netzes nach den Vorgaben des Nutzers als auch um dessen technische Probleme, die direkt vom Helpdesk betreut werden.

4 BTV interaktiv

Wird das BTV-Signal nur an wenigen Standorten emfangen und/oder ist die Möglichkeit der individuellen Rückfrage Bestandteil des Kommunikationskonzeptes, muß ein Rückkanal vorgesehen werden. Abb. 4 zeigt verschiedene Varianten der Rückkanalrealisierung.

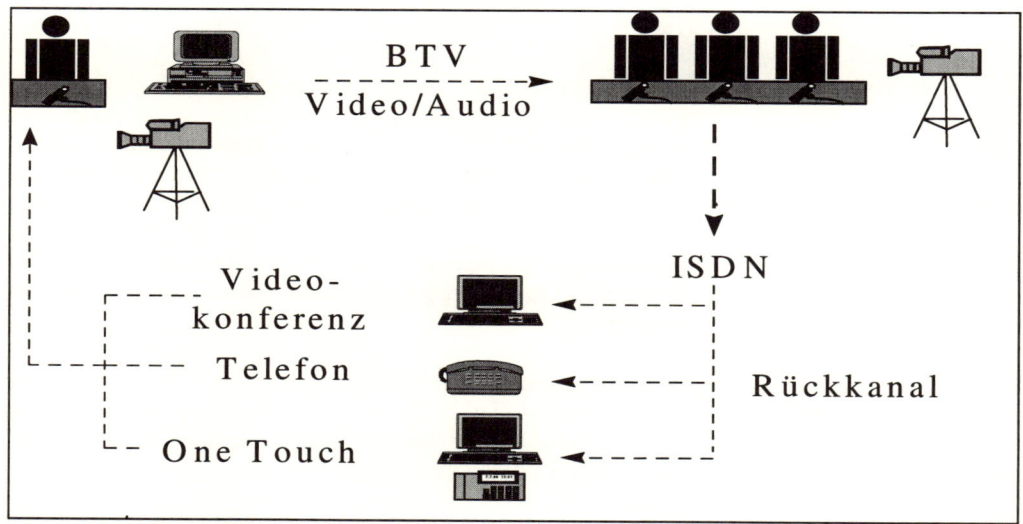

Abb. 4: BTV interaktiv

Ist ein Video- und Audio-fähiger ISDN Rückkanal vorgesehen, wird dieser bei Bedarf, d.h. wenn ein Zuhörer einen Fragewunsch signalisiert, aktiviert. Nach Beantwortung der Rückfrage wird die Verbindung wieder unterbrochen. Dieser äußerst wirtschaftliche Umgang mit Leitungskapazität ermöglicht auch bei dem Rückkanal höhere Bandbreiten (z.B. 384 kBit/s), ohne das der Kostenrahmen gesprengt wird.

Im Detail wird die Rückleitung durch einen PC gesteuert. Dieser ist mit einer Video/Audio Codekarte nach H.320 Standard, einer Videokamera und einer Mikrofonanlage ausgestattet. Verschiedene Auslöseschalter, die vor den Zuhörer angebracht sind, gestatten es jedem jederzeit einen Rückfragewunsch anzumelden. Der PC nimmt das auf und baut automatisch die ISDN-Verbindung zum Studio auf. Dort kann der Rückkanal in das Sendesignal intergriert werden, so daß der Dialog zwischen dem Fragesteller und dem Studio von allen Zuhörern verfolgt werden kann.

Überschreitet die Anzahl der empfangenden Standorte die Grenze dessen, was einen individuellen Rückfragewunsch als sinnvoll erscheinen läßt, bietet sich ein anderes Konzept an. Über schmalbandige terrestrische Leitungen wird von den Zuhörern eine Meldung übertragen, wenn diese z. B. wegen Verständnisproblemen einen Signalknopf betätigen. Im Studio wird dann die Anzahl der Rückmeldungen in Form einer Kuchengraphik prozentual dargestellt.

Telelearningsysteme wie das „One Touch" bieten alle diese Möglichkeit der Interaktivität. Die Lernerfolgskontrolle basiert auf den erhaltenen Rückantworten der Teilnehmer. Durch den Einsatz der Interaktivität können direkt Rückschlüsse auf die vorhandene Lehrmethodik gewonnen werden.

5   Zusammenfassung

Die digitale Fernsehnorm MPEG2 bietet für satellitengestützte Netzwerke zur Verteilung von Business TV eine leistungsfähig technische Plattform zukünftiger Unternehmenskommunikation. Die Möglichkeit, unterschiedliche Dienste auf einer technischen Infrastruktur zu kombinieren, eröffnen BTV neue Perspektiven und verhelfen dem Medium möglicherweise auch dort zu neuen Impulsen, wo dieses aus rein wirtschaftlichen Gründen bisher nicht realisiert wurde. Dazu stehen Unternehmen wie SPACELINE bereit, um ihre Erfahrung im Betrieb von großen Satellitennetzen einzubringen und dem Nutzer zu einem maßgeschneiderten Dienst zu verhelfen. Dieses umfaßt das gesamte Spektrum vom reinen Verteildienst bis zur interaktiven Schulungsanwendung.

6   Bibliographie

Conditional Access:	Zugangsberechtigung zu bestimmten Signalen und Daten.
H.320:	Standardisierungsnorm für Konferenzsysteme (verlustbehaftete Videokompression bei Interaktivität), bei denen es hauptsächlich auf geringe Verarbeitungszeiten, geringe Bewegtbildanteile und hohe Auflösung bei niedriger Bildwiederholrate ankommt.
Set Top Box:	Decodersystem für den Empfang des digitalen Fernsehens.
MPEG2:	Zweite Standardisierung der Moving Pictures Experts Group. Weltnorm zur Kompression und Codierung von digitalen Video- und Audiosignalen. Das Ergebnis ist eine hohe Datenreduktion bei sehr hoher Bildqualität.
Uplink:	Zentrale oder mobile Satellitensendestation.

Footprint: Geographische Satellitenausleuchtzone.

DVB: Digital-Video-Broadcasting, spezielle Ergänzung zur MPEG2-Norm

FBAS: Analoges Videosignal

TVRO: TV Receive Only; Satellitenempfangsanlage für den TV Empfang.

Teil 4: Anbieterprofile

	Seite
ANT - Bosch Telecom GmbH	225
BTI Business TV International GmbH	227
Deutsche Telekom AG	229
PictureTel GmbH	230
ProSieben DigitalMedia	231
SATCOM GEMINI GmbH	232
SPACELINE COMMUNICATION SERVICES GmbH	233

ANT Bosch Telecom GmbH

Der Unternehmensbereich Kommunikationstechnik: Breites Produktangebot für einen zukunftsträchtigen Markt

Der Bosch Unternehmensbereich Kommunikationstechnik erzielte 1995 mit rund 21 200 Mitarbeitern einen Umsatz von 5,4 Milliarden DM. Sein Anteil am Gesamtumsatz der Bosch-Gruppe erreichte 15 Prozent. Für Forschung und Entwicklung wurden 520 Millionen DM aufgewendet. Die Sachanlageinvestitionen betrugen 145 Millionen DM. Kern des Unternehmensbereichs Kommunikationstechnik ist die Bosch Telecom GmbH, Stuttgart, eine 100prozentige Bosch-Tochtergesellschaft, die zum 1. Januar 1995 gegründet wurde.

Bosch konzentriert sich im Unternehmensbereich Kommunikationstechnik auf zukunftsträchtige Geschäftsfelder der Kommunikationstechnik für öffentliche und private Netze sowie auf Sicherheits- und Verkehrsleittechnik einschließlich damit verbundener Dienstleistungen. Dieses Geschäft wird von den elf Produktbereichen der Bosch Telecom GmbH wahrgenommen, die für ein vielfältiges Angebot sorgen. Es reicht von Telekommunikationsanlagen und Systemen für Richtfunk, Multiplextechnik, Breitbandkommunikation und Netzmanagement über Brandmelde-, Notrufmelde- und Videoüberwachungsanlagen sowie Geräten für den Betriebs- und Mobilfunk bis hin zu Endgeräten, Verkehrsbeeinflussungsanlagen und Ausrüstung für Satellitentechnik.

Zu Bosch Telecom gehören eine Reihe in- und ausländischer Tochtergesellschaften. Dazu zählt in Deutschland unter anderem die Signalbau Huber AG, München, bei der die wesentlichen Teile des Geschäfts mit der Verkehrsleittechnik konzentriert ist, und die Gesellschaft für Betriebsfunk mbH, Stuttgart, die auf dem Gebiet des Betriebsfunks arbeitet. Im Ausland sind es vor allem die Bosch Telecom SA, Louveciennes/Frankreich, die Anlagen für die private Kommunikationstechnik herstellt, die Telemulti Limitada, São Paulo/Brasilien, und die Bosch Telecom Inc., Gaithersburg, Maryland/USA, die in der Übertragungstechnik tätig sind.

Kennzeichnend für das Geschäft ist der zunehmende Servicecharakter. Umfangreiche Dienstleistungen wie Beratung, Projektierung, Installation, Betrieb, Wartung und Finanzierung bestimmen maßgeblich das Angebot von Bosch Telecom. Die Vertriebs- und Kundendienstorganisation wurde daher in der Vergangenheit stark ausgebaut. Sie umfaßt inzwischen Gesellschaften, Niederlassungen und Vertretungen an 60 Standorten in knapp 30 Ländern.

Satellitenkommunikation seit 1990

Bosch Telecom erhielt 1990 als erstes Unternehmen in Deutschland eine Lizenz für den Aufbau und Betrieb satellitengestützter Daten- und Sprachkommunikationsdienste.

Mit der VSAT-Technik lassen sich nationale, europäische und internationale Kommunikationsnetze realisieren. Sie werden nach den speziellen Anforderungen der Kunden konfiguriert, gewährleisten einen wirtschaftlichen Betrieb und sind variabel und ausbaufähig. Satellitennetze können heute kostengünstig mit kleinen Antennen (0,55 bis 2,4 m) realisiert werden. Satellitenverbindungen von Bosch Telecom werden für die Kommunikation in fast 25 Ländern genutzt.

BTI Business TV International GmbH

1 DIE GESELLSCHAFT

Die BTI Business TV International GmbH mit Sitz in Hamburg wurde im Februar 1994 von den Firmen Live & Direkt Media Management GmbH, AKK Sendezentrale GmbH & Co. KG und die Teleport Europe GmbH gegründet, um zukünftig Dienstleistungen im sich abzeichnenden Wachstumsmarkt „Business TV" anzubieten. Zu den Gründungsgesellschaftern traten zum 01.10.1995 zwei weitere Gesellschafter dem Unternehmen bei, und gleichzeitig wurde eine Kapitalerhöhung auf DM 750.000,-- Stammkapital durchgeführt.

Die Gesellschafterstruktur sieht heute wie folgt aus:

- Axel Springer Verlag AG   30 %
- Teleport Europe GmbH   30 %
- Live & Direkt Media Management GmbH   20 %
- Neue Mediengesellschaft Ulm Televisionsgesellschaft GmbH   12 %
- AKK Sendezentrale GmbH & Co. KG   8 %

2 DAS DIENSTLEISTUNGSSPEKTRUM

Die BTI Business TV International GmbH ist ein Dienstleister, der alle Leistungsstationen des Implementierungs- und Realisationsprozesses eines Business TV-Netzes anbietet: Von der Planung der Netzwerktopologie, der Konzeption und fernsehtechnischen Realisation der Sendungen über die Verbreitung via Satellit bzw. terrestrische Verbindungen bis hin zur Visualisierung am Empfangsort.

Wir erstellen in Zusammenarbeit mit dem Kunden Studien und Analysen über die Bereiche, in denen Business TV eingesetzt werden kann. Sollten bereits unternehmenseigene Netzwerke oder andere terrestrische Wege vorhanden sein, prüfen wir deren Eignung für Business TV. Das Ergebnis dieser Untersuchungen liefert die Basis für Bedarf, Umsetzungsmöglichkeiten und detaillierte Kostenaufstellungen. So werden individuelle Lösungen von uns entwickelt und implementiert.

Als Full-Service-Dienstleister sind wir für Sie Ansprechpartner in allen Fragen rund um Business TV und darüber hinaus:

- Prüfung der Einsatzmöglichkeiten von Business TV in den Unternehmen
- Kreative und redaktionelle Entwicklung von Sendeformaten
- Planung und Umsetzung der gesamten technischen und personellen Infrastruktur für Business TV
- Herstellung der kompletten Sendungen incl. Trailer, Videos, Graphiken, etc. für die Sendungen
- Bereitstellung von Telefonkapazitäten zur Interaktion mit den Empfangsorten

Durch erste Kontakte mit der Industrie wurde deutlich, daß über das o.g. Dienstleistungsspektrum weitere Aktivitäten gefordert werden, so daß wir additiv folgende Segmente in unser Angebot aufgenommen haben:

- Vermietung und Verkauf von PictureTel Videokonferenztechnik
- Herstellung von Industriefilmen, Imagevideos und Infomercials
- Produktion von CD-Roms
- Kameratraining für Führungskräfte
- Organisation und fernsehtechnische Betreuung bei Special Events wie Messen, Kongresse, Jubiläen, Werkseinweihungen etc.

Deutsche Telekom AG

Die Deutsche Telekom ist Nummer eins unter Europas Telekommunikationsanbietern und drittgrößter Carrier weltweit.

In 1995 hat der Deutsche Telekom Konzern das bislang erfolgreichste Geschäftsjahr seiner Geschichte beendet: So stieg der Umsatz um 3,6 Prozent auf 66,1 Milliarden Mark. Mit einem Investitionsvolumen von insgesamt 135 Milliarden Mark seit 1990 hat die Deutsche Telekom in Deutschland eine moderne Telekommunikationsinfrastruktur geschaffen. Dabei wurde vor allem in den neuen Bundesländern eine grundlegende Aufbauarbeit geleistet.

Bis zum Jahr 2000 will sich die Deutsche Telekom mit Blick auf den zunehmend härter werdenden Wettbewerb als 'Global Player' positionieren. Dazu gehören der kontinuierliche Ausbau aller Produkte und Dienste sowie deren Bereitstellung auch über nationale Grenzen hinweg. Voraussetzung dafür bilden internationale Partnerschaften mit ausländischen Telekommunikationsanbietern.

Die Deutsche Telekom und ihre Töchter sind mit ihren Produkten und Diensten in vielen Bereichen führend: Mehr als drei Millionen Kunden verbucht der Konzern beispielsweise bei der Mobilkommunikation. Die Zahl der bereitgestellten Telefonanschlüsse wuchs auf über 42 Millionen (einschließlich ISDN). Mit rund 16 Millionen angeschlossenen Haushalten verfügt die Deutsche Telekom über das größte Kabelnetz der Welt. Damit sind die technischen Voraussetzungen für den Eintritt ins Multimedia-Zeitalter in Deutschland hervorragend.

Innerhalb weniger Jahre ist das ISDN mit 3,3 Millionen B-Kanälen zu einem neuen Nervensystem der deutschen Wirtschaft geworden. Innovativ war die Deutsche Telekom auch bei der Entwicklung und Einführung neuer Dienste, von denen in den letzten fünf Jahren mehr als 20 vorgestellt wurden.

Da die Deutsche Telekom frühzeitig in modernste Technologien wie die Glasfaser investiert hat, setzt die Telekommunikationsinfrastruktur der Zukunft hierzulande bereits heute weltweit Maßstäbe. Mit über 120.000 Kilometern verlegter Glasfaser, verfügt die Deutsche Telekom über das dichteste Glasfasernetz der Welt. Während überall noch von den Information-Superhighways gesprochen wird, hat die Deutsche Telekom die Hochgeschwindigkeits-Datenautobahnen bereits in Betrieb genommen.

PictureTel GmbH

Die PictureTel Corporation mit Stammsitz in Danvers, Massachusetts/USA, wurde 1984 von zwei MIT-Absolventen und einem MIT-Professor gegründet. Nach ersten Versuchen in einer amerikanischen Hinterhof-Garage entwickelt, fertigt und vertreibt PictureTel heute das weltweit breiteste Angebot an Videokommunikationslösungen und verfügt als einziger Hersteller über umfassende Produktfamilien für alle Bereiche der Videokommunikation:

- **Desktop**-Videokommunikations-Systeme
- **Gruppen**-Videokonferenzsysteme
- **Multipoint**-Server für Multipointkonferenzen
- **Peripherie**-Produkte für Videokonferenzen

Der Fokus des Unternehmens liegt ausschließlich auf dem Bereich Videoconferencing und aller damit verbundenen Lösungen. Alle PictureTel-Systeme sind herstellerübergreifend kompatibel durch Erfüllung der internationalen Standards (H.320 und künftig T.120), an deren Entwicklung und Durchsetzung das Unternehmen maßgeblich beteiligt ist.

PictureTel ist mit über 40.000 installierten Systemen und einem Marktanteil von 51% (Quelle: Dickinson & Associates) weltweiter Marktführer unter den Videokonferenzherstellern. Die PictureTel Corporation ist mit ca. 1.100 Mitarbeitern in 52 Ländern der Welt vertreten – die deutsche PictureTel GmbH unterhält neben ihrer Zentrale in München weitere Geschäftsstellen in Berlin, Düsseldorf, Frankfurt und Hamburg.

PictureTel Aktien werden in den USA an der Nasdaq (PCTL) und in Deutschland an der Berliner Börse im Freiverkehr gehandelt. Das Unternehmen steigerte seinen Umsatz im Geschäftsjahr 1995 um 36%. Der Gesamtumsatz wuchs 1995 auf $ 346,8 Millionen.

ProSieben Digital Media

ProSieben Digital Media ist einer der führenden Programm- und Diensteanbieter für das digitale Fernsehen in Deutschland. ProSieben Digital Media entwickelt, produziert und verbreitet digitale TV-Programme für die Öffentlichkeit und für geschlossene Nutzergruppen.

ProSieben Digital Media GmbH & Co. ist eine 100prozentige Tochter der ProSieben Media AG. Das Geschäftsportfolio der ProSieben Digital Media umfaßt die Bereiche:
- Pay TV
- Special-Interest-Programme
- Business TV

ProSieben Digital Media bietet alle Leistungen an, die zur Realisierung von internationalem Business TV nötig sind:

- **Beratung**
  Kommunikationsanalysen, Konzeptentwurf, Kosten/Nutzen-Analysen, Plattformstrategien, Einbindung der EDV-Welt, Pilotierung.

- **Redaktion**
  Redakteure aus Wirtschafts- und Industriefilm, Umsetzung der Kommunikationskonzepte in konkrete Inhalte, Drehbuchentwurf, Dramaturgie, Planung von Live-Events, Ablaufkonzepte.

- **Produktion**
  Erfahrene Regisseure und Produzenten aus der täglichen Fernsehproduktion, modernste digitale und virtuelle Studio- und Aufnahmetechnik, professionelle Grafik und Screendesign, flexibel einsetzbare Aufnahmeteams.

- **Verbreitung**
  Signalzuführung aus dezentralen Aufnahmestudios, Einfügen in einen professionellen Rahmen, Entwicklung von Station Promotion, verschlüsselte Ausstrahlung, eigene Transponder auf digitalen Fernsehsatelliten.

- **Infrastruktureinrichtung und -betrieb**
  Installation des Netzwerkes, gegebenenfalls Bau, Einrichtung und Betrieb von firmen-eigener Studio- und Übertragungstechnik, Aufbau und Service der Empfangsstellen.

Fazit
ProSieben Digital Media ist ein Komplettdienstleister für digitales Business TV. Die Leistungen umfassen Beratung, Konzeption und Produktion von Sendungen aller Art, Konfektionierung der Datenströme sowie digitale Verbreitungs- und Empfangstechnik. In Zusammenarbeit mit ProSieben Digital Media können Unternehmen die Möglichkeiten der neuen digitalen Plattformen auch zur gezielten und direkten Kundenansprache einsetzen.

SATCOM GEMINI GmbH

SATCOM GEMINI ist Stand Juli 1996 Marktführer als Full Service Anbieter für Business Television in Deutschland und Partner der Deutschen Telekom.

Kunden :
Mercedes Benz AG
Deutsche Bank
Adolf Würth GmbH & Co.KG
Allkauf SB-Warenhaus GmbH & Co.KG

Jahrelange Erfahrungen im Bereich Business TV und ein Stab von ausgesuchten TV-Redakteuren, TV-Regisseuren, Studiopersonal und mit Digitaltechnik vertrauten Postproduktionern - so behauptet SATCOM GEMINI seine Führungsposition am Markt. Seit 1989 betreut SATCOM GEMINI die Abteilung AKUBIS der Mercedes-Benz AG im Full Service. Heute ist AKUBIS (Automobil Kundenorientiertes Broadcast Information System) das Vorzeige-Projekt aller, die sich auf dem Business TV Markt tummeln. Mit AKUBIS hatte Mercedes-Benz jahrelang als einziger (und heute noch weltweit einmalig) die moderne Telekommunikations-Technologie konsequent im Service Training und zur schnellen, effizienten Unternehmenskommunikation eingesetzt. SATCOM GEMINI konzipiert sensible und auf die speziellen Informationsbedürfnisse des Automobilkonzerns fein abgestimmte Live-Sendungen, die anschließend von den SATCOM GEMINI-Fernsehprofis durchgeführt werden.

1995 stand ganz im Zeichen von Pilotsendungen. Sowohl für die Bausparkasse Schwäbisch-Hall als auch für die Adolf Würth GmbH & Co.KG führte SATCOM GEMINI Pilotsendungen durch. Schwäbisch-Hall setzte dieses Medium gleich einen Monat später wieder für ihre Außendienstmitarbeiter ein. Wieder war SATCOM GEMINI ihr kompetenter Ansprechpartner. Auch die Montageprofis von der Firma Würth haben den Nutzen des Instrumentes für ihren Außendienst erkannt. 1996 sendet SATCOM GEMINI mit Unterstützung der Deutschen Telekom aus der Zentrale in Künzelsau. Mit der Deutschen Bank entwickelte SATCOM GEMINI ein innovatives Konzept, maßgeschneidert für die Finanzdienstleistungen der Bank, das in den BereichenSchulung, Mitarbeiter-Information aber auch aktuelle Kunden-Information eingesetzt wird. Seit Sommer `96 läuft die Produktion für Deutsche Bank TV. Die SB-Warenhauskette Allkauf, eine der Top Ten in Deutschland, ist kurz vor dem Start. Das speziell für diese Branche von SATCOM GEMINI entwickelte Konzept wird Ende 1996 in die Erprobung gehen.

SATCOM GEMINI versteht sich als Spezialist auf dem Gebiet branchenübergreifende Business TV-Konzepte zu entwickeln, zu installieren und durchzuführen. Gerade das ist ihre Stärke: Zielgruppenorientiert, kundenspezifischen Kommunikationswünschen entsprechend, mediendidaktisch perfektioniert und selbstverständlich mit einem hochprofessionellen Team Business TV als Full Service Anbieter durchzuführen.

Spaceline Communication Services GmbH

SPACELINE wurde 1992 als Tochter von Thyssen Handelsunion AG und Itochu, einem der größten Handelshäuser Japans, gegründet. SPACELINE bietet seitdem vornehmlich Satellitendienstleistungen im Datenübertragungssektor an und betreibt bis heute eine Vielzahl von Netzwerken mit über 1000 Satellitenbodenstationen in Europa, Asien und den USA. SPACELINE gehört seit 1994 zur Thyssen Telecom AG.

Das Dienstleistungsangebot von SPACELINE umfaßt u.a. auch speziell die Übertragung von Videosignalen und die dazugehörige Bereitstellung von hohen Bandbreiten sowohl für Fernsehanstalten als auch für Geschäftsanwendungen.

In seiner bisherigen Arbeit hat sich SPACELINE auf die Übertragungen von Sport- und Kulturereignissen für deutsche Fernsehanstalten spezialisiert. Mit seinen internationalen Partnerunternehmen wird ein weltweiter Service angeboten.

Stichwortverzeichnis

Akzeptanz	22, 28ff., 48, 75, 82, 89, 93, 110, 138, 158, 166, 189, 203f., 211
Anwendungsfelder	9, 21ff, 41, 107ff., 155, 163, 165, 173ff.
Ausbildung	107, 174, 194f., 198
Bildaufnahmen	69
CD-ROM	11, 50, 69ff., 92, 117, 120ff., 131, 146ff.
Codierung	91, 160, 172, 199, 205
Dienstleistungen	5ff., 20ff., 37, 53, 65ff., 87, 111, 115ff., 130f., 135, 145f., 150, 188
Einzelhandel	85ff., 134, 215f.
Empfangsstation	70, 99f., 149ff., 158ff., 172, 175, 217, 219
Erfolgsfaktoren	8, 12, 87, 89, 97, 103
Feedback	67ff., 119ff.
Fernsehen	10ff., 26, 33, 37, 42ff., 85ff., 97f., 130, 138, 145f., 158f., 169, 172, 183ff., 203ff., 216f.
Finanzdienstleister	12, 100
Handel	7ff., 85ff., 118, 150f., 164, 173
Händlerinformationen	165f.
Informations- und Kommunikationstechnologien	68, 97, 181, 185
Informationsgesellschaft	5ff., 37, 97, 171
Informationslogistik	12, 97, 157, 193, 171
Informationsmanagement	88, 193, 203
Interaktion	12, 40ff., 89, 100, 110, 115ff., 130, 132, 156f., 161, 208
interne Unternehmenskommunikation	10ff., 215ff.
ISDN	24, 27, 32, 40f., 52ff., 145, 150, 172, 174, 181ff.
Kommunikation	3ff., 32., 37ff., 67ff., 88ff., 95ff., 110, 129ff., 145, 164f., 164ff., 169ff., 181ff., 194ff., 203ff.
Kundenorientierung	31, 54, 93, 171ff., 157, 161, 172, 183f., 193ff.
Lehre	70, 72, 75, 209
Managementinformationen	163ff.
Marketing	8, 12, 23f., 24f., 87, 93f., 161, 164
Mitarbeiterorientierung	53f., 146, 11f., 22f., 28, 87ff., 103ff., 157, 172ff., 184, 203ff.,215
Moderator	30, 49, 52f. 71, 92, 99, 100, 146f., 162, 173, 207
Motivation	49, 87, 89, 91, 100, 103, 116, 122, 164, 205, 207, 209
Multimedia	7ff., 20ff., 37ff., 65ff., 93, 97, 103, 144ff., 171, 175, 216
Netzwerk	7ff., 48, 53, 55, 69, 198, 217ff.
Neuproduktinformationen	164
News / Nachrichten	41, 44, 64ff., 85ff., 115, 120ff., 145, 174, 183, 203ff.
Outsourcing	32, 181
POS / Kiosk	89, 93f., 117, 119, 123ff.
Printmedien	9ff., 68f., 195
Qualität	12, 71ff., 87ff., 97, 147, 157, 164f., 173 ff, 204, 219ff.
Reisekosten	31, 23f., 92, 123, 164, 171, 176, 182f.
Rückkanal	21, 42, 72, 100, 130ff., 146f., 171, 173, 176
Satellitenkommunikation	12f., 21ff., 52ff., 127ff., 71ff., 111, 159ff., 183, 219.
Schulungsmaßnahmen	12f., 21ff., 42, 90, 92ff., 98, 103, 103ff 130, 158, 161, 163, 172ff., 182, 193f., 198, 219ff.

Shop-Television	12, 145, 153
Standards	7, 33, 176, 187
Strategien	87ff., 135, 164, 175, 183
Studio	31, 71, 90, 92, 110, 159, 161f., 172ff., 181ff., 198, 218, 220
Tagungen / Kongresse	12, 50, 64ff., 113ff., 166
Technik	7, 10ff., 26, 37f., 66ff., 76., 81ff., 89, 92f., 110, 138, 146, 153, 159ff., 171ff., 182, 187, 193ff., 215
Telekommunikation	9f., 33, 37, 40f., 68, 70, 129ff.
Telekooperation	22ff., 50, 115
Training	19, 30, 100, 145ff.
Übertragungstechnik	27, 100, 159, 172, 184ff., 199, 219ff.
Verschlüsselung (s. Codierung)	
Videokonferenz	31, 45, 72f., 157, 159, 161, 184ff., 195
Warenkunde	85, 90, 92, 850
Weiterbildung	50, 146, 148, 194f.
Wettbewerbsfaktor	19, 97, 118f. 193, 196
Wirtschaftlichkeit	23f., 33, 91, 92, 110f., 119, 122ff., 164, 171, 174ff, 182, 193ff., 215, 219ff.
Wissen/-vermittlung	23, 97, 116
Ziele	5, 55, 87f., 195f., 119, 121, 124, 211

Themen der Zukunft!

Marketing

Günter Silberer (Hrsg.)
Interaktive Werbung
Marketingkommunikation auf dem Weg ins digitale Zeitalter
Unter Mitarbeit von Oliver Rengelshausen
absatzwirtschaft – Schriften zum Marketing
1997. 424 S. Geb.,
DM 78,–
ISBN 3-7910-1004-2
Wissenschaftler und erfahrene Praktiker behandeln erstmals die Vielfalt der Offline- und Online-Werbung, angefangen vom elektronischen Katalog über das Werbespiel und den Internet-Auftritt bis hin zur Werbung im interaktiven Fernsehen der Zukunft.

Günter Silberer (Hrsg.)
Marketing mit Multimedia
Grundlagen, Anwendungen und Management einer neuen Technologie im Marketing
1995. 353 S. Geb.,
DM 78,–
ISBN 3-7910-0854-4
Erfahrene Marketing-Praktiker zeigen anhand von Fallbeispielen auf, welche attraktiven Möglichkeiten sich für Unternehmen bieten und wie Sie jetzt erfolgreich einsteigen.

Dirk Lippold
Die Marketing-Gleichung für Software
Der Vermarktungsprozeß von erklärungsbedürftigen Produkten und Leistungen dargestellt am Beispiel von Software
M&P-Reihe
1996. 297 S. Kart.,
DM 89,–
ISBN 3-476-46048-7
Dieses Buch liefert die entscheidenden Ansatzpunkte, um systematisch ein individuelles Software-Marketing zu entwickeln.

Jens Oenicke
Online-Marketing
Kommerzielle Kommunikation im interaktiven Zeitalter
absatzwirtschaft – Schriften zum Marketing
1996. 208 S. Geb.,
DM 58,–
ISBN 3-7910-0971-0
Praktische Einblicke in das Online-Marketing renommierter Unternehmen weisen uns den Weg in die „schöne neue Welt".

Schäffer-Poeschel Verlag
Postfach 10 32 41
70028 Stuttgart
http://www.schaeffer-poeschel.de

SCHÄFFER POESCHEL

Seitenweise Management

Rolf Eschenbach/
Hermann Kunesch
Strategische Konzepte
Management-Ansätze
von Ansoff bis Ulrich
3., völlig überarbeitete
und wesentlich erweiterte
Auflage 1996.
360 S. Geb., DM 68,–
ISBN 3-7910-1093-X
Die bewährtesten
Konzepte zur Entwicklung
und Strukturierung von
Unternehmensstrategien
werden hier in systematischer und gerraffter Form
dargestellt.

Dagmar Kimmeskamp
**Außer Spesen
nichts gewesen**
Praktischer Leitfaden
zur betrieblichen Weiterbildung
1996. 195 S. Geb.,
DM 68,–
ISBN 3-7910-1068-9
Das vorliegende Buch
zeigt auf, worauf sich
Seriosität und Kompetenz
in der betrieblichen
Weiterbildung begründen
und wie sich beides finden
bzw. sicherstellen läßt.

Hans-Jörg Bullinger
(Hrsg.)
Lernende Organisationen
Konzepte, Methoden und
Erfahrungsberichte
*HAB-Forschungsberichte,
Band 8*
1996. 344 S. Geb.,
DM 89,–
ISBN 3-7910-1083-2
Dieses Werk stellt den
state-of-the-art zum
Themenbereich „Lernende
Organisationen" dar.

Dieter Schwiering (Hrsg.)
**Mittelständische
Unternehmensführung
im kulturellen Wandel**
1996. 363 S. Geb.,
DM 98,–
ISBN 3-7910-0966-4
Die Autoren des Bandes
benennen den Anpassungsbedarf in den verschiedenen Bereichen der Unternehmensführung und
skizzieren mögliche Vorgehensweisen.

Schäffer-Poeschel Verlag
Postfach 10 32 41
70028 Stuttgart
http://www.schaeffer-poeschel.de

SCHÄFFER POESCHEL